操作能手

国家职业教育改革发展示范学校重点建设专业规划教材

筑养路机械电气设备

ZHUYANGLU JIXIE DIANQI SHEBEI

郝二树 主 编 李 静 副主编

张宏春 主 审

江苏大学出版社
JIANGSU UNIVERSITY PRESS

镇 江

图书在版编目(CIP)数据

筑养路机械电气设备 / 郝二树主编. —镇江：江
苏大学出版社,2016.7
ISBN 978-7-5684-0241-5

Ⅰ.①筑… Ⅱ.①郝… Ⅲ.①筑路机械－电气设备－
教材②养路机械－电气设备－教材 Ⅳ.①U415.5
②U418.3

中国版本图书馆 CIP 数据核字(2016)第 151484 号

筑养路机械电气设备

Zhuyanglu Jixie Dianqi Shebei

主　　编/郝二树
责任编辑/常　钰　吕亚楠
出版发行/江苏大学出版社
地　　址/江苏省镇江市梦溪园巷 30 号(邮编：212003)
电　　话/0511-84446464(传真)
网　　址/http：//press.ujs.edu.cn
排　　版/镇江文苑制版印刷有限责任公司
印　　刷/江苏凤凰数码印务有限公司
经　　销/江苏省新华书店
开　　本/787 mm×1 092 mm　1/16
印　　张/15
字　　数/370 千字
版　　次/2016 年 7 月第 1 版　2016 年 7 月第 1 次印刷
书　　号/ISBN 978-7-5684-0241-5
定　　价/35.00 元

如有印装质量问题请与本社营销部联系(电话：0511-84440882)

前　言

　　为应对职业教育的快速发展、教育教学理念的更新,适应筑养路机械行业技能型人才培养的需求,满足职业院校以就业为导向的办学目标,依据理论与实习一体化教学的特点,我们组织专业教师,编写了该本教材。

　　本教材从筑养路机械设备的实际情况及岗位需求出发,将专业知识项目化,从基础知识和技能训练入手,理论联系实际,本着循序渐进的原则,注重反映职业教育实用化的特点,突出教材内容的系统性、实用性和先进性,有利于培养学生分析问题、解决问题的能力及团队协作的能力。

　　本教材以筑养路机械设备典型电气设备与系统为基础,除了对电气设备的基本结构、原理和工作特性作了详细叙述外,着重论述了电气设备的拆装、检查、维护、故障诊断和使用注意事项等,并编入了一些电气设备与系统应用的典型实例,同时还有选择的介绍了一些电气设备的新结构和新技术,对近年来广泛使用的柴油机电子控制系统也作了基本介绍。

　　由于时间仓促和缺乏经验,书中疏漏在所难免,敬请批评指正。

编　者

2016 年 7 月

目　录

模块一　电　工　基　础

模块任务

1. 掌握数字万用表的正确使用方法,能使用万用表测量电阻、电压、电流等;
2. 掌握低压电器中组合开关的结构、工作原理;
3. 掌握交流接触器、热继电器、时间继电器的结构和工作原理;
4. 了解各类传感器,掌握典型传感器的结构和工作原理;
5. 了解传感器、低压控制电器在工程机械上的用途。

任务一　常用电气控制元件

一、常用电气线路元件

筑路机械电气线路元件主要包括导线、线束、插接器。

1. 导线

公路工程机械电气线路中的导线,按承受电压的高低,分为低压导线和高压导线两种,均采用铜质多芯软线外包绝缘层。

（1）低压导线

低压导线按其用途来分,又有普通低压导线和低压电缆线两种。其中充电气系统、仪表、照明、信号及辅助电器设备等,均使用普通低压导线;而起动机与蓄电池的连接线、车架等与蓄电池的搭铁线则采用低压电缆线。

① 普通低压导线的类型

普通低压导线有聚氯乙烯作绝缘包层的 QVR 型和聚氯乙烯-丁腈橡胶复合物作绝缘包层的 QFR 型两种。二者耐低温性、耐油性和阻燃性都比较好,尤以后者为佳。表 1-1 列出了普通低压导线的线芯结构及规格。

表 1-1 汽车用低压导线的型号与规格

型号	名称	标称截面积（mm²）	线芯结构		绝缘层标称厚度（mm）	电线最大外径（mm）
			根数	直径（mm）		
QVR	聚氯乙烯绝缘低压线	0.5			0.6	2.2
		0.6			0.6	2.3
		0.8	7	0.39	0.6	2.5
		1.0	7	0.43	0.6	2.6
		1.5	17	0.52	0.6	2.9
		2.5	19	0.41	0.8	2.8
QFR	聚氯乙烯-丁腈复合物绝缘低压线	4	19	0.52	0.8	4.4
		6	19	0.64	0.9	5.2
		8	19	0.74	0.9	5.7
		10	49	0.52	1.0	6.9
		16	49	0.64	1.0	8.0
		25	98	0.58	1.2	10.3
		35	133	0.58	1.2	11.3
		50	133	0.68	1.4	13.3

② 普通低压导线线芯结构

由于铜质多股线芯承受反复弯曲的能力好,不易折断,因此普通低压导线的线芯采用多股铜质线芯结构。其制成线束后的柔性仍较好,安装方便。

③ 低压导线的截面选择

筑路机械电气系统中各种电器设备所用连接导线,通常根据用电设备的工作电流来选择。选取原则:长时间工作的电器设备可选用实际载流量60%的导线;短时间工作的用电设备可选用实际载流量60%~100%的导线。

此外,还应考虑电路中的电压降、导线发热及导线的机械强度,一般低压导线截面面积不小于0.5 mm²。

低压电缆线的选择,不以工作电流大小来选定,而要考虑工作时的电压降。一般要求每100 A电流产生的电压降不得大于0.1~0.15 V。

从电压降的角度看,在许可的条件下,导线越短越好。表1-2为低压导线标称截面积所允许的负载电流值。

表 1-2 低压导线标称截面积允许的负载电流值

导线标称截面积（mm²）	0.5	0.8	1.0	1.5	2.5	3.0	4.0	6.0	10	13
允许负载电流值（A）			11	14	20	22	25	35	50	60

所谓标称截面积,是指经换算而统一规定的线芯截面积,不是实际线芯的几何面积,也不是各股线芯几何面积的总和。

（2）高压导线

高压导线在电气系统中主要是指点火线。点火线按其结构的不同又可分为普通铜芯高压线和高压阻尼线两种。高压阻尼线能较好地抑制点火系统的无线电干扰波。

高压导线的主要任务是输送高电压（一般在 15 kV 左右），工作电压高，工作电流较小，因此高压导线的线芯截面积很小，要求耐压性能好，绝缘层较厚。选择的依据是导线应有足够的耐压值。

为了便于区分，高压导线绝缘层多采用不同颜色，有的则在主色（基准色）基础上加辅助色，如图 1-1 所示。

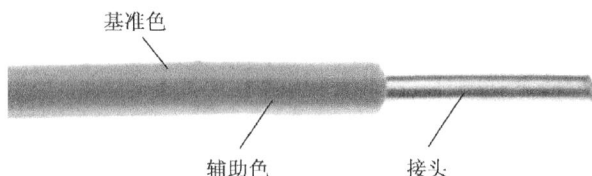

基准色

辅助色　　　接头

图 1-1　高压导线的主色与辅色

在电路图中，高压导线的颜色多用英文字母表示（国产的也有用汉字表示）。若高压导线为单色时只用一个字母表示；若另有辅色则用两个字母表示，前一个字母表示主色，后一个字母表示辅色。

单色高压导线颜色的代号见表 1-3。

表 1-3　高压导线用颜色

电线颜色	黑	白	红	绿	黄	棕	蓝	灰	紫	橙
代号	B	W	R	G	Y	Br	BL	Gr	V	O

双色高压导线的颜色按表 1-4 的规定组成，其主色所占比例稍大，与辅色比例一般为（3∶1）～（5∶1）。

表 1-4　高压导线颜色的选用程序

选用程序	1	2	3	4	5	6
电线颜色	B	BW	BY	BR		
	W	WR	WB	WBL	WY	WG
	R	RW	RB	RY	RG	RBL
	G	GW	GT	GY	GB	GBL
	Y	YR	YB	YG	YB	YW
	Br	BrW	BrR	BrY	BrB	
	BL	BLW	BLR	BLY	BLB	BLO
	Gr	GrR	GrY	GrBL	BLB	BLO
	Gr	GrG	GrY	GrBL	GrB	Grb

各电气系统高压导线的主色见表 1-5。

表 1-5　各电气系统高压导线的主色

序号	系统名称	电线主色	代号
1	电源系统	红	R
2	点火和起动系统	白	W
3	前照灯、雾灯及外部灯光照明系统	蓝	BL
4	灯光信号系统,转向指示灯	绿	G
5	车身内部照明系统	黄	Y
6	仪表及警报指示和喇叭系统	棕	Br
7	收音机、电钟、点烟器等辅助装置	紫	V
8	各种辅助电动机及电气操纵系统	灰	Gr
9	电气装置搭铁线	黑	B

2. 线束

（1）线束

为了使整机繁多的导线不零乱、方便安装和保护导线的绝缘层不被损坏,除高压导线外,将同路不同规格的导线用棉纱编织或用聚氯乙烯带包扎成束,称为线束。也可将导线包裹在用塑料制成开口的软管中,检查时将塑料软管的开口撬开即可。

线束由导线、端子、插接器和护套等组成。端子(也称接线)一般由黄铜、紫铜、铝等材料制成。

（2）线束在安装时的注意事项

① 线束应用卡簧或绊钉固定,以免松动而磨损。

② 线束不可拉得过紧,尤其在拐弯处绕过锐边或穿过洞口时应用橡皮、毛毡等垫子或护套保护,以防线束磨损。

③ 各接头必须切实紧固,接头间接触良好。

④ 连接电器时,应根据插接器的规格及导线的颜色或接头处套管的颜色分别接在各电器上。

3. 插接器

插接器多用于线路间的连接,由插头与插座两部分组成。按使用场合的不同,其引脚数量不等。插接器有平端和针状两种形状,如图 1-2 所示。

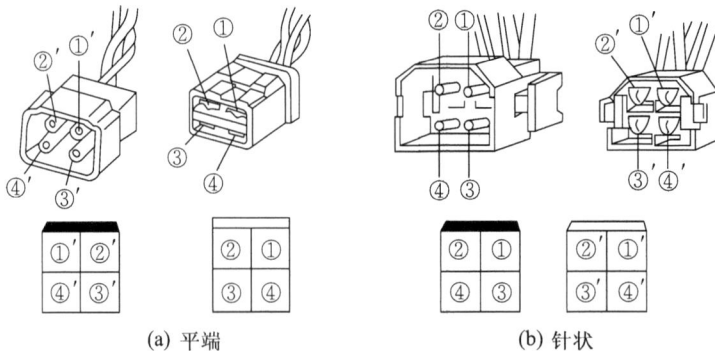

(a) 平端　　　　(b) 针状

图 1-2　四脚插接器

线束之间、线束与电器部件之间的连接一般采用插接器,为了防止插接器在车辆行驶中脱开,插接器均具有闭锁装置。

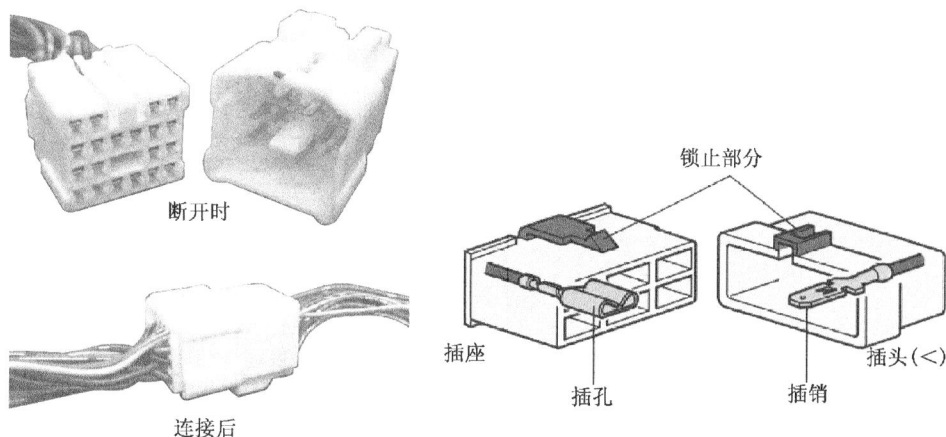

图 1-3　插接器示意图

二、常用电气控制元件

1. 低压开关

低压开关主要用作隔离、转换及接通/分断电路,多用作电路的电源开关和局部照明电路的控制开关,有时也可用来直接控制小容量电动机的起动、停止和正反转。

（1）封闭式负荷开关

封闭式负荷开关是在开启式负荷开关的基础上改进设计而成,因其外壳多为铸铁或用薄钢板冲压而成,故俗称铁壳开关。其灭弧性能、操作性能、通断能力和安全防护性能都优于开启式负荷开关。封闭式负荷开关既可用于手动不频繁地接通和断开带负载的电路及作为线路末端的短路保护,也可用于控制 15 kW 以下的交流电动机不频繁地直接起动和停止。

① 封闭式负荷开关的结构

封闭式负荷开关主要由触头系统、灭弧系统、熔断器及操作机构等三部分组成,其结构如图 1-4 所示。

封闭式负荷开关的灭弧装置有 E 形灭弧室和钢纸板与离子栅片构成的灭弧室两种。额定电流在 60 A及以下配用瓷插式熔断器,额定电流在 100 A 及以上配用填料封闭式熔断器。封闭式负荷开关的操作机构具有以下两个特点:一是采用了储能分合闸方式,使触头的分合速度与手柄的操作速度无关,有利于迅速熄灭电弧,从而提高开关的通断能力,延长其使用寿命;二是设置了连锁装置,保证在合闸状态下不能开启开关盖,而开关盖开启时又不能合闸,从而确保操作安全。

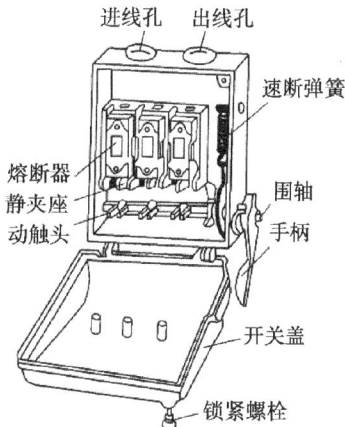

图 1-4　封闭式负荷开关结构

封闭式负荷开关的符号如图 1-5 所示。

② 封闭式负荷开关的选用

封闭式负荷开关的额定电压应不小于线路工作电压。

用于控制照明、电热负载时,开关的额定电流应不小于所有负载额定电流之和;用于控制电动机时,开关的额定电流应不小于电动机额定电流的 3 倍。

(2) 组合开关

组合开又称转换开关,主要用作电源引入开关,因此也被称作电源隔离开关。其操作手柄不同于一般刀开关手柄垂直于安

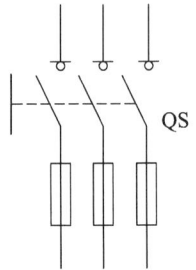

图 1-5 封闭式负荷开关符号

装平面,而是与其安装平面平行。组合开关体积小,触头对数多,接线方式灵活,操作方便,常用于交流 380 V 以下及直流 220 V 以下的电气线路中,供手动不频繁地接通和断开电路、换接电源和负载及控制 5 kW 以下小容量异步电动机的起动、停止和正反转。

① 组合开关的结构

组合开关的外形与结构如图 1-6 所示。

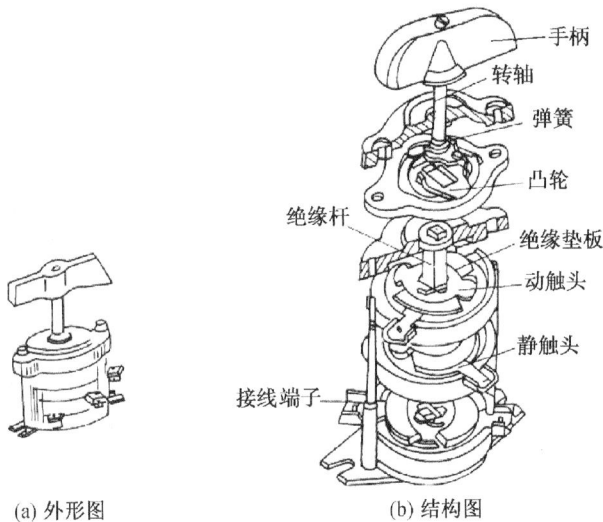

(a) 外形图　　　　　　(b) 结构图

图 1-6 组合开关的外形与结构图

组合开关的三对动、静触头分别装在三层绝缘垫板上,并附有接线柱,用于与电源及用电设备相接。动触头是由磷铜片(或硬紫铜片)和具有良好灭弧性能的绝缘钢纸板铆合而成,并和绝缘垫板一起套在附有手柄的方形绝缘转轴上;手柄和转轴在平行于安装面的平面内沿顺时针或逆时针方向每次转动 90°,带动三个动触头分别与三个静触头接触或分离,以实现接通或分断电路的目的。开关的顶盖部分是由滑板、凸轮、扭簧和手柄等构成的操作机构。由于采用了扭簧储能,可使触头快速闭合或分断,从而提高开关的通断能力。组合开关的绝缘垫板可以一层层组合起来,最多可达六层。按不同方式配置动触头和静触头,可得到不同类型的组合开关,以满足不同的控制要求。

组合开关的图形符号和文字符号如图 1-7 所示。

② 组合开关的选用

组合开关应根据电源种类、电压等级、所需触头数、接线方式和负载容量进行选用。用于直接控制异步电动机的起动和正、反转时,开关的额定电流一般取电动机额定电流的 1.5～2.5 倍。

（3）自动空气断路器

自动空气断路器又称自动空气开关,是低压配电网络和电力拖动系统中常用的一种配电电器。它集控制和多种保护功能于一体,在正常情况下可用于不频繁地接通和断开电路,以及控制电动机的运行。当电路中发生短路、过载和失压等故障时,能自动切断故障电路,保护线路和电气设备。

图 1-7 组合开关的图形符号和文字符号

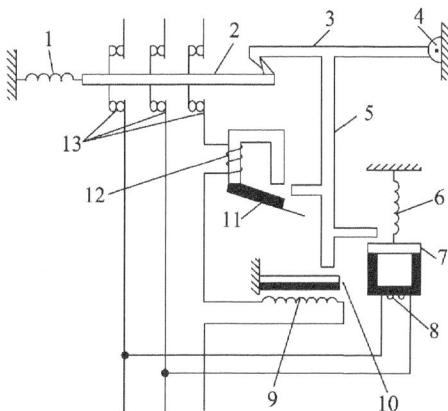

① 自动空气断路器的结构及工作原理

自动空气断路器主要由动触头、静触头、灭弧装置、操作机构、热脱扣器、电磁脱扣器及外壳等部分组成。其工作原理如图 1-8 所示。

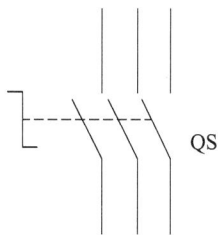

1—反作用弹簧；2—锁扣；3—搭钩；4—转轴座；5—杠杆；6—拉力弹簧；7—欠压脱扣器衔铁；8—欠压脱扣器；9—热元件；10—热脱扣器双金属片；11—电磁脱扣器衔铁；12—电磁脱扣器；13—主触头

图 1-8 自动空气断路器工作原理示意图

自动空气断路器在使用时,其主触头 13 串联在被控制的三相电路中,当手动将开关扳到"合"位置（图中未画出）时,外力使锁扣克服反作用弹簧 1 的反力,将固定在锁扣 2 上面的动触头和静触头闭合,并由锁扣 2 锁住搭钩 3,使动、静触头保持闭合,开关处于接通状态。要使开关断开时,手动将开关扳到"分"位置,搭钩 3 被杠杆 5 顶开,主触头 13 就被反作用弹簧 1 拉开,电路断开。

当线路发生过载时,过载电流流过热元件产生一定的热量,使热脱扣器双金属片 10 受热弯曲,通过杠杆 5 推动搭钩 3 与锁扣 2 脱开,在反作用弹簧 1 的推动下,动、静触头分开,从而切断电路,使用电设备不致因过载而烧毁。

当线路发生短路故障时,短路电流超过电磁脱扣器 12 的瞬时脱扣整定电流,电磁脱扣器 12 产生足够大的吸力将电磁脱扣器衔铁 11 吸合,通过杠杆 5 推动搭钩 3 与锁扣 2 分开,从而切断电路,实现短路保护。低压断路器出厂时,电磁脱扣器的瞬时脱扣整定电流一般整定为 $10I_N$(I_N 为断路器的额定电流)。

欠压脱扣器的动作过程与电磁脱扣器相反。当线路电压正常时,欠压脱扣器 8 的衔铁 7 被吸合,同时欠压脱扣器衔铁 7 与杠杆 5 脱离,断路器的主触头 13 能够闭合;当线路上的电压消失或下降到某一数值时,欠压脱扣器 8 的吸力消失或减小到不足以克服拉力弹簧 6 的拉力时,欠电压脱扣器的衔铁 7 在拉力弹簧 6 的作用下撞击杠杆 5,将搭钩 3 顶开,使触头分断。由此可看出,具有欠压脱扣器的断路器在欠压脱扣器两端无电压或电压过低时,不能接通电路。

自动空气断路器在电路中的符号如图 1-9 所示。

② 自动空气断路器的选用

a. 自动空气断路器的额定工作电压不小于线路额定电压。

b. 自动空气断路器的额定电流不小于线路计算负载电流。

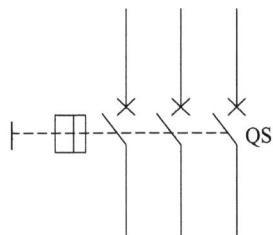

图 1-9 自动空气断路器符号

c. 热脱扣器的整定电流等于所控制负载的额定电流。

d. 电磁脱扣器的瞬时脱扣整定电流大于负载电路正常工作时的峰值电流。

e. 自动空气断路器欠电压脱扣器的额定电压等于线路额定电压。

2. 熔断器

熔断器是在低压配电网络和电力拖动系统中用作短路保护的电器。当电路发生短路故障时,其熔体发热而瞬间熔断,从而自动分断电路,以起到保护的作用。熔断器可分为半封闭插入式、无填料封闭管式、有填料封闭管式和螺旋式四类。

(1)熔断器的结构

熔断器主要由熔体、熔管和熔座三部分组成。熔体的材料通常有两种:一种是由铅、铅锡合金或锌等低熔点材料制成,用于小电流电路;另一种是由银、铜等较高熔点的金属制成,多用于大电流电路。常用低压熔断器外形和内部结构如图 1-10 所示。

(2)熔断器的选用

① 熔断器类型的选择

a. 根据使用环境和负载性质选择适当类型的熔断器。电网配电一般用管式熔断器;电动机保护一般用螺旋式熔断器;照明电路一般用瓷插式熔断器;保护晶闸管器件则应选择快速熔断器。

b. 选择熔断器时必须满足要求:熔断器的额定电压应不小于线路的工作电压;熔断器的额定电流应不小于所装熔体的额定电流。

② 熔体额定电流的选择

a. 对于照明和电热负载线路,熔体的额定电流应等于或稍大于所有负载的额定电流之和。

b. 对于单台电动机线路,熔体的额定电流应大于或等于 1.5～2.5 倍电动机的额定电流。

c. 对于多台电动机线路,熔体的额定电流应大于或等于其中最大容量电动机额定电流的 1.5～2.5 倍加上其余电动机额定电流的总和。

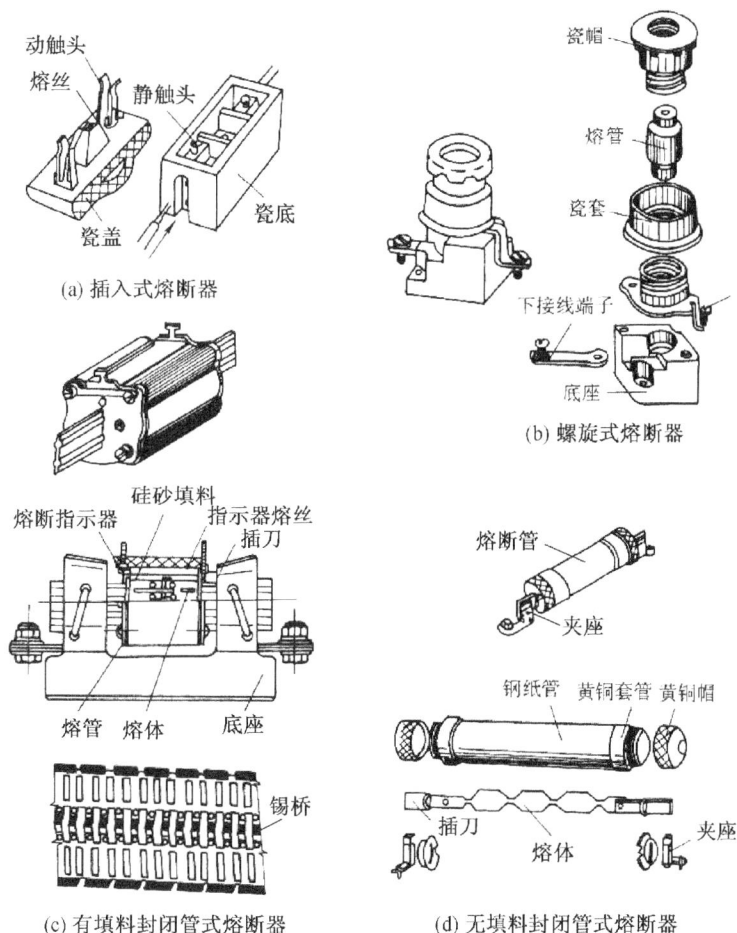

（a）插入式熔断器

（b）螺旋式熔断器

（c）有填料封闭管式熔断器

（d）无填料封闭管式熔断器

图 1-10 常用低压熔断器的外形及结构

3. 交流接触器

交流接触器是一种自动的电磁式开关,适用于远距离频繁地接通或断开交流主电路及大容量控制电路。它主要的控制对象是电动机,不仅能实现远距离自动操作和欠电压释放保护,而且具有控制容量大、工作可靠、操作频率高、使用寿命长等优点,因此在电力拖动系统中应用广泛。

（1）交流接触器的结构

交流接触器主要由电磁系统、触头系统、灭弧装置及辅助部件等组成。常用交流接触器结构如图 1-11 所示。

① 电磁系统:交流接触器的电磁系统主要由线圈、铁芯和衔铁三部分组成。其作用是利用电磁线圈的通断电使衔铁和铁芯吸合或释放,从而带动动触头和静触头闭合或分断,以实现接通或断开电路的目的。

② 触头系统:交流接触器的触头一般采用双断点桥式触头。按通断能力划分,交流接触器的触头分为主触头和辅助触头。主触头用以通断电流较大的主电路,一般由三对接触面较大的常开触头组成。辅助触头用以通断电流较小的控制电路,一般由两对常开和两对常闭触头组成。所谓触头的常开和常闭,是指电磁系统未通电时触头的

状态。常开触头和常闭触头是联动的。当线圈通电时,常闭触头先断开,常开触头随后闭合;当线圈断电时,常开触头首先恢复断开,随后常闭触头恢复闭合。

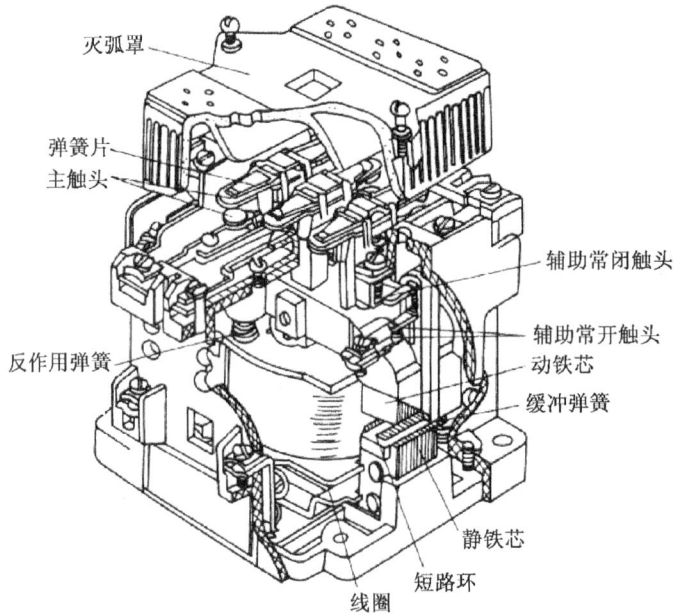

图 1-11 交流接触器结构示意图

③ 灭弧装置:交流接触器断开大电流或高电压电路时,在动、静触头之间会产生很强的电弧。电弧是触头间气体在强电场作用下产生的放电现象。电弧的产生,一方面会灼伤触头,减短触头的使用寿命;另一方面会使电路切断时间延长,甚至造成弧光短路或引起火灾事故。因此,通常希望触头间的电弧能尽快熄灭。容量在 10 A 以上的接触器都装有灭弧装置。小容量的交流接触器常采用双断口电动力灭弧、相间隔板及陶土灭弧罩灭弧;大容量交流接触器则采用纵缝灭弧、栅片灭弧。

④ 辅助部件:交流接触器的辅助部件有反作用弹簧、缓冲弹簧、触头压力弹簧、传动机构及底座、接线柱等。

(2)交流接触器的工作原理

交流接触器的工作原理如图 1-12所示。

当交流接触器的线圈通电后,线圈中流过的电流产生磁场,使铁芯产生足够大的吸力,克服反作用弹簧的反作用力,将衔铁吸合,通过传动机构带动三对主触头和辅助常开触头闭合,辅助常闭触头断开。当接触器线圈断电或电压显著下降时,由于电磁吸力消失或过小,衔铁在反作用弹簧力的作用下复位,带动各触头恢复到原始状态。

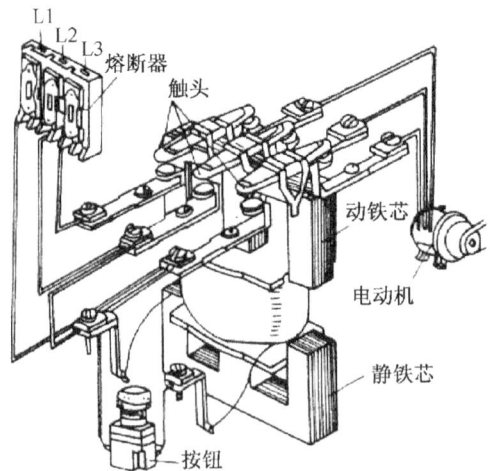

图 1-12 交流接触器的工作原理图

交流接触器的图形符号如图 1-13 所示。

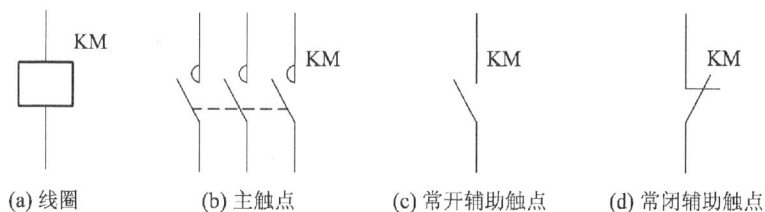

| (a) 线圈 | (b) 主触点 | (c) 常开辅助触点 | (d) 常闭辅助触点 |

图 1-13 交流接触器的图形符号

（3）交流接触器的选用

① 选择接触器主触头的额定电压。接触器主触头的额定电压应大于或等于控制线路的额定电压。

② 选择接触器主触头的额定电流。接触器控制电阻性负载时，主触头的额定电流应等于负载的额定电流；控制电动机时，主触头的额定电流应大于或稍大于电动机的额定电流。

③ 选择接触器吸引线圈的电压。当控制线路简单，使用电器较少时，为节省变压器，可直接选用 380 V 或 220 V 的电压；当线路复杂，使用电器超过 5 个时，从人身和设备安全的角度考虑，吸引线圈的电压要选低一些，可用 36 V 或 110 V 电压的线圈。

4. 继电器

继电器是一种根据输入信号的变化接通或断开小电流电路，实现自动控制和保护电力拖动装置的电器。同接触器相比较，继电器具有触头分断能力小、结构简单、体积小、重量轻、反应灵敏、动作准确、工作可靠等特点。

继电器主要由测量机构、中间机构和执行机构三部分组成。

继电器的分类方法很多，按照继电器在电路中的作用不同，可将其分为中间继电器、热继电器、时间继电器。

（1）中间继电器

中间继电器实际上是电压继电器，主要用途是进行电路的逻辑控制或实现触点转换与扩展，因此触点对数较多。由于中间继电器的触头容量较小，一般不能在主电路中应用。

① 中间继电器的结构

中间继电器由线圈、静铁芯、动铁芯、触头系统、反作用弹簧及复位弹簧等组成。常用中间继电器的结构如图 1-14 所示。

中间继电器的图形符号如图 1-15 所示。

② 中间继电器的选用

中间继电器主要根据被控制电路的电压等级、所需触头的数量、种类、容量等要求来选择。

（2）热继电器

热继电器一般作为交流电动机的过载保护。热继电器有两相结构、三相结构和三相带断相保护装置等三种类型。

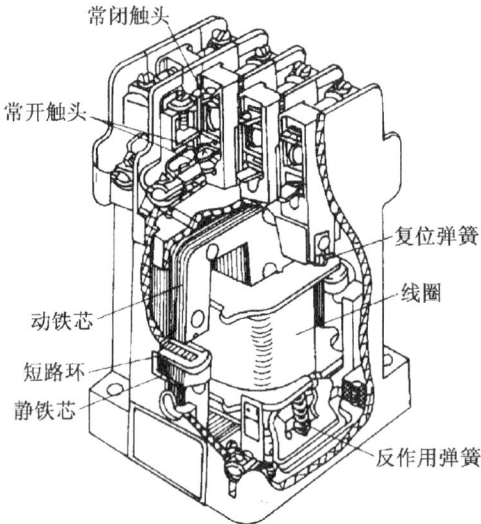

图 1-14　中间继电器的结构示意图

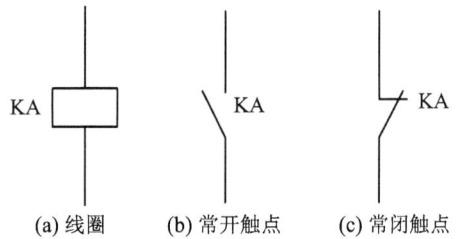

(a) 线圈　(b) 常开触点　(c) 常闭触点

图 1-15　中间继电器的图形符号

① 热继电器的结构

热继电器是由热元件、触头系统、动作机构、复位机构和电流整定装置组成。其外形和结构示意图如图 1-16 所示。

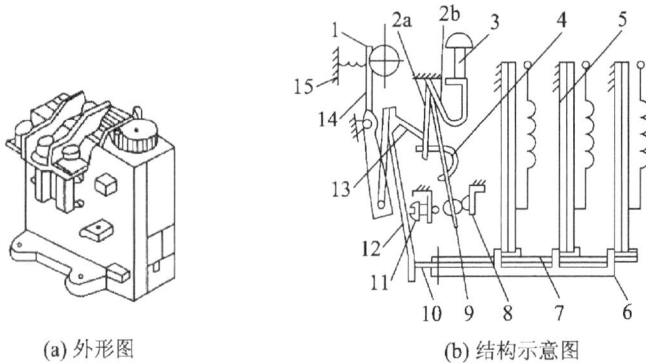

(a) 外形图　　　　　(b) 结构示意图

1—电流调节凸轮；2—片簧；3—手动复位按钮；4—片簧；5—主双金属片；6—外导板；7—内导板；8—静触头；9—动触头；10—杠杆；11—复位调节螺钉；12—温度补偿双金属片；13—推杆；14—连杆；15—压簧

图 1-16　热继电器外形和结构示意图

a. 热元件

热元件是热继电器的主要组成部分，由主双金属片和绕在外面的电阻丝组成。主双金属片是由两种热膨胀系数不同的金属片复合而成的。

b. 动作机构和触头系统

动作机构利用杠杆传递及弹簧式瞬跳机构来保证触头动作的迅速、可靠。触头为单断点弹簧跳跃式，一般为一个常开触头、一个常闭触头。

c. 电流整定装置

通过旋钮和电流调节凸轮调节推杆间隙，改变推杆移动距离，从而调节整定电流。

d. 温度补偿元件

温度补偿元件也为双金属片,其受热弯曲的方向与主双金属片一致。它能保证热继电器的动作特性在-30～+40℃的环境温度范围内不受周围介质温度的影响。

e. 复位机构

复位机构有手动和自动两种形式,可根据使用要求通过复位调节螺钉来自由调整选择。

② 工作原理

如图 1-16 所示,使用时,将热继电器的三相热元件分别串接在电动机的三相主电路中,常闭触头串接在控制回路中。当发生过载时,电阻丝发热,使主双金属片受热弯曲,推动外导板 6 和内导板 7,并通过温度补偿双金属片 12 推动推杆 13 绕轴转动,从而推动触头系统动作,使动触头 9 与静触头 8 分开,将控制电路切断。电源切除后,主双金属片逐渐冷却恢复原位,而动触头在失去作用力的情况下,靠片簧 4 的弹性自动复位。

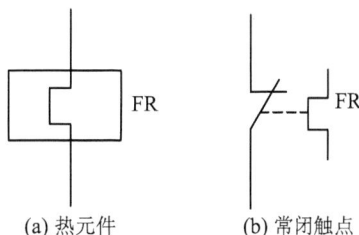

(a) 热元件　　(b) 常闭触点

图 1-17　热继电器图形符号

热继电器在电路中的图形符号如图 1-17 所示。

③ 热继电器的选用

a. 热继电器的类型选择:一般轻载起动、短时工作时,可选择两相结构的热继电器;当电源电压的均衡性和工作环境较差或多台电动机的功率差别较显著时,可选择三相结构的热继电器;对于三角形接法的电动机,应选用带断相保护装置的热继电器。

b. 热继电器的额定电流及型号选择:热继电器的额定电流应大于电动机的额定电流。

c. 热元件的整定电流选择:一般将热元件的整定电流调整为电动机额定电流的 0.95～1.05 倍;对过载能力差的电动机,可将热元件整定值调整到电动机额定电流的 0.6～0.8 倍;对起动时间较长,拖动冲击性负载或不允许停车的场合,热元件的整定电流应调节到电动机额定电流的 1.1～1.5 倍。

（3）时间继电器

时间继电器是一种控制动作时间的继电器。当它的敏感元件获得信号并经过一定时间后,其执行元件才会动作并输出信号。时间继电器的种类很多,有电磁式、电动式、空气阻尼式及晶体管式等。

晶体管式时间继电器也称为半导体式时间继电器,其具有延时范围广、体积小、重量轻、延时精度高、寿命长、工作稳定可靠、调节和安装维修方便、触点输出容量大、耐冲击和耐震动等优点,因此目前其在拌和设备中应用最广泛。

图 1-18 所示为 JSJ 型晶体管时间继电器的电路原理图。

当变压器原边通电时,正、负半波分别由两个副边通过继电器 K 的动断触点及电阻 R,R_1,R_2 向电容器 C 充电。刚开始时 VT_1 导通,VT_2 截止,继电器 K 的线圈没有电流通过,触点不动作。经过一定时间,A 点电位升高,当高于 B 点的电位时,VD_3 导通,从而使 VT_1 截止,VT_2 导通,并通过 R_5 产生正反馈,使 VT_1 加速截止,VT_2 迅速导通。于是 VT_2 集电极电流通过继电器 K 的线圈,使输出触点动作。同时其动断触点断开充电回路,动合触点接通放电回路,为下一次充电做好准备。电源断开后,继电器即可释放。改变 RC 电路参数就可以得到不同的延时时间。

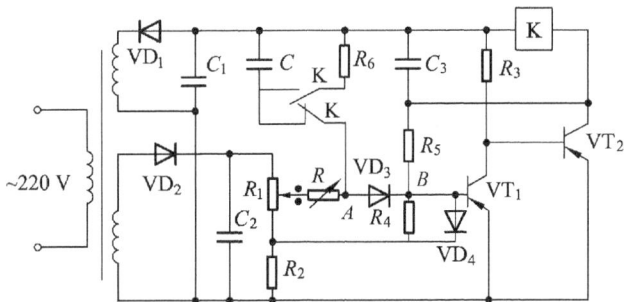

图 1-18　JSJ 型晶体管时间继电器的电路原理图

时间继电器的图形符号如图 1-19 所示。

时间继电器的选用:晶体管时间继电器主要根据延时范围要求及延时方式要求选择。

5. 主令电器

主令电器主要用于闭合、断开控制电路,以发出信号或命令,实现对电力系统的控制。常用的主令电器有按钮、位置开关等。

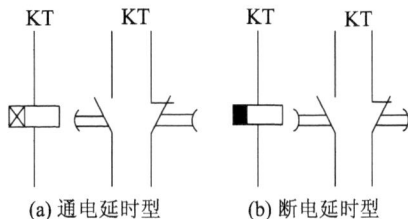

图 1-19　时间继电器图形符号

（1）按钮

按钮是一种短时接通或分断小电流电路的电器,它不直接用于控制主电路的通断,而是在控制电路中发出"指令"去控制接触器、继电器等电器,再由这些电器去控制主电路。

① 按钮的结构

按钮开关一般由按钮帽、复位弹簧、触头元件和外壳等组成。图 1-20 所示是按钮开关的结构示意图。图 1-21 所示为按钮开关的图形符号。

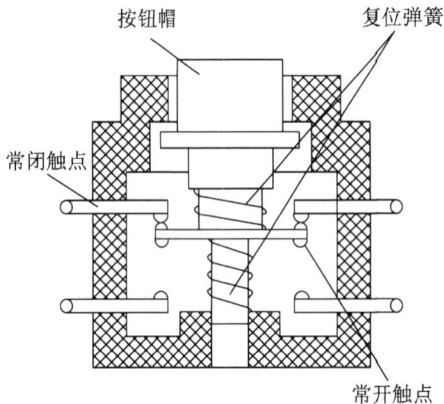

图 1-20　按钮开关结构示意图

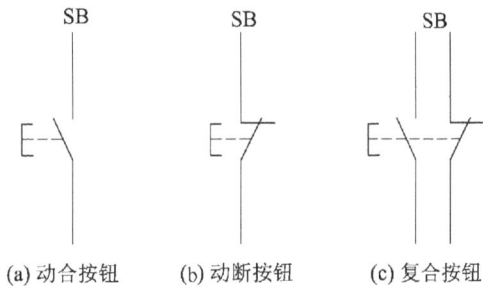

图 1-21　按钮开关的图形符号

按下按扭帽,常开触点闭合,而常闭触点断开,从而可以同时控制两条线路。松开按钮帽,则在弹簧的作用下使触点恢复原位。

② 按钮开关的作用和类型

按钮开关可用于远距离控制接触器、继电器等,从而控制电动机的起动、反转和停转。按钮开关可制成单联钮,也可以在一个按钮盒内包括两个以上的按钮元件,在线路中具有不同的作用。最常见的是由两个按钮元件组成"起动""停止"的双联按钮,以及由三个按钮元件组成的"正转""反转""停止"的三联钮,即复合按钮。为了便于识别各个按钮的作用而避免误操作,通常在按钮上做出不同的标志或涂以不同的颜色,一般以红色表示停止,绿色或黑色表示起动。此外还有紧急式按钮(装有突出的蘑菇形钮帽),常作为"急停"按钮。

③ 按钮的选用

a. 根据使用场合和具体用途选择按钮的种类。

b. 按工作状态指示和工作情况的要求,选择按钮和指示灯的颜色。

c. 按控制回路的需要确定按钮的数量,如单联钮、双联钮和三联钮等。

(2) 位置开关

位置开关又称为行程开关或限位开关,作用与按钮相同,只是其触头的动作不是靠手动操作,而是利用某些机械运动部件上的挡铁碰撞其滚轮,使触头动作来实现接通或分断某些电路,使之达到一定的控制要求。

位置开关按其结构形式可分为按钮式、滚轮式和微动式三种。

① 位置开关的结构

位置开关的结构由触头系统、操作机构和外壳组成。常见位置开关的外形和结构如图 1-22 所示。

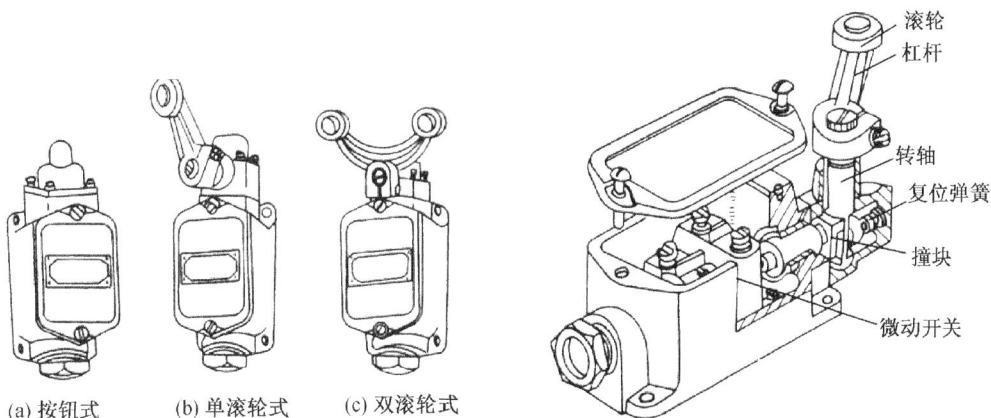

(a) 按钮式　　(b) 单滚轮式　　(c) 双滚轮式

图 1-22　位置开关的外形和结构简图

② 位置开关的选用

a. 根据安装环境选择防护形式,即选择开启式还是防护式。

b. 根据控制回路的电压和电流选择采用何种系统的位置开关。

c. 根据机械与位置开关的力与位移关系选择合适的头部结构形式。

三、常用传感器

1. 温度传感器

利用电阻随温度变化的特性制成的传感器叫作电阻式温度传感器。按采用的电阻材料不同,可将其分为金属热电阻(简称热电阻)和半导体热敏电阻(简称热敏电阻)两大类。

(1) 金属热电阻传感器

虽然各种金属材料的电阻均随温度变化,但适于制作温度测量敏感元件的电阻材料还要具备以下特点:

a. 要有尽可能大而且稳定的电阻温度系数。

b. 电阻率要大,以便在同样灵敏度下减小元件的尺寸。

c. 电阻温度系数要保持单值,并且最好是常数,以保证电阻随温度变化的线性关系。

d. 性能稳定,在电阻的使用范围内,其物理、化学性能基本保持不变。

根据以上特点,纯金属是制造热电阻的主要材料。目前,广泛应用的热电阻材料有铂、铜、镍、铁等。

① 铂电阻

铂金属的主要优点是物理、化学性能极为稳定,并且有良好的工艺性,易于提纯,可以制成极细的铂丝(直径可达 0.02 mm 或更细)或极薄的铂箔;缺点是电阻温度系数较小。

应用:用铂丝双绕在云母、石英或陶瓷支架上,或采用溅射工艺在石英或陶瓷基座上生成铂薄膜,构成电阻体;电阻体端线与银丝焊接引出连线,外面再套上玻璃或陶瓷或涂釉加以绝缘和保护,这样就构成铂电阻传感器。

铂电阻除用于一般的工业测温外,在国际实用温标中,还作为在 $-259.34 \sim 630.74$ ℃ 温度范围内的温度基准。

铂电阻与温度之间的关系近似直线,

在 $-200 \sim 0$ ℃ 范围内:

$$R_t = R_0 [1 + At + Bt^2 + C(t - 100℃)t^3] \tag{1-1}$$

在 $0 \sim 630.74$ ℃ 范围内:

$$R_t = R_0 [1 + At + Bt^2] \tag{1-2}$$

式中,R_0 和 R_t 分别为 0 ℃ 和 t ℃ 时的电阻值。

对于常用工业铂电阻,$A = 3.968\ 47 \times 10^{-3}/℃$,$B = -5.847 \times 10^{-7}/℃^2$,$C = -4.22 \times 10^{-12}/℃^4$。

国内统一设计的工业用标准铂电阻其 R_0 分为 50 Ω 和 100 Ω 两种,选定 R_0 值后,根据式(1-1)和式(1-2)即可列出铂电阻的温度与电阻值的对照关系表,只要测出热电阻 R_t,通过查表就可确定被测温度。

② 铜电阻

铂是贵重金属,在一些测量精度要求不高而温度又较低的场合,用铜电阻更为普遍。因为在 $-50 \sim 150$ ℃ 范围内铜的阻值与温度关系接近线性,并且铜的温度系数比铂高,也容易提纯加工,价格便宜。但是铜易于氧化,不适于在腐蚀性介质或高温下工作;铜的电阻率低,所以铜电阻的体积较大。

铜电阻传感器是用漆包铜线双绕在圆柱形陶瓷或塑料支架上(由于铜的电阻较小,需要多层绕制)引出连线,然后整体用环氧树脂封固,以提高其导热性和机械强度。

在 $-50 \sim 150\ ℃$ 温度范围内,铜电阻与温度之间的关系为

$$R_t = R_0(1 + At + Bt^2 + Ct^3) \tag{1-3}$$

式中,R_0 和 R_t 分别为 $0\ ℃$ 和 $t\ ℃$ 时的铜电阻值;$A = 4.288\ 99 \times 10^{-3}/℃$,$B = -2.133 \times 10^{-7}/℃^2$,$C = 1.233 \times 10^{-9}/℃^3$。

按国内统一设计,R_0 取 $100\ Ω$ 和 $50\ Ω$ 两种。

③ 热电阻测温电路

电阻温度计的测量电路最常用的是电桥电路,精度较高的是自动电桥。图 1-23 是一般的电桥式电阻温度计的原理图,R_1,R_2,R_3 和 R_t(R_{ref} 和 R_{FS})组成电桥的四个臂,R_1,R_2 和 R_3 是固定电阻,R_t 是热电阻,R_{ref} 和 R_{FS} 是锰铜电阻,两者分别等于热电阻 R_t 在起始温度(如 $0\ ℃$)及满度(如 $100\ ℃$)时的电阻值。首先将开关 K 接在位置"1",调节 R_0 使指示仪表指示为零;然后将开关接在位置"3",调节 R_F 使指示仪表满度偏转;最后将开关 K 接在位置"2"上,即可正常工作。

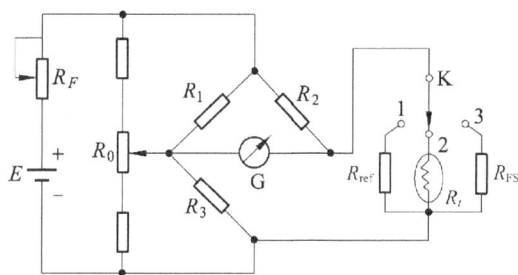

图 1-23 电桥式电阻温度计原理图

在实际的温度测量中,由于热电阻的电阻值很小,所以导线电阻值不可忽视。例如,$50\ Ω$ 的铂电阻,若导线电阻为 $1\ Ω$,将会产生 $5\ ℃$ 的测量误差。为了解决这一问题,可采用如图 1-24 所示的三线式电桥连接测量电路。图中 R_t 为热电阻;r_1,r_2,r_3 为引线电阻;R_1,R_2 为两桥臂电阻,取 $R_1 = R_2$;R_3 为调整电桥的精密电阻。由于测量仪表 G 内阻很大,流过 r_3 的电流接近于 0,当 $U_A = U_B$ 时,电桥平衡,调节 R_3,使 $r_1 + R_t = r_2 + R_3$,就可消除引线电阻的影响。

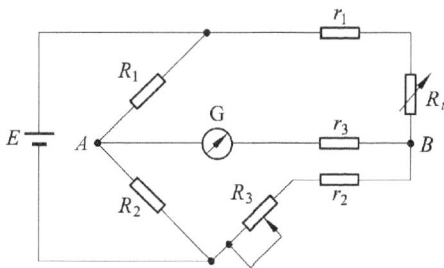

图 1-24 热敏电阻测温电桥的三线连接

（2）热敏电阻传感器

热敏电阻是一种利用半导体材料的电阻值随温度变化而变化的性质制成的温度敏感元件，使用时不需要放在保护管内，因此，用热敏电阻测量温度比用热电阻测重更为方便。

热敏电阻根据温度特性的不同通常分为三种类型，即负电阻温度系数热敏电阻（NTC）、正电阻温度系数热敏电阻（PTC）和在某一特定温度下电阻值会发生突变的临界温度电阻器（CTR）。它们的特性曲线如图 1-25 所示。

由图 1-25 可见，使用 CTR 型热敏电阻组成温度控制开关是十分理想的，其测量范围为 0～150 ℃，主要材料有氧化钒系列等。PTC 型热敏电阻主要用于过热保护、恒温控制等，测量范围为 -50～150 ℃，主要材料有 BaTiO3 等。在温度测量中，使用得最多的是 NTC 型热敏电阻，其特别适合于 -100～300 ℃ 温度范围的测量，常用材料有铜、铁、铝、锰、铟、镍、铼等，取其中 2～4 种，按一定比例混合烧制而成。负电阻

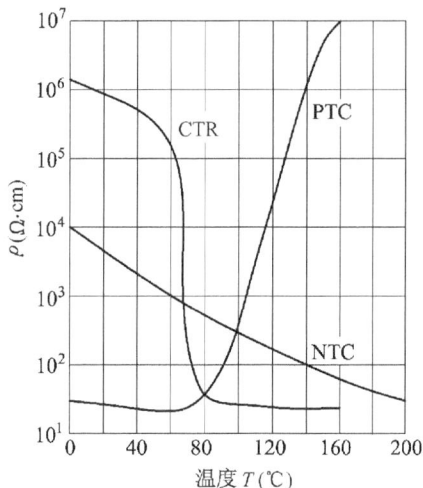

图 1-25　热敏电阻的特性曲线

温度系数的热敏电阻的阻值与温度的关系可表示为

$$R_T = R_0 e^{B\left(\frac{1}{T} - \frac{1}{T_0}\right)} \tag{1-4}$$

式中，R_T，R_0 分别为温度 T(K) 和 T_0(K) 时的阻值；B 为热敏电阻的材料常数，一般情况下，$B = 2\,000 \sim 6\,000$ K，在高温下使用时，B 值将增大。

若定义 $\dfrac{1}{R_T}\dfrac{\mathrm{d}R_T}{\mathrm{d}T}$ 为热敏电阻的温度系数 α_T，则

$$\alpha_T = \frac{1}{R_T}\frac{\mathrm{d}R_T}{\mathrm{d}T} = -\frac{B}{T^2} \tag{1-5}$$

可见，α_T 是随温度降低而迅速增大的，α_T 决定热敏电阻在全部工作范围内的温度灵敏度。热敏电阻的测温灵敏度比金属丝的高很多。例如 B 值为 4 000 K，当 $T = 293.15$ K（20 ℃）时，热敏电阻的 $\alpha_T = 4.7\%/℃$，约为铂电阻的 12 倍。由于温度变化引起的阻值变化大，因此测量时引线电阻影响小；同时体积小，非常适合测量微弱温度变化。但是，热敏电阻非线性严重，所以实际使用时要对其进行线性化处理。

（3）热电偶传感器

热电偶传感器简称热电偶，是目前应用最广泛、也是较成熟的一种接触式温度传感器。其主要特点如下：

a. 较好的计量性能。其测量精度及灵敏度较高，易保证有单值的函数关系，且某些热电偶有近似的线性关系；稳定性及复现性较好，响应时间较快。

b. 材料容易得到，且制造方便，结构简单，有标准化定型产品，互换性好；除铂铑-铂热电偶外，其他热电偶价格低廉。

c. 测温范围广，高温用热电偶可达 3 073 K（2 800 ℃），低温用热电偶可达 4 K（-269 ℃）等。

热电偶在沥青混凝土拌和设备中应用较广,常用来测量成品料及沥青的温度。

热电偶是利用物理学中的热电效应制成的温度传感器。

① 热电效应

图1-26(a)将两种不同材料的导体或半导体 A 和 B 焊接起来,构成一个闭合回路。当导体 A 和 B 的两个结点1和2之间存在温差时,两者之间便产生电动势,因而在回路中会形成电流,这种现象称为热电效应。在这种情况下产生电流的电动势称为热电势,用 $E_{AB}(T, T_0)$ 来表示。通常把两种不同金属的这种组合称为热电偶,A 和 B 称为热电极,温度高的结点 T 称为热端(或称为工作端),温度低的结点 T_0 称为冷端(或称为自由端)。利用热电偶把被测温度信号转变为热电势信号,再用电测仪表测出电势大小,就可间接求得被测温度值,如图1-26(b)所示。

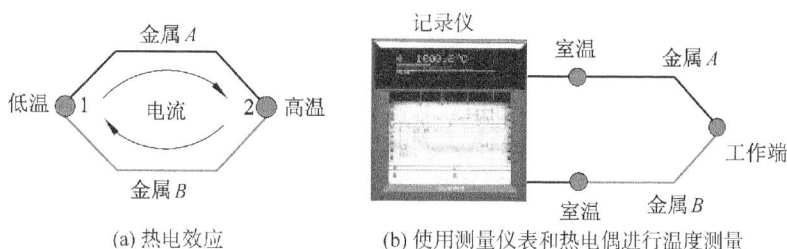

(a) 热电效应   (b) 使用测量仪表和热电偶进行温度测量

图1-26 热电效应示意图

② 热电势的产生

热电偶产生的热电势与两个电极的材料及两个结点的温度有关,通常写成 $E_{AB}(T, T_0)$。热电偶产生的热电势由单一导体的温差电势和两种导体的接触电势组成。

a. 单一导体的温差电势

一根匀质的金属导体,如果两端的温度不同,则在导体内部会产生电动势,这种电动势称为温差电势。温差电势的形成是由于导体内高温端自由电子的动能比低温端自由电子的动能大,这样高温端自由电子的扩散速率比低温端自由电子的扩散速率大,使得高温端因失去一些电子而带正电,低温端因得到电子而带负电,从而两端便形成一定的电位差。当导体 A 两端的温度分别为 T, T_0 时,电势可用 $E_A(T, T_0)$ 表示;导体 B 两端的温差电势为 $E_B(T, T_0)$。

b. 两种导体的接触电势

当 A, B 两种金属接触在一起时,由于两种金属导体内自由电子密度不同,在结点处就会发生电子的迁移扩散。若金属 A 的电子密度 N_A 大于金属 B 的电子密度 N_B,则由金属 A 扩散到金属 B 的电子数要比从金属 B 扩散到金属 A 的电子数多,这样金属 A 因失去电子而带正电,金属 B 因得到电子而带负电,于是在接触面处形成电场。此电场将阻止电子由金属 A 进一步向金属 B 扩散,直到扩散作用与电场的阻止作用相等,迁移扩散过程便处于动态平衡。此时,在 A, B 两金属接触面形成一个稳定的电位差,这就是接触电势。接触电势可用 $E_{AB}(T)$ 表示,它的大小与两金属的材料有关,也与接触面处的温度有关。

c. 热电偶回路的总热电势

对于图1-26所示的由 A 和 B 两种导体构成的热电偶回路,热端和冷端温度分别

为 T 和 T_0 时,其总热电势用 $E_{AB}(T,T_0)$ 表示,它等于整个回路中各接触电势与各温差电势的代数和。从热端出发沿回路一周,按照遇到的导体和温度的顺序,依次写出各接触电势和温差电势,并将它们相加便是整个回路的总热电势。对于图 1-26 有

$$E_{AB}(T,T_0)=E_{AB}(T)+E_B(T,T_0)+E_{BA}(T_0)+E_A(T_0,T) \tag{1-6}$$

③ 热电偶的冷端温度补偿

热电偶产生的热电势的大小不仅与热端温度有关,而且也与冷端温度有关。为了使热电势仅是热端温度的单值函数,必须使冷端温度保持不变。为此,需采取措施减小冷端温度的波动,冷端自动补偿法是其中的一种常用的补偿方法。冷端自动补偿法是在热电偶和测量仪表间接入一个直流不平衡电桥,也称为冷端温度补偿器,如

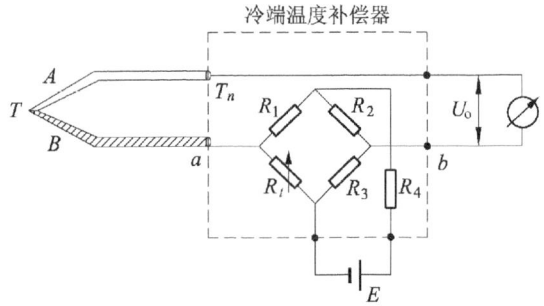

图 1-27 冷端补偿器原理图

图 1-27 所示。当热电偶自由端温度升高,导致回路总电势降低时,补偿器感受到自由端的变化,产生一个电位差,其值正好等于热电偶降低的电势,两者互相抵消以达到自动补偿的目的。

四臂电桥由电阻 R_1,R_2,R_3 和 R_t 组成,其中 R_1,R_2,R_3 用锰铜丝绕制,可以认为它们的阻值不随温度变化;R_t 为铜电阻,置于热电偶的冷端处,让其感受热电偶冷端同样的温度。设计时使电桥在 20 ℃处于平衡,即 a,b 两点电位差 $U_{ab}=0$,电桥对仪表的读数无影响。当温度不等于 20 ℃时,电桥不平衡,产生一个不平衡的电压 U_{ab} 与热端电势叠加,一起输入测量仪表。只要设计出的冷端补偿器所产生的不平衡电压正好补偿由于冷端温度变化而引起的热电势变化值,仪表便可正确读出被测温度。

④ 热电偶的类型及结构

为了适应不同生产对象的测温要求和条件,热电偶按结构形式不同有普通型热电偶、铠装型热电偶和薄膜热电偶等。

普通型结构的热电偶在工程机械及工业上使用最多,它一般由热电极、绝缘套管、保护管和接线盒组成,其结构如图 1-28 所示。普通型热电偶按其安装时的连接形式,可分为固定螺纹连接、固定法兰连接、活动法兰连接、无固定装置等多种形式。

a. 热电极

理论上讲,凡是两种不同金属材料均可以组成热电偶,但在实际中并非如此。一般来说,对热电偶电极材料有以下要求:

a)在测量范围内,热电性质稳定,不随时间而变化。

b)在测量范围内,有足够的物理、化学稳定性。

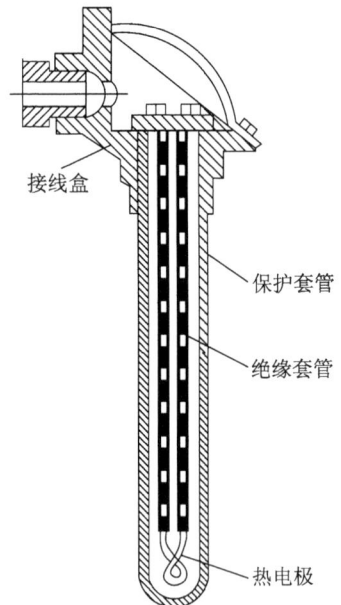

接线盒

保护套管

绝缘套管

热电极

图 1-28 普通热电偶结构图

c）电阻温度系数小，电导率高。

d）由它们组成的热电偶，测温中产生的热电势要大，并且希望这个热电势随温度单值线性或接近线性变化。

e）材料复制性好，可制成标准分度，机械强度高，制造工艺简单，而且价格便宜。

应该指出，实际上没有一种材料能满足上述全部要求，因此在设计选用热电偶的电极材料时，要根据测量的具体条件来加以选择。

目前，常用热电极材料分为贵金属和普通金属两大类，这些材料在国内外都已经标准化。贵金属热电极材料有铂铑合金和铂，普通金属热电极材料有铁、铜、康铜、考铜、镍铬合金、镍硅合金等，还有铱、钨、铼等耐高温材料。此外非金属材料，如碳、石墨和碳化硅等也可以作热电极的材料。

贵金属热电偶电极直径大多在 0.13～0.65 mm 范围内，普通金属热电偶电极直径为 0.5～3.2 mm。热电极长度由具体使用情况决定。

热电极有正、负之分，在其技术指标中会有说明，使用时应加以注意。

b. 绝缘材料

绝缘材料的作用是防止电极间短路。根据不同使用温度，可选用橡皮、塑料（60～80 ℃）、玻璃丝、玻璃管（<500 ℃）、石英管（<1 300 ℃）、瓷管（1 400 ℃）和氧化铝管（1 500～1 700 ℃）作绝缘材料。最常用的是氧化铝和耐火陶瓷等。

c. 保护套管

保护套管的作用是使电极和待测温度介质隔离，使之免受化学侵蚀和机械损伤。对保护套管的要求是必须有优良传热性能，经久耐用。常用的套管材料分为金属和非金属两类。金属常用铝、铜、铜合金、炭钢、不锈钢、镍等高温合金材料；非金属材料有石英、高温陶瓷、氧化铝（镁）等。应根据热电偶类型、测温范围和使用条件来选择套管材料。

d. 接线盒

接线盒供热电偶和补偿导线连接之用。接线盒固定在热电偶保护套管上，一般用铝合金制成，分为普通式和密封式（防溅式）两类。

2. 称重传感器

现代拌和设备广泛采用电子称来计量骨料、粉料及沥青的多少，而称重传感器又是电子称的重要组成部分。根据原理不同，称重传感器有电阻应变式、压电式、电感式、电容式等多种形式。其中，电阻应变式传感器具有悠久的历史，是目前应用最广泛的传感器之一。

电阻应变式传感器的敏感元件为电阻应变片，应变片粘贴在传感器的弹性元件上。在外力作用下，弹性元件产生变形并引起应变片电阻值的变化，通过转换电路将电阻值的变化转变成电量输出，电量变化的大小便反映了被测力或物重的大小。电阻应变式力传感器是目前工程机械中应用最为广泛的测力（物重）传感器。

（1）金属的电阻应变效应

电阻应变片的工作原理基于应变效应，即导体或半导体材料在受到外力作用时，产生机械变形，机械变形导致其电阻值发生变化的现象称为"应变效应"。如图 1-29 所

示,一根金属电阻丝,在其未受力时,原始电阻值为

$$R=\frac{\rho L}{S} \tag{1-7}$$

式中,ρ 为电阻丝的电阻率;L 为电阻丝的长度;S 为电阻丝的截面积。

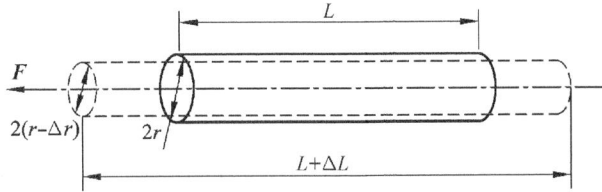

图 1-29　导体受力后的变形

当电阻丝受到拉力 F 作用时,将伸长 ΔL,横截面积相应减小 ΔS,电阻率将因晶格发生变形等因素而改变 $\Delta\rho$,故引起电阻值相对变化量为

$$\frac{\Delta R}{R}=\frac{\Delta L}{L}-\frac{\Delta S}{S}+\frac{\Delta\rho}{\rho} \tag{1-8}$$

式中,$\dfrac{\Delta L}{L}$ 为长度相对变化量,用应变 ε 表示为

$$\varepsilon=\frac{\Delta L}{L} \tag{1-9}$$

$\dfrac{\Delta S}{S}$ 为圆形电阻丝的截面积相对变化量,即

$$\frac{\Delta S}{S}=\frac{2\Delta r}{r} \tag{1-10}$$

由材料力学理论可知,在弹性范围内,金属丝受拉力时,沿轴向伸长,沿径向缩短,轴向应变和径向应变的关系可表示为

$$\frac{\Delta r}{r}=-\mu\frac{\Delta L}{L}=-\mu\varepsilon \tag{1-11}$$

式中,μ 为电阻丝材料的泊松比,负号表示应变方向相反。

将式(1-9)、式(1-10)、式(1-11)代入式(1-8),可得

$$\frac{\Delta R}{R}=(1+2\mu)\varepsilon+\frac{\Delta\rho}{\rho} \tag{1-12}$$

或

$$\frac{\Delta R}{R\varepsilon}=(1+2\mu)+\frac{\Delta\rho}{\rho\varepsilon} \tag{1-13}$$

通常把单位应变能引起的电阻值变化称为电阻丝的灵敏度系数,其表达式为

$$K=1+2\mu+\frac{\Delta\rho}{\rho\varepsilon} \tag{1-14}$$

灵敏度系数受两个因素影响:一个是受力后材料几何尺寸的变化,即 $1+2\mu$;另一个是受力后材料的电阻率发生的变化,即 $\dfrac{\Delta\rho}{\rho\varepsilon}$。对于金属材料电阻丝,其灵敏度系数表达式中 $1+2\mu$ 的值要比 $\dfrac{\Delta\rho}{\rho\varepsilon}$ 大得多,而半导体材料的 $\dfrac{\Delta\rho}{\rho\varepsilon}$ 的值比 $1+2\mu$ 大得多。大量实验证明,在电阻丝拉伸极限内,电阻的相对变化与应变成正比,即灵敏度系数 K 为常数。

（2）电阻应变片的组成结构及类型

电阻应变片的形式各异,但其基本结构大体相同,一般由敏感栅、引出线、基底、盖片、粘合层等组成,如图 1-30 所示。

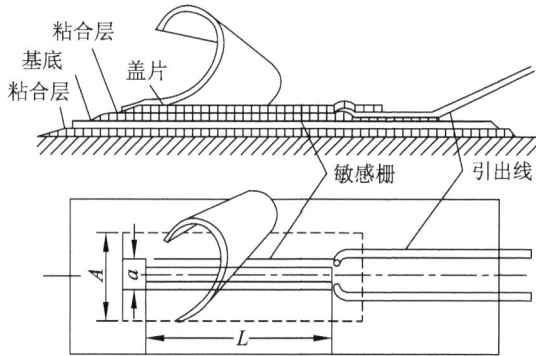

图 1-30　应变片的基本结构

敏感栅是应变片内实现应变—电阻转换的传感元件。为保持敏感栅固定的形状、尺寸和位置,通常用粘结剂将它固结在纸质或胶质的基底上,再在敏感栅上面粘贴一层纸质或胶质的覆盖层,起防潮、防蚀、防损等作用。敏感栅引出线用以与接口电路连接。应变片使用时用粘结剂将基底粘贴到试件表面的被测部位,基底及其粘结层具有把试件应变传递给敏感栅的作用。为此,基底必须很薄,而且还应有良好的绝缘、抗潮和耐热性能。

按制造敏感栅的材料,电阻应变片可分为电阻应变片和半导体应变片两大类。

按敏感栅的形状和制造工艺不同,金属电阻应变片又可分为丝式、箔式和薄膜式三种。半导体应变片的敏感栅一般为单根状。

a. 金属丝式应变片的敏感栅由直径 0.015～0.05 mm 的金属丝绕成。如图 1-31(a) 所示的栅状,是应用最早的应变片。

b. 金属箔式应变片的敏感栅由金属箔经光刻腐蚀成栅状,如图 1-31(b) 所示。由于箔式应变片具有横向效应小、测量精度高、散热好、工作电流大、测量灵敏度高和易于成批生产等多方面优点,已经在许多场合下取代了丝式应变片。

c. 薄膜应变片是采用真空蒸发或真空沉积方法在薄的绝缘基底上形成金属电阻材料薄膜(厚度 0.1 μm 以下)作为敏感栅,其优点是应变灵敏系数高,允许电流密度大,易实现工业化生产,是一种很有前途的新型应变片。目前薄膜应变片在实际使用中的主要问题是尚难控制其电阻对温度和时间的变化关系。

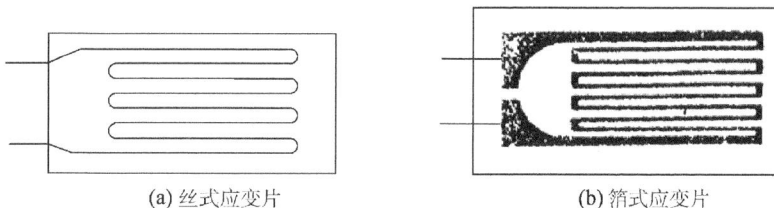

(a) 丝式应变片　　　　　　　　　　(b) 箔式应变片

图 1-31　丝式与箔式应变片

d. 半导体应变片的优点是尺寸、横向效应、机械滞后都很小，灵敏系数极大，因而输出信号也大，可以不需放大器而直接与记录仪连接，使得测量系统简化。缺点是电阻值和灵敏系数的温度稳定性差，测量较大应变时非线性严重；灵敏系数随拉力或压力而变，且分散度大，一般在 3‰～5‰，因而使测量结果有±(3～5)‰的误差。

（3）电阻应变式称重传感器

① 传感器的结构及工作原理

电阻应变式称重传感器由弹性元件、应变片和测量电桥等组成。测试时弹性元件受拉力或压力的作用而产生应变，贴于其表面的应变片将弹性元件的应变转变为电阻的变化，然后经电桥电路转变为电压信号输出。

根据弹性元件的结构不同，应变片式称重传感器可分为柱式、梁式、环式等，其中柱式在拌和设备中用得最多。柱式传感器的弹性元件结构简单紧凑，承载能力较大，其截面形状有圆形、矩形、方形和圆环形等。被测力沿轴心作用于柱体的承载截面，电阻应变片均匀粘贴在柱面上，并且测量片通常与柱体轴线平行或垂直布置。图 1-32 为典型柱式压用称重传感器的结构图。

② 电阻应变片的测量电路

电阻应变片将作用力的变化转换为电阻值的微小变化后，还必须进一步将其转换为电压或电流的变化，才有可能用电测仪表进行测定。电桥测量电路是进行这种变换的一种最常用的方法。

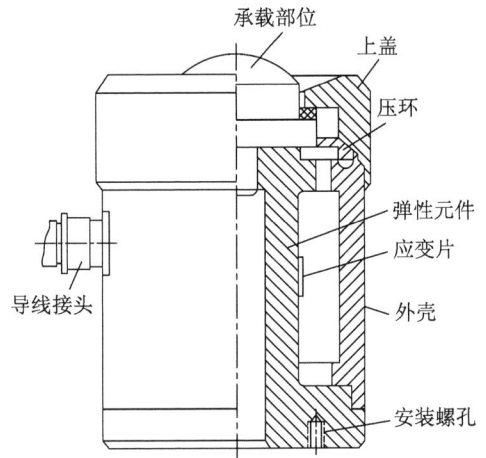
图 1-32　典型柱式压用称重传感器

电桥测量电路通常有直流电桥和交流电桥两种，下面以直流电桥为例对测量电路的基本原理作一介绍。

直流电桥的基本形式如图 1-33 所示。

R_1,R_2,R_3,R_4 称为电桥的桥臂，在 a,c 两端接入直流电源 U_i，在 b,d 两端输出电压 U_o。若在输出端 b,d 两点间负载为无穷大，即接入的仪表或放大器的输入阻抗较大时，可以视为开路，此时电桥的输出电压 U_o 为

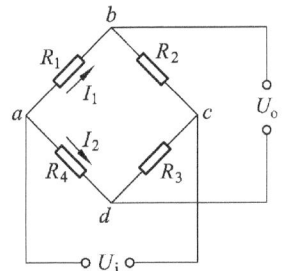
图 1-33　直流电桥的基本形式

$$U_o=\left(\frac{R_1}{R_1+R_2}-\frac{R_4}{R_3+R_4}\right)U_i \tag{1-15}$$

根据上式可知

$$R_1R_3=R_2R_4 \tag{1-16}$$

此时电桥输出为零，式(1-16)称为电桥的平衡条件。

在电阻应变式称重传感器的应用中，测量电桥可以采用半桥单臂、半桥双臂和全桥三种连接方式，如图 1-34 所示。

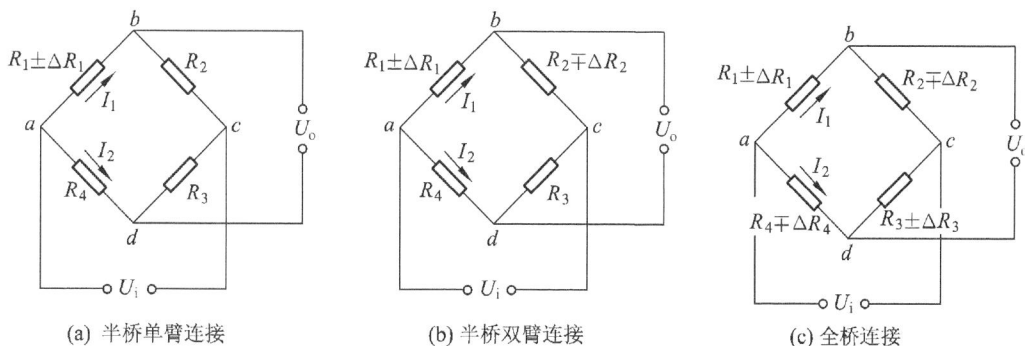

图 1-34　直流电桥的连接形式

图 1-34(a)为半桥单臂连接方式,桥臂 R_1 由接入的应变片代替,其电阻值增加了 ΔR_1。由式(1-15)可得此时输出电压为

$$U_o = \left(\frac{R_1 + \Delta R_1}{R_1 + \Delta R_1 + R_2} - \frac{R_4}{R_3 + R_4} \right) U_i \tag{1-17}$$

实际应用中,为了简化桥路设计,同时也为了得到电桥的最大灵敏度,往往取相邻两桥臂电阻相等,即 $R_1 = R_2 = R_o$,$R_3 = R_4 = R_o{}'$。若 $R_o = R_o{}'$,则输出电压为

$$U_o = \frac{\Delta R_o}{4R_o + 2\Delta R_o} U_i \tag{1-18}$$

因为 $\Delta R_o \ll R_o$,所以

$$U_o \approx \frac{\Delta R_o}{4R_o} U_i \tag{1-19}$$

由上式可见,电桥的输出 U_o 与输入电压 U_i 成正比。在 $\Delta R_o \ll R_o$ 的条件下,电桥的输出也与 $\Delta R_o / R_o$ 成正比。

电桥的灵敏度

$$S_B = \frac{U_o}{\Delta R_o / R_o}$$

则半桥单臂的灵敏度为 $S_B \approx \frac{1}{4} U_i$。为了提高电桥的灵敏度,可以采用图 1-34(b)所示的半桥双臂接法。当 $R_1 = R_2 = R_3 = R_4 = R_o$,$\Delta R_1 = \Delta R_o$ 时,电桥输出为

$$U_o = \frac{\Delta R_o}{2R_o} U_i \tag{1-20}$$

同样,当采用图 1-34(c)所示的全桥接法时,电桥输出为

$$U_o = \frac{\Delta R_o}{R_o} U_i \tag{1-21}$$

由上式可见,电桥接法不同,其输出电压也不一样,其中全桥接法可以获得最大的输出,且灵敏度为半桥单臂接法的 4 倍。

(4)电阻应变式传感器的温度误差及其补偿

应变片由于温度变化所引起的电阻变化与应变片应变所造成的电阻变化几乎有相同的数量级,如果不采取必要的措施克服温度的影响,测量精度就无法保证。温度误差补偿的方法,基本上分为桥路补偿和应变片自补偿两大类。

① 桥路补偿法

桥路补偿法也称补偿片法。应变片通常是作为平衡电桥的一个臂测量应变的。图 1-35 中 R_1 为工作片，R_2 为补偿片。工作片 R_1 粘贴在试件上需要测量应变的地方，补偿片 R_2 粘贴在一块不受力且与试件相同的材料（即补偿块）上，这块材料放在试件上或附近。

当温度发生变化时，工作片 R_1 和补偿片 R_2 的电阻会发生变化，由于它们的温度变化相同，且 R_1 与 R_2 为同类应变片，又粘贴在相同的材料上，因此 R_1 和 R_2 的变化也相同，即

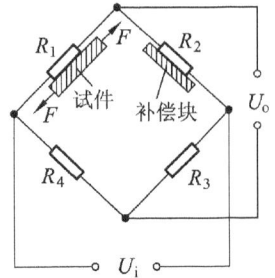

图 1-35　桥路补偿法

$\Delta R_1 = \Delta R_2$。如图 1-35 所示，R_1，R_2 分别接入电桥的相邻两桥臂，则因温度变化引起的电阻变化 ΔR_1 和 ΔR_2 的作用相互抵消，这样就起到了温度补偿的作用。

② 应变片自补偿法

粘贴在被测部位上的是一种特殊应变片，当温度变化时，产生的附加应变为零或相互抵消，这种特殊应变片称为温度自补偿应变片。利用温度自补偿应变片来实现温度补偿的方法称为应变片自补偿法。

③ 热敏电阻补偿法

如图 1-36 所示为热敏电阻补偿法，图中的热敏电阻 R_T 处在与应变片相同的温度条件下，当应变片的灵敏度随温度升高而下降时，热敏电阻 R_T 的阻值也下降，使电桥的输入电压随温度升高而增加，从而提高电桥的输出，补偿因应变片引起的输出下降。选择分流电阻 R_5 的值，可以得到良好的补偿效果。

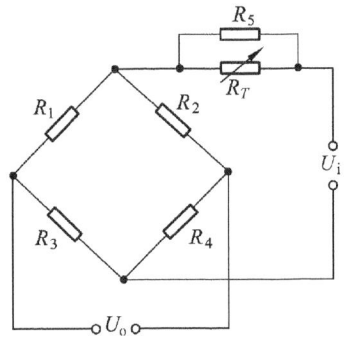

图 1-36　热敏电阻补偿法

3. 转速传感器

转速传感器用以检测旋转体的转速。由于工程机械的行驶速度与驱动轮或其传动机构的转速成正比，测得转速便可得到车速，因此转速传感器又广泛用作车速传感器使用。目前工程机械中常用的转速传感器有模拟式转速传感器和计数式转速传感器两大类。

（1）模拟式转速传感器

模拟式转速传感器的测速原理是测出由瞬时转速引起的某种物理量（如离心力、电机的输出电压）的变化，从而确定其转速。下面以测速发电机为例分析模拟式转速传感器的测速原理。

测速发电机是一种比较常见的模拟式转速传感器，其输出信号是与被测转速成正比的电压模拟量。根据原理不同，测速发电机分为交流测速发电机和直流测速发电机两种类型。

① 直流测速发电机

直流测速发电机的结构和工作原理与直流发电机类似，按励磁方式的不同，分为永磁式和电磁式（他励式）两种。永磁式直流测速发电机的定子磁极由永久磁钢做成，没有励磁绕组；电磁式直流测速发电机的定子励磁绕组由外部电源供电，通电时产生磁

场,其励磁绕组和输出绕组的连线如图 1-37 所示。

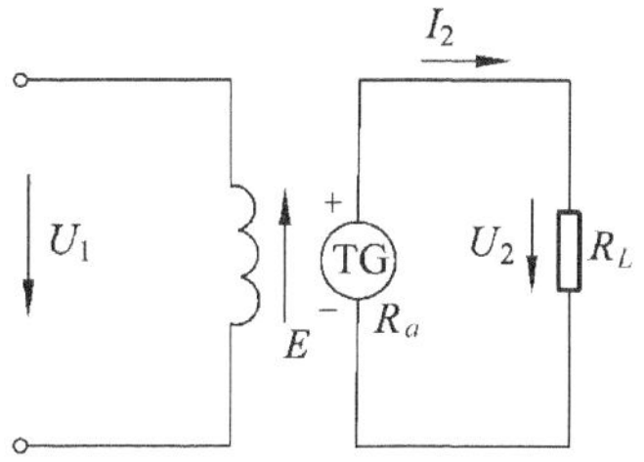

图中 U_1 为励磁绕组的励磁电压,E 和 R_a 分别为输出绕组的感应电动势和电阻,R_L 为负载电阻。当励磁电压 U_1 恒定,即磁极磁通 Φ 为常数时,直流测速发电机的感应电动势 E 与电枢的转速 n 成正比,即

$$E=K_E\Phi n \tag{1-22}$$

式中,K_E 为与电机结构有关的常数。

图 1-37　电磁式直流测速发电机接线图

直流测速发电机的输出电压 U_2 为

$$U_2=E-I_2R_a=K_E\Phi n-I_2R_a \tag{1-23}$$

式中,R_a 为电枢电路的总电阻,它包括电枢绕组的电阻、电刷和换向器的接触电阻;I_2 为电枢总电流,且有

$$I_2=\frac{U_2}{R_L}$$

于是

$$U_2=\frac{K_E\Phi_n}{1+\dfrac{R_a}{R_L}} \tag{1-24}$$

上式表示直流测速发电机有负载时的输出电压 U_2 与转速 n 之间的关系。如果 Φ,R_a 及 R_L 均保持为常数,则 U_2 与 n 之间呈线性关系,这样,通过测量测速发电机的输出电压,便可测得与电枢相连的被测轴的转速。

② 交流测速发电机

交流测速发电机分同步式和异步式两种,目前广泛采用异步式。如图 1-38 所示,交流异步测速发电机的定子上嵌有两个绕组,其中绕组 1 为励磁绕组,绕组 2 为输出绕组。两个绕组的轴线互相垂直。转子的结构形式有两种,一种为鼠笼式,另一种为空心杯形。空心杯形转子转动惯量小,测量的精度和灵敏度较高,是目前较普遍使用的一种。

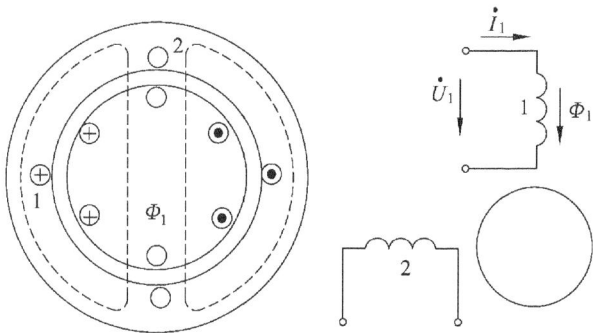

图 1-38　交流发电机示意图

当发电机静止时,若在励磁绕组 1 上加一恒定的交流励磁电压 U_1,则在励磁绕组的轴线方向将产生一个交变脉动磁通 Φ_1。由于脉动磁通与输出绕组的轴线垂直,故输出绕组不产生感应电动势,发电机输出电压为零。

当测速发电机由被测转动轴驱动而旋转时,转子切割磁通 Φ_1 而在转子中感应出电

动势 E_r，并产生相应的转子电流 I_r，如图 1-39 所示。E_r 和 I_r 与磁通 Φ_1 及转速 n 成正比。

转子电流 I_r 也将产生磁通 Φ_r，Φ_r 与 I_r 成正比。

磁通 Φ_r 与输出绕组的轴线一致，因而在输出绕组中便感应出电动势，绕组的两端就产生输出电压 U_2，U_2 正比于 Φ_r。

根据上述关系可得出

$$U_2 \propto \Phi_1 n \propto U_1 n \tag{1-25}$$

上式表明，当励磁绕组上加交流电源电压 U_1，测速发电机以转速 n 旋转时，在输出绕组中就产生与转速 n 成正比的输出电压 U_2。当转动方向改变时，U_2 的相位也将改变 180°。这样，就把转速信号转变为电压信号。输出电压的频率等于励磁电压的频率，与转速无关。

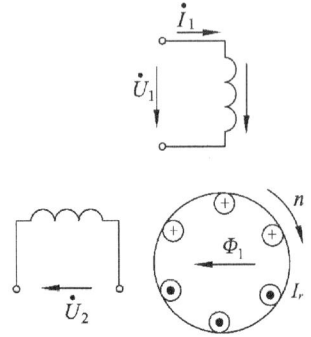

图 1-39　交流测速发电机原理图

(2) 测频计数式转速传感器

测频计数式转速传感器的种类很多，其共同特点是在指定时间 T 内对转速传感器发出的脉冲进行计数。若每转一周传感器发出脉冲数为 m，转速为 n（每分钟转 n 周），即 $T = 60\ \text{s}$ 时间内脉冲计数值为 mn，则传感器脉冲的频率为

$$f = \frac{mn}{60} \tag{1-26}$$

进而可求得转速

$$n = \frac{60}{m} f \tag{1-27}$$

下面介绍几种常见的计数式转速传感器的测速原理。

① 磁阻式转速传感器

a. 开磁路磁阻式转速传感器如图 1-40 所示。

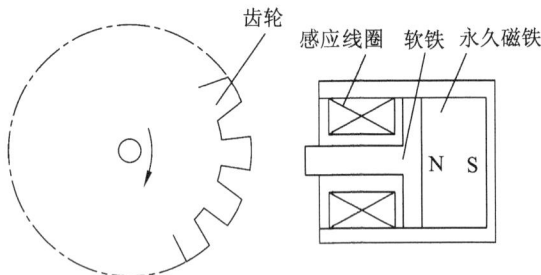

图 1-40　开磁路磁阻式转速传感器

该传感器由永久磁铁、感应线圈、软铁组成，导磁材料制成的测量齿轮安装在被测转轴上。安装时传感器软铁端部与齿轮的齿顶之间留有 $0.1 \sim 0.7\ \text{mm}$ 的间隙，间隙小，输出电压幅值大，但太小时会因齿轮安装偏心而发生齿轮与传感器卡死现象。所以应在不影响齿轮正常转动的情况下尽可能调整到间隙最小，以获得最大的输出电压幅值。测量时，齿轮随被测转轴一起旋转，每转过一个齿，传感器磁路磁阻变化一次，磁通

量也相应变化一次，因而在线圈中就感应出交变的电动势，其频率等于齿轮的齿数 Z 和转速 n 的乘积，即

$$f = \frac{nZ}{60} \qquad (1\text{-}28)$$

式中，Z 为齿轮的齿数；n 为被测轴转速，r/min；f 为感应电势频率，Hz。

已知 Z 时，若测得 f，就可得到 n。

b. 闭磁路磁阻式转速传感器如图 1-41所示。

该传感器是由装在转轴上的内齿轮、外齿轮、感应线圈及永久磁铁组成。其内、外齿轮的齿数相同且均为 Z，转轴连接到被测转轴上与被测轴一起转动，使内、外齿轮相对运动，磁路气隙周期变化，在线圈中产生感应电动势。电动势的频率计算及被测轴转速的确定和开磁路式传感器相同。

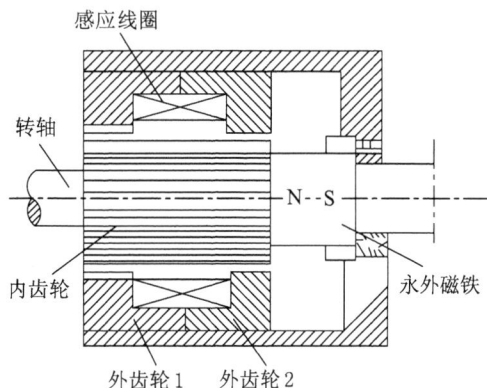

图 1-41　闭磁路磁阻式转速传感器

磁阻式转速传感器结构比较简单，体积较小，对环境条件要求较低，工作频率为 30～100 Hz（开磁路式为 50～100 Hz），工作温度为 −150～90 ℃。但输出信号较小，不宜测量高转速。

② 霍尔转速传感器

a. 霍尔效应

如图 1-42 所示的半导体薄片，若在它的两端通以控制电流 I_H，并在薄片的垂直方向施加磁感应强度为 B 的磁场，则在垂直于电流和磁场的方向上（即霍尔输出端之间）将产生电动势 U_H，U_H 一般称为霍尔电压或霍尔电势，这种现象称为霍尔效应。它们之间的关系可表示为

$$U_H = \frac{K_H}{d} IB \qquad (1\text{-}29)$$

式中，K_H 为霍尔系数；d 为基片的厚度；I 为电流；B 为磁感应强度。

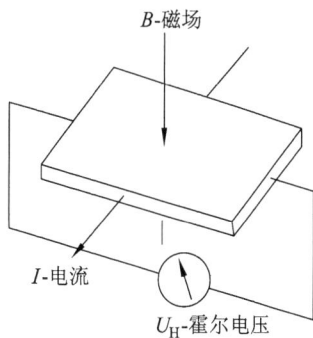

图 1-42　霍尔效应原理图

由上式可知，当电流 I 为定值时，U_H 则与磁感应强度 B 成正比。如果用一带缺口的遮挡盘周期性遮挡磁力线，则霍尔电压也将周期性产生。

b. 霍尔式转速传感器

霍尔式转速传感器采用触发叶片的结构形式，如图 1-43所示。

霍尔信号发生器由永久磁铁、导磁板、霍尔元件及霍尔集成电路等组成。内、外信号轮侧面各设置一个霍尔信号发生器，信号轮转动时，每当叶片进入永久磁铁与霍尔元件之间的气隙中时，霍尔集成电路中的磁场即被触发叶

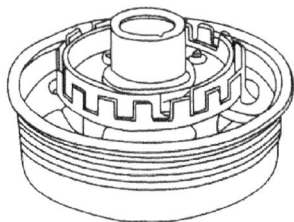

**图 1-43　霍尔式转速
传感器信号轮**

片所旁路(或称隔磁),这时不产生霍尔电压;当触发叶片离开气隙时,则产生霍尔电压。将霍尔元件间歇产生的霍尔电压信号经霍尔集成电路整形、放大和反向后,即得到输送至微机控制装置的电压脉冲信号。

③ 光电式转速传感器

透射式光电转速传感器的工作原理如图 1-44 所示。

固定在被测转轴上的旋转盘的圆周上开有多道径向透光的缝隙,不动的指示盘具有和旋转盘相同间距的缝隙,两盘缝隙重合时,光源发出的光线便经透镜照射在光电元件上,形成光电流。当旋转盘随被测轴转动时,每转过一条缝隙,光电元件接受的光线就发生一次明暗变化,因而输出一个电脉冲信号。由此产生的电脉冲的频率在缝隙数目确定后,与轴的转速成正比。采用这种结构可以大大增加旋转盘上的缝隙数目,使被测轴每转一圈产生的电脉冲数增加,从而提高转速测量精度.

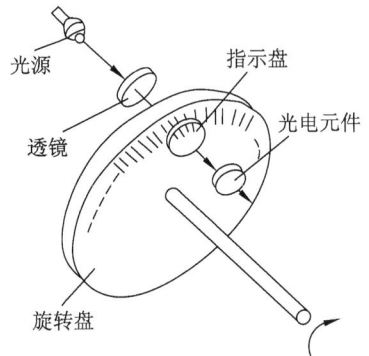

图 1-44 透射式光电式转速
传感器的工作原理

④ 接近开关

接近开关是一种无触点电子开关。当运动的金属或非金属物体接近开关的感应部位时,接近开关的输出状态(电平)便发生变化。接近开关多用作行程开关,检测运动物体的位置。例如,在拌和设备中,可用于检测搅拌器料门的状态;此外,也可用于检测旋转体的转速,作为转速传感器或车速传感器使用。

用以检测转速时,需在被测轴上安装一齿盘,这样,每当齿盘的一个齿靠近接近开关时,接近开关便输出一脉冲信号,测出脉冲信号的频率可求得转速。

⑤ 舌簧开关

舌簧开关由一抽出空气或充入惰性气体的密封玻璃管及玻璃管内的两个簧片和触点组成。簧片用导磁性材料制成,每个簧片上各有一触点。触点平时处于打开状态,其数量可以为两个或更多。当一磁铁移近舌簧开关时,舌簧开关的两个簧片便因被磁化而互相吸引,使触点闭合,此时电路接通而产生传感脉冲;当磁铁移离时,触点又在两簧片弹力的作用下打开,将电路切断。

为了使舌簧开关能不断地开闭,以便转速测量,磁铁需装在被测轴上,这样,被测轴每转一圈,舌簧开关便开闭一次而输出一个脉冲。也可以用一个随轴转动的转子来周期性地隔断其磁通。根据一定时间内舌簧开关开闭的次数或输出脉冲的多少,便可得知转速的高低。

4. 角位移传感器

角位移传感器在工程机械中应用较广,沥青混凝土摊铺机用于检测摊铺室内料堆高度的料位传感器及自动找平系统的纵坡传感器等都属于角位移传感器,常用的角位移传感器有电位器式传感器、互感式传感器及涡流式传感器等。

(1)电位器式角位移传感器

电位器式角位移传感器的传感元件为电位器,通过电位器将机械的角位移输入转换为与其成一定函数关系的电阻或电压输出。

① 电位器式角位移传感器的原理与特性

电位器式角位移传感器由电阻元件及电刷(活动触点)两个基本部分组成,如图1-45所示。电刷相对于电阻元件的运动可以是直线运动[图1-45(a)]、旋转运动[图1-45(b)]。当电刷在电阻器上移动时,阻值 R_{AC} 与触点的直线位移或角位移 x 呈一定的函数关系。如果把 CB 短接[图1-45(c)],则电位器作为变阻器使用,其电阻值为位移 x 的函数,即

$$R_x = R_{AB} = R_{AC} = f(x) \tag{1-30}$$

如果把电位器作为分压器使用[图1-45(d)],则其输出电压为位移 x 的函数,即

$$U_x = U_{AC} = \frac{U}{R_{AB}} R_{AC} = \frac{U}{R} f(x) \tag{1-31}$$

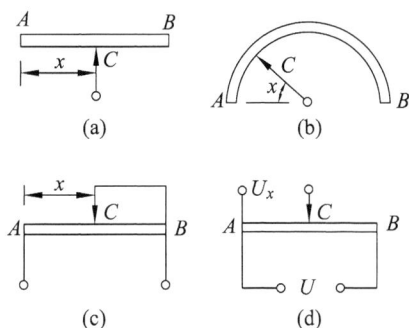

图 1-45　电位器式角位移传感器示意图

根据电位器式角位移传感器输出电压(电阻)与电刷位移的函数关系,可将其分为线性电位器和非线性电位器两类。

空载时输出电压(电阻)与电刷位移之间具有线性关系的电位器称为线性电位器,其输出电压(电阻)与电刷位移成正比,即

$$R_x = \frac{R}{x_{\max}} x \tag{1-32}$$

$$U_x = \frac{U}{R} R_x = \frac{U}{x_{\max}} x \tag{1-33}$$

非线性电位器是指在空载时其输出电压(电阻)与电刷位移之间具有非线性函数关系的电位器,也称函数电位器。用非线性电位器可使传感器获得各种特殊要求的非线性函数(如指数函数、三角函数、对数函数及其他任意函数)输出;同时也可以通过它的非线性来修正仪表与传感器或带有负载的电位器的非线性,从而最终获得线性输出特性。

② 电位器式角位移传感器的结构及分类

按结构形式,电位器式角位移传感器可分为线绕电位器和非线绕电位器两类。

线绕式电位器的电阻器是由电阻系数很高的极细的绝缘导线按照一定规律整齐地绕在一个绝缘骨架上制成的,在它与电刷相接触的部分,将导线表面的绝缘层去掉,然后加以抛光,形成一个电刷可在其上滑动的光滑而平整的接触道。电刷通常由具有弹

性的金属薄片或金属丝制成,其末端弯曲成弧形。利用电刷本身的弹性变形所产生的弹性力,使电刷与电阻元件之间有一定的接触压力,从而使两者在相对滑动过程中保持可靠接触和导电。

线绕式电位器的优点是精度高、性能稳定,易于达到较高的线性度和实现各种非线性特性。但也存在许多缺点,如阶梯误差、分辨力低、耐磨性差、寿命较低等。

非线绕式电位器目前常见的有合成膜、金属膜、导电塑料、导电玻璃釉电位器等。

非线绕式电位器的特点是:分辨力高、耐磨性好、寿命长;但是对温度、湿度变化比较敏感,且要求接触压力大,只能用于推动力大的敏感元件。

(2)互感式角位移传感器

互感式角位移传感器的工作原理是利用电磁感应中的互感现象,将被测位移量转换成线圈互感的变化。这种传感器实质上就是一个变压器,所不同的是把中间铁芯和位移连在一起,从而使互感与位移成一定的关系。由于常采用两个次级线圈组成差动式,故称之为差动变压器式角位移传感器。

差动变压器式角位移传感器是通过将角位移转换成线圈互感的变化而实现角位移测量的。其主要由一个初级线圈、两个次级线圈及铁磁转子组成,电路如图1-46所示。

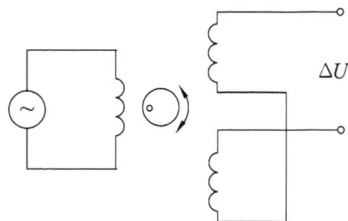

图 1-46 差动变压器式角位移传感器

初级线圈由交流电源励磁,交流电的频率称为励磁频率或载波频率。两个次级线圈接成差动式,即反向串接,输出电压 ΔU 是两次级线圈感应电压的差值,故称差动变压器。当转子处于如图1-46所示的位置时,两个次级线圈的磁阻相等,由于互感作用,两个次级线圈感应的电压大小相等,相位相反,故无输出电压;当转子向一侧转动时,一个次级线圈的磁阻将减小,使其与初级线圈耦合的互感系数增加,于是该次级线圈的感应电压增大,而另一次级线圈的变化情况则与其正好相反,这样传感器便有电压 ΔU 输出。输出电压的大小在一定范围内与转子的角位移呈线性关系。

传感器输出的是交流电压,故不能给出转子的转向。经过放大和相位解调,可得到正、负极性的直流输出电压,从而能够给出转子的转向。

(3)涡流式角位移传感器

涡流式角位移传感器的变换原理,是基于金属导体在交流磁场中的涡流效应。高频反射式涡流角位移传感器的工作原理如图1-47所示。

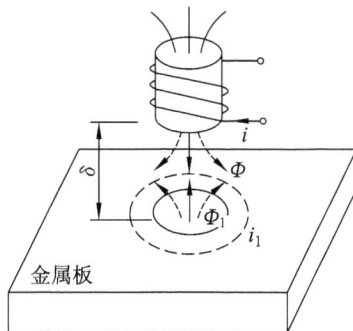

图 1-47 高频反射式涡流角位移传感器的工作原理

金属板置于一只线圈的附近,它们之间相互的间距为 δ,当线圈输入高频(几兆赫以上)激励电流 i 时,便产生交变磁通 Φ。金属板在此交变磁场中会产生感应电流 i_1,此电流在金属体内是闭合的,所以称之为"涡电流",简称"涡流"。与此同时,该涡流产生的交变磁场又反作用于线圈,引起线圈自感 L 或阻抗

Z_L 的变化，其变化与距离 δ、金属板的电阻率 ρ、磁导率 μ、激励电流强度及角频率 ω 等有关。若只改变距离 δ 而保持其他系数不变，则可将位移的变化转换为线圈自感的变化，并通过测量电路转换为电压输出。

涡流式传感器的结构简单，安装方便，易于进行非接触测量；且灵敏度较高，抗干扰能力较强，不受油污等介质的影响。其测量范围约为 $0\sim3\,mm$，分辨力可达 $1\,\mu m$。

5. 料位传感器

料位是容器中液体物料的液位、粉状或颗粒状固体物料的料位及两种介质分界面位置的总称。

料位检测装置可分为两类：一类是连续检测料位变化的连续式料位传感器；另一类是以点测为目的的开关式料位计，即料位开关。下面介绍几种工程机械中常用的料位检测装置。

（1）超声波式料位传感器

超声波式料位器传感是利用超声波定向传播性好、穿透性强，传播到有声阻抗差异的界面上时会显著反射的物理特征来检测物位高度。这种传感器目前广泛应用于沥青混凝土摊铺机上，主要用于检测和控制熨平板前的料堆高度及自动调平系统的非接触式平均梁。如图 1-48 所示为超声波式料位传感器测量原理。

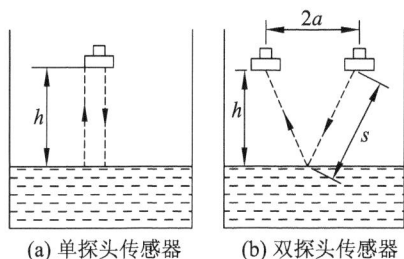

图 1-48　超声波式料位传感器测量原理

图 1-48（a）为单探头式超声波料位传感器，安装在被测液面（或料面）的上方。工作时，在控制电路的控制下，超声波探头发出声波。声波以一定的速度传播，到达被测液面后反射回来，又被探头接收并转换为电信号。若超声波的传播速度为 v，超声波从发射到接收所经历的时间为 t，则料位传感器距被测液面的距离 h 为

$$h=\frac{vt}{2} \tag{1-34}$$

图 1-48（b）为双探头式超声波料位传感器，其中一个探头用于发射，另一个探头用于接收。工作时，由于声波经过的路程为 $2s$，由上式可知

$$s=\frac{vt}{2} \tag{1-35}$$

因此，被测液面高度为

$$h=\sqrt{s^2-a^2} \tag{1-36}$$

（2）电容式料位传感器

电容式料位传感器是利用被测介质面的变化引起电容变化的一种变介质型电容传

感器。图 1-49(a)用于测量非导电液体介质的液位,图 1-49(b)用于测量非导电固体散料的料位。因为固体散料容易"滞留",故一般不用双层电极,而用电极棒和容器壁组成内、外电极。设内、外电极的外径和内径为 d 和 D,覆盖长度为 L,介电常数为 ε_0,当电极间无液体或物料时电容为

$$C_0 = \frac{2\pi\varepsilon_0 L}{\ln D/d} \tag{1-37}$$

当内、外电极间有液体或物料(其介电常数为 ε),高度为 H 时,电容变化为

$$\Delta C = C - C_0 = \frac{2\pi(\varepsilon - \varepsilon_0)}{\ln(D/d)} H \tag{1-38}$$

由上式可知,电容值与料位高度成正比,当料位改变时,电容量也随之改变。电容的变化被电子部件转变为与物位成正比的电压或电流信号,然后送给外接的仪表显示。

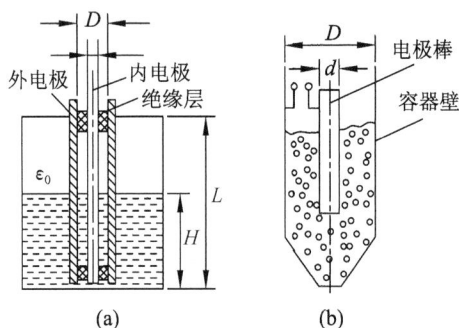

图 1-49　电容式料位传感器

(3) 阻旋式料位开关

阻旋式料位开关广泛应用于物料料位的上、下限监测和控制。料位开关利用微型电机作为驱动装置,微型电机经减速后,带动检测叶片以每分钟 1～5 转的转速旋转。当被测物料的料位上升使叶片的转动受到阻碍时,检测机构便围绕主轴产生旋转位移。此位移首先使一个微动开关动作,发出有料信号;随后另一个微动开关动作,切断电机电源使其停转。只要此料位不变,这种状态便一直保持下去。当料位下降且检测叶片失去阻力时,检测机构便依靠弹簧拉力使其恢复原始状态。首先,一个微动开关动作,接通电机电源使其旋转:随后另一个微动开关动作并发出无料信号,只要没有物料阻挡检测叶片的转动,此种状态也将一直保持下去。

任务二　常用检测工具

一、跨接线

筑养路机械检测中使用到的跨接线按作用可分为跨接起动和故障检测两种。

1. 跨接起动

主要用于连接蓄电池充电或起动发动机,如图 1-50 所示。

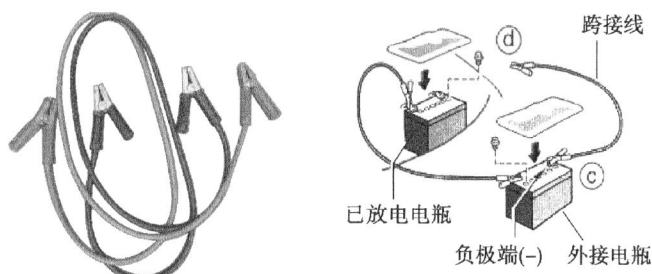

图 1-50 跨接起动用跨接线

2. 故障检测

如果使用得当,跨接线将是简易而有效的检测工具。通过使导线"跨接"到一个被怀疑为开口或断口的电路,从而将其连通,这实际上是一种导通性检测。

采用跨接线,是用已知的导体替代可疑的故障部位。如果采用跨接线时电路运行正常,而不使用时则不正常,就表明"跨接"范围内存在"断口"。跨接线应只用在无电阻元件的那部分电路上而使其旁通,如开关、接头及导线段,如图 1-51 所示。

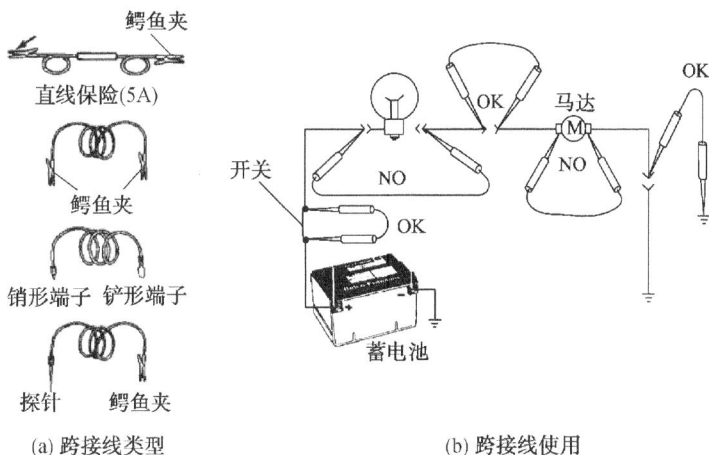

(a) 跨接线类型   (b) 跨接线使用

图 1-51 跨接线类型与使用方法

使用时应注意:用跨接线将电源电压加至元件之前,必须先确认被测试部件的电源电压;另外,跨接线不可将测试件正、负极短接。

二、测试灯

使用的测试灯有两种:测电压的无源测试灯及测电路导通性的有源测试灯。

1. 无源测试灯

无源测试灯主要由测试灯、导线、各种型号端头组成。主要用来检查系统电源电路是否给电器部件提供电源。使用测试灯测电压时,测试灯为带有一对导线的 12 V 灯泡或为串有分压电阻的发光二极管。其中一根导线接地后,再将另一根导线同电路上任何一个应有电压的点连接。若灯泡或发光二极管亮,则说明被测试的点上有电压,如图 1-52 所示。

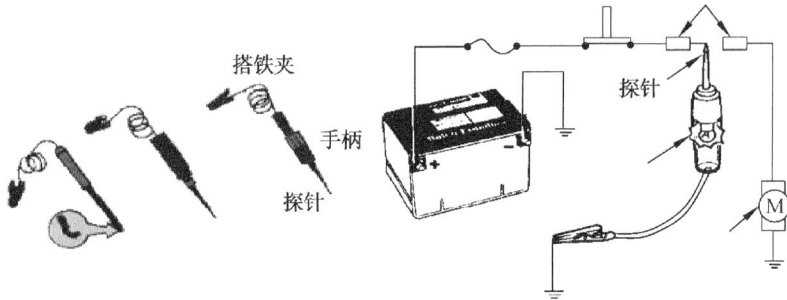

图 1-52　无源测试灯

检测脉冲信号：脉冲信号在筑养路机械电路中应用非常广泛，用数字万用表无法检测，一般通过测试灯观察灯的闪烁来检测。

检测方法及应用：如 ECU（电子控制单元）发给点火模块的控制信号是脉冲信号，将测试灯的一个表笔接机体，另一个表笔接 ECU 的信号发出端，起动发动机。如果测试灯闪烁，说明 ECU 输出了点火脉冲信号。

还可以用测试灯检测 ECU 发出的控制喷油器的脉宽信号。将测试灯一只表笔搭铁，另一端接 ECU 的喷油控制线。起动发动机，若灯闪烁，表示有控制信号。

注意：因灯泡测试灯阻值较小，为防止大电流损坏电子元器件，禁止使用灯泡测试灯检测此类元件。

2. 有源测试灯

有源测试灯用于检测线束导通性，主要由灯泡、电池和两根导线组成。当两根导线碰在一起时灯泡即亮，如图 1-53 所示。

有源测试灯只用于未接通电源的电路。检测时，先断开车上蓄电池或拆下保持电路运行的保险丝，沿电路选定应导通的两点，将有源测试灯的两条导线分别与两点相连，如果是导通的，灯泡即亮，说明被测试灯测试的电路是完整的。

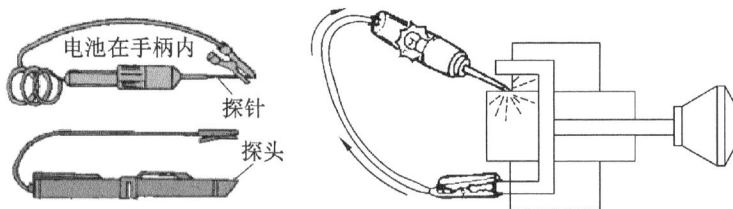

图 1-53　有源测试灯

三、数字万用表

数字万用表（DMM）是一个具有多量程的便携式仪表，如图 1-54 所示。主要用来测量直流电流、交直流电压和电阻。有的数字万用表还能用来测量交流电流、电感、电容和晶体三极管。

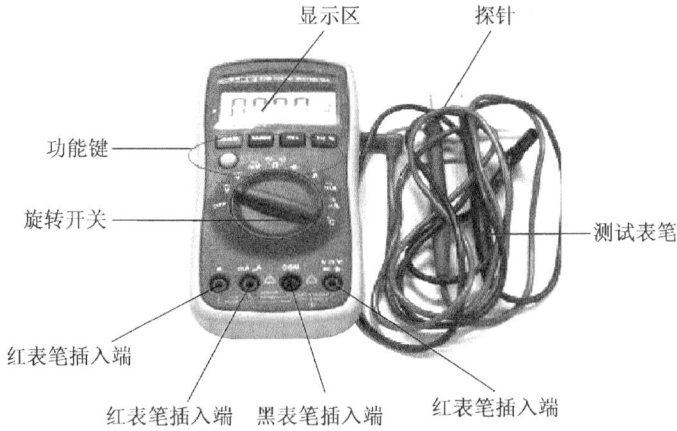

图 1-54　数字万用表

数字万用表的使用方法见表 1-6。

表 1-6　数字万用表的使用方法

1. 电池节能功能	
	如果连续 30 min 未使用万用表,也没有输入信号,万用表就进入"睡眠模式",显示屏呈空白,按任意按钮或转动旋转开关,即可唤醒万用表;要禁用此功能,在开启万用表的同时按下黄色按钮即可。
2. 进入及退出手动量程模式	
	① 按【RANGE】键,每按一次会递增一个量程,当达到最高量程时,万用表会回到最低量程; ② 要退出手动量程模式,按住【RANGE】键 2 s 即可; ③ 数据暂停,按下【HOLD】键保存当前读数;再按【HOLD】键即恢复正常操作。

3. 相对测量	
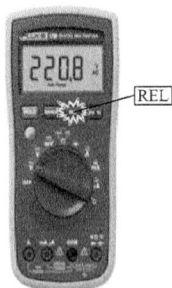	① 当万用表设在希望的功能时,即可测量要比较的电路; ② 按下【REL】键,将此测得的值储存为参考值,并起动相对测量模式,就会显示参考值和后续读数间的差异; ③ 按下【REL】键超过 2 s,万用表恢复正常操作。
4. 测量交流和直流电压	
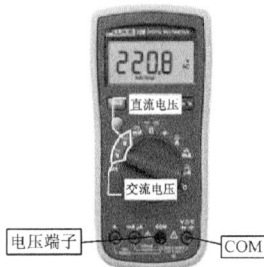	① 将旋转开关转到要测量的电压挡; ② 将红色表笔插入电压端子,并将黑色表笔插入"COM"端子; ③ 将探针接触电路测试点以测量电压; ④ 读显示屏上测出的电压值。
5. 测量交流和直流电流	
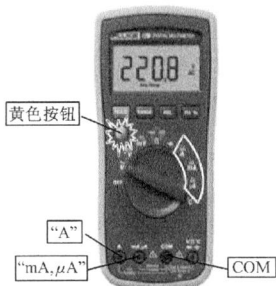	① 将旋转开关转到要测量的电流挡; ② 按下黄色按钮,在交流或直流电流挡间切换; ③ 取待测的电流,将红色表笔插入"A"或"mA,μA"端,并将黑色表笔插入"COM"端; ④ 断开待测的电路路径,然后将测试表笔衔接断口,并使用电源; ⑤ 读显示屏上测出的电流值。
6. 测量电阻	
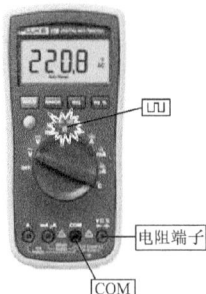	① 将旋转开关转到电阻挡,确保已切断待测电路的电源; ② 将红色表笔插入电阻端,将黑色表笔插入"COM"端; ③ 将探针接触电路测试点以测量电阻; ④ 读显示屏上测出的电阻值。

7. 通断性测试	
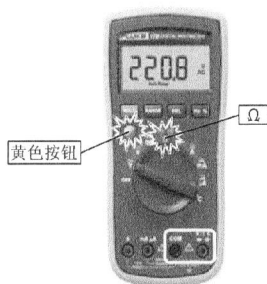	选中电阻模式,按两次黄色按钮可起动通断性蜂鸣器。若电阻不超过50 Ω,蜂鸣器会发出连续音,表示导通;若电表读数为"OL",则表示开路。
8. 测试二极管	
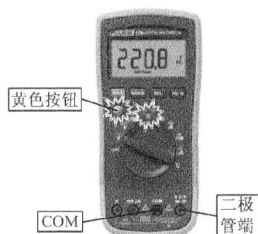	① 将旋转开关转到二极管测试挡; ② 按黄色按钮一次,起动二极管测试; ③ 将红色表笔插入二极管端,黑色表笔插入"COM"端; ④ 将红色表笔接到待测二极管的阳极,黑色表笔接到待测二极管的阴极; ⑤ 阅读显示屏上的正向偏压值; ⑥ 若表笔的电极与二极管的电极反接,则屏幕显示"OL",这可以用来区分二极管的阳极和阴极。
9. 测试电容	
	① 将旋转开关转到电容测试挡; ② 将红色表笔插入电容端,黑色表笔插入"COM"端; ③ 将探针接触电容器导线; ④ 待读数稳定后(长达 15 s),读取显示屏上的值。
10. 测量温度	
	① 将旋转开关转到温度测试挡; ② 将热电偶插入电表的温度端和"COM"端,确保带有"+"符号的热电偶插头插入电表上的温度端; ③ 读取显示屏上的数值,单位为℃。

11. 测量频率和负载循环

万用表在进行交流电压或交流电流测量时可以测量频率或负载循环：
① 选中希望实现的功能（交流电压或交流电流），按下【Hz %】按钮；
② 读显示屏上的交流电信号频率；
③ 要进行负载循环测量，再按一次【Hz %】按钮；
④ 读显示屏上的负载循环百分数。

任务三　技能训练

一、电阻的测量

电阻的测量见表 1-7。

表 1-7　电阻的测量

1. 测量步骤准备

① 将旋转开关转到电阻挡，确保已切断待测电路的电源；
② 将红色表笔插入电阻端，将黑色表笔插入"COM"端。

2. 固定电阻测量

将两表笔跨接在被测电阻的两个引脚上，万用表的显示屏即可显示出被测电阻的阻值。

3. 可变电阻测量

用万用表测量电位器时，应先根据被测电位器标称阻值的大小，选择好万用表的合适欧姆挡位再进行测量。测量时，将万用表的红、黑表笔分别接在定片引脚（即两边引脚）上，这时万用表读数应为电位器的标称阻值。当电位器的标称阻值正常时，再测量其变化阻值及活动触点与电阻体（定触点）接触是否良好。此时用万用表的一个表笔接在动触点引脚（通常为中间的引脚），另一表笔接在定触点引脚（两边的引脚）。

续表

4. NTC 热敏电阻测量	
常温测量　　　　升温检测	① 常温下检测：将万用表置于合适的欧姆挡（根据标称电阻值确定挡位），用两表笔分别接触热敏电阻的两引脚测出实际阻值，并与标称阻值相比较。如果二者相差过大，则说明所测热敏电阻性能不良或已损坏。 ② 在常温测试正常的基础上，即可进行升温或降温检测。加热后热敏电阻阻值减小，说明这只 NTC 热敏电阻是良好的。
5. 光敏电阻测量	
有光测量　　　　无光测量	① 测量有光照时的电阻值。 ② 测量无光照时的电阻值。两者相比较有较大差别，通常光敏电阻有光照时电阻值为几千欧（此值越小，说明光敏电阻性能越好），无光照时电阻值大于 1 500 kΩ，甚至无穷大（此值越大，说明光敏电阻性能越好）。

将测量结果填入表1-8。

表 1-8　测量结果

编号	万用表			标称值	结果判断
	挡位	显示值	实际电阻值		
1					
2					
3					

二、低压开关的拆装与检修

1. 目的

能够对常用低压开关进行正确拆卸、组装，能够排除常见故障。

2. 设备与器材

（1）工具：尖嘴钳、螺丝刀、活扳手、镊子等。

（2）仪表：万用表、绝缘电阻表。

（3）器材：组合开关一只。

3. 内容与步骤

（1）内容

将组合开关原状态为三常开（或三常闭）的三对触头，改装为两常开、一常闭（或两常闭一常开）的状态。

（2）步骤

① 卸下手柄紧固螺钉,取下手柄。

② 卸下支架上紧固螺母,取下顶盖、转轴弹簧和凸轮等操作机构。

③ 抽出绝缘杆,取下绝缘板上盖,拆下三对动、静触头。

④ 检查触头、转轴弹簧有无损坏。

⑤ 将任意一相的动触头旋转 $90°$,然后按逆顺序安装好。

4. 注意事项

（1）拆卸时,应备好盛放零件的容器,防止零件丢失。

（2）拆卸过程中,不允许硬撬,防止损坏电器。

5. 小结（实训报告）

分析改装原理。

三、交流接触器的拆装与检修

1. 目的

（1）能够对常用交流接触器进行正确拆卸、组装,能够排除常见故障。

（2）能够对交流接触器进行必要的校验和调整。

2. 设备与器材

（1）工具:尖嘴钳、螺丝刀、电工刀、剥线钳、镊子等。

（2）仪表:万用表、绝缘电阻表、电流表（5 A）、电压表（600 V）。

（3）器材:调压变压器、交流接触器、指示灯、连接导线等。

3. 内容与步骤

（1）内容

交流接触器的拆卸、检修与装配。

（2）拆卸

① 卸下灭弧罩紧固螺钉,将灭弧罩取下。

② 拉紧主触头定位弹簧夹,取下主触头及主触头压力弹簧片。拆卸主触头时必须将主触头侧转 $45°$后再取下。

③ 松开辅助常开静触头的线桩螺钉,将常开静触头取下。

④ 松开接触器底部的盖板螺钉,取下盖板。

⑤ 取下静铁芯缓冲绝缘纸片及静铁芯。

⑥ 取下静铁芯支架及缓冲弹簧。

⑦ 拔出线圈接线端的弹簧夹片,将线圈取下。

⑧ 取下反作用弹簧。

⑨ 取下衔铁和支架。

⑩ 从支架上取下动铁芯定位销。

（3）检修

① 检查灭弧罩有无破裂或烧损,清除灭弧罩内的金属飞溅物和颗粒。

②　检查触头的磨损程度,磨损严重时应更换触头。若不需要更换,则清除触头表面上烧毛的颗粒。

③　清除铁芯端面的油垢,检查铁芯有无变形及端面接触是否平整。

④　检查触头压力弹簧及反作用弹簧是否变形或弹力不足。如果有需要,则更换弹簧。

⑤　检查电磁线圈是否有短路、断路及发热、变色现象。

（4）装配

按拆卸的逆顺序进行装配。

（5）自检

用万用表欧姆挡检查线圈及各触头是否良好;用绝缘电阻表测量各触头间及主触头对地电阻是否符合要求;用手按动主触头,检查运动部分是否灵活,以防产生接触不良、振动和噪声。

4. 注意事项

（1）拆卸时,应备好盛放零件的容器,防止零件丢失。

（2）拆卸过程中,不允许硬撬,防止损坏电器。装配辅助静触头时,要防止卡住动触头。

（3）通电校验时,接触器应固定在控制板上,并应有教师监护,以确保用电安全。

（4）通电校验过程中,要均匀、缓慢地改变调压变压器的输出电压,以使测量结果尽量准确。

（5）调整触头压力时,注意不得损坏接触器的主触头。

5. 小结(实训报告)

写出拆装过程中的操作步骤、检查内容和方法、拆装过程的注意事项。

思 考 题

1. 适于制作温度测量敏感元件的电阻材料有哪些? 有何要求?

2. 热电偶传感器和热电阻传感器有何区别?

3. 电阻应变式称重传感器的结构、原理是什么?

4. 转速传感器有哪几种形式? 各是如何测速的?

5. 超声波式料位传感器是如何测量料位高度的?

6. 简述低压电器中组合开关的结构和工作原理。

7. 简述交流接触器、热继电器、时间继电器的结构和工作原理。

8. 简述传感器、低压控制电器在筑路机械上的用途。

模块二　蓄　电　池

模块任务

1. 了解蓄电池的作用、结构和工作原理；
2. 了解蓄电池的容量影响因素；
3. 掌握蓄电池的功用；
4. 注意蓄电池的结构特点；
5. 了解蓄电池充放电的工作原理；
6. 掌握蓄电池的规格型号；
7. 了解蓄电池容量的影响因素；
8. 掌握蓄电池使用、维护、保养的技术要领；
9. 了解蓄电池的常见故障及预防方法；
10. 掌握蓄电池的正确使用、维护方法及常见故障排除方法。

任务一　蓄电池概述

一、蓄电池的类型及特点

蓄电池主要分碱性蓄电池和酸性蓄电池两种类型：碱性蓄电池的电解液为氢氧化钠或氢氧化钾溶液,酸性蓄电池的电解液为硫酸溶液。

起动型铅酸电池的突出特点是内阻小、起动性能好、电压稳定,此外还有成本低、原材料丰富等优点,因此筑养路机械上普遍采用。

随着科学技术的不断进步,蓄电池也在不断的研制和发展中。目前筑养路机械装备所用的铅蓄电池主要有普通型铅蓄电池、改进型铅蓄电池及免维护铅蓄电池三种。改进型铅蓄电池是在普通型铅蓄电池的基础上开发了诸如穿壁式联条、玻璃纤维隔板及热封塑料外壳等技术后形成的;免维护铅蓄电池可大大减少日常的保养和维护工作,极大地方便了使用者。

二、蓄电池的功用

蓄电池是一种化学电源,它既能把电能转变成化学能储存起来,也能把化学能转变成电能提供给用电设备。

筑养路机械用电设备所需的电能,一般是由发电机和蓄电池提供的。二者并联,在发动机工作正常时,主要由发电机向用电设备供电,而蓄电池的作用主要体现在以下几个方面:

(1) 起动发动机时,给起动机供电。

(2) 发电机不工作或输出电压过低时,向其他用电设备供电。

(3) 在发电机短时间超负荷时,可协助发电机向用电设备供电。

(4) 蓄电池存电不足时,可将发电机的电能转变为化学能储存起来。

(5) 具有电容器的作用,能吸收瞬间高电压,保护电路中电子元件不被损坏。

三、蓄电池的构造、性能特点

蓄电池的构造如图 2-1 所示,一般由 6 个单格电池串联而成,每个单格电池的标准电压为 2 V。蓄电池主要由正、负极板组成的极板组、隔板、电解液、外壳、联条和极桩等组成。

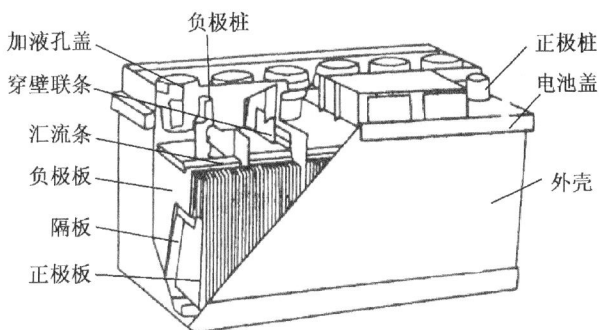

图 2-1 蓄电池的构造

1. 干荷电铅蓄电池的构造

(1) 极板

极板是铅蓄电池的主要组成部分,分为正极板和负极板,正、负极板均由栅架和活性物质组成。铅蓄电池的充、放电过程就是依靠极板上的活性物质和电解液中的硫酸进行化学反应来实现的。

正、负极板栅架结构相同,如图 2-2 所示。栅架的作用是容纳活性物质并使极板成型,一般由铅锑合金浇铸而成。加锑的目的是提高栅架的机械强度和浇铸性能,但加锑后易引起蓄电池自行放电、栅架腐蚀。

活性物质是极板上的反应物质,正极板上的活性物质是二氧化铅(PbO_2),呈深棕色;负极板上的活性物质是海绵状的纯铅(Pb),制作时铅膏中加入了松香、油酸、硬脂酸等防氧化剂,成型后负极板呈青灰色。

将正、负极板各一片浸入电解液中,就可获得 2.1 V 的电动势。为了增大铅蓄电池的容量,而又不致使其体积过大,一般都采用小面积的多片正、负极板分别并联,用横板焊接,组成正、负极板组,如图 2-2 所示。安装时正、负极板相互嵌合,中间插入隔板,放入单格电池槽内,形成单格电池。在单格电池中,负极板的片数比正极板的片数多一片,正极板都处于负极板之间,使两侧放电均匀,否则由于正极板的机械强度差,易造成正极板的拱曲变形和活性物质的脱落。

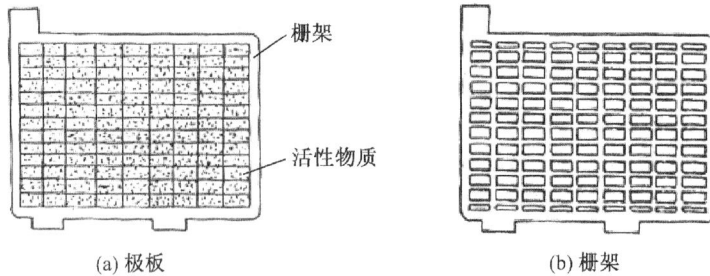

(a) 极板 (b) 栅架

图 2-2　极板和栅架

（2）隔板

为了减小铅蓄电池的内电阻和尺寸,正、负极板间的距离应尽可能地小,为此在二者之间插入隔板。隔板的作用就是使正、负极板尽量靠近而不至于短路。隔板采用绝缘材料制成,应具有多孔、有一定的机械强度、耐酸、不含有对极板有害的物质等性能。目前主要使用的有木质隔板、玻璃纤维隔板、微孔橡胶隔板和微孔塑料隔板,其中微孔塑料隔板使用较为广泛。

隔板的结构形状有槽沟状、袋状等。槽沟状隔板比极板面积稍大且一面制有纵向槽沟,安装时带槽沟的一面朝向正极板,并且使槽沟与外壳底部垂直。袋状隔板紧包在正极板外部,可进一步防止正极板活性物质松散、脱落。

（3）电解液

电解液是由密度为 $1.84\ g/cm^3$ 的化学纯净硫酸和蒸馏水按一定比例配制而成的。其相对密度一般在 $1.24\sim1.30\ g/cm^3$（25 ℃）;其作用是形成电离,促使极板活性物质溶离,产生可逆的电化学反应。使用时应根据当地最低气温或制造厂的推荐进行选择。不同气温下的电解液相对密度见表 2-1。

表 2-1　不同气温下的电解液相对密度(25 ℃)

使用地区最低气温(℃)	冬季(g/cm^3)	夏季(g/cm^3)
<−40	1.30	1.26
−40~30	1.28	1.24
−39~20	1.27	1.24
−20~0	1.26	1.23

（4）外壳

蓄电池的外壳是用来盛放电解液和极板组的,其材料应耐热、耐酸、耐震。目前国内多采用硬橡胶外壳和聚丙乙烯外壳,以后者居多。壳内用间壁分隔成 3 个或 6 个互不相通的相同单格,单格底部有凸筋用来积存极板脱落的活性物质。每个单格内放入一对极板组,组成一个单格电池。蓄电池盖上开有加液孔,用来添加电解液及检查电解液液面高度和相对密度。加液孔螺塞上的通气孔应该一直保持通畅,使蓄电池化学反应产生的气体能顺利逸出。

（5）联条

铅蓄电池一般由若干个单格电池串联而成，每个单格电池的额定电压为 2 V。联条的作用是将单格电池串联起来，以提高整个蓄电池的端电压。其连接方式采用穿壁式（如图 2-3 所示）或跨桥式。联条由铅锑合金浇铸而成。

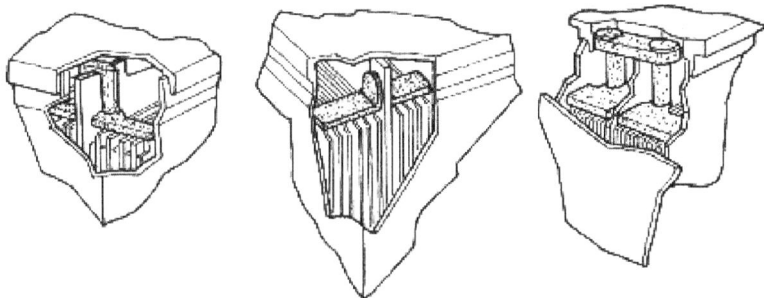

图 2-3　穿壁式联条

（6）极桩

铅蓄电池的首位两极板组的横板上分别焊有两接线柱，称为蓄电池的正、负极桩。极桩分为侧孔形、锥形和 L 形三种。为了便于区分，正极桩上或旁边标有"＋"记号；负极桩上或旁边标有"－"记号。使用过的蓄电池标注不清时，可用万用表测定。

2．干荷电蓄电池的性能特点

（1）极板组在干燥状态下能长期（2 年）保存制造过程中所得到的电荷。

（2）在规定的保存期内启用，只要加入符合规定密度的电解液，静置 20 min，调整液面至规定高度，不需进行初充电即可使用；

（3）对贮存期超过 2 年的干荷电蓄电池，使用前应进行 5～10 h 的补充充电。

四、蓄电池的规格型号

蓄电池的型号按 JB 2599—1985《起动型铅蓄电池标准》规定，铅蓄电池型号的编制和含义如下：

串联单格电池数 —— 电池类型和特征 —— 额定容量

（1）串联单格电池数用阿拉伯数字表示。

（2）铅蓄电池类型是根据其主要用途来划分的。如起动型铅蓄电池用"Q"，代号 Q 是汉字"起"的第一个拼音字母。电池特征为附加部分，仅在同类用途的产品具有某种特征，在型号中又必须加以区别时才采用。当产品同时具有两种特征时，应按表 2-2 顺序将两个代号并列标志。

表 2-2　常见电池产品特征代号

序号	1	2	3	4	5
产品特征	干荷电	湿荷电	免维护	少维护	密封式
代号	A	H	W	S	M

（3）额定容量用阿拉伯数字表示。20 h放电率的一片正极板设计容量为15 A·h.

（4）在产品具有某些特殊性能时，可在型号的末尾加注相应的代号。如：G表示高起动率；S表示塑料外壳；D表示低温起动性能。

例：6-QAW-100表示由6个单格电池组成，额定电压为12 V，额定容量为100 A·h的起动用干荷电免维护蓄电池。

五、蓄电池的工作原理

当蓄电池对负载放电时，正极板上的活性物质二氧化铅（PbO_2）和负极板上的铅（Pb）都转化成了硫酸铅（$PbSO_4$），电解液中的硫酸（H_2SO_4）浓度降低；充电时，正、负极板上的硫酸铅（$PbSO_4$）在充电电流的作用下逐渐恢复为二氧化铅（PbO_2）和铅（Pb），电解液中的硫酸浓度增高，如图2-4所示。蓄电池充、放电过程的电化学反应式为

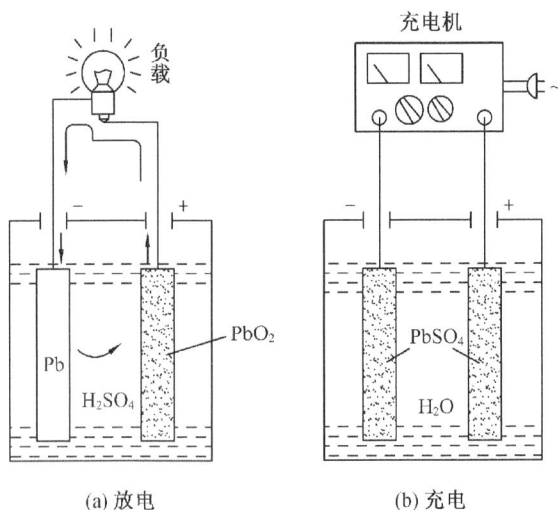

$$PbO_2 + Pb + 2H_2SO_4 \underset{充电}{\overset{放电}{\rightleftharpoons}} 2PbSO_4 + 2H_2O$$

图 2-4　铅蓄电池反应原理

六、蓄电池的容量及其影响因素

1. 蓄电池容量

蓄电池的容量是指在规定的放电条件下，完全充足电的蓄电池所能提供的电量，用C表示。蓄电池的容量是标志蓄电池对外放电能力、衡量蓄电池质量的优劣及选用蓄电池的重要指标。现在大多数国家多采用A·h（安时）来计量蓄电池的容量，即容量等于放电电流与持续放电时间的乘积。

蓄电池的容量与放电电流、放电持续时间及电解液温度有关。因此，蓄电池出厂时规定的额定容量是在一定的放电电流、一定的终止电压和一定的电解液温度下取得的。我国规定以20 h放电率容量作为起动型蓄电池的额定容量。

2. 影响蓄电池容量的主要因素

蓄电池的容量不是一个固定不变的常数,而是与很多因素有关,归纳起来可分为两类:一类是与生产工艺及产品结构有关的因素,如活性物质的数量、极板的厚度、活性物质的孔率等;另一类是使用条件,如放电电流、电解液温度和电解液相对密度等。

(1)产品结构因素

① 极板上活性物质的数量

从理论上讲,活性物质越多,则容量应越大。要得到 1 A·h 的电量,负极板上要有 3.9 g 铅,正极板上要有 4.5 g 二氧化铅,电解液中要有 3.7 g 硫酸。实际上,正、负极板上只有大约 55%～60% 的活性物质参加反应,当活性物质的数量确定后,其他因素对容量的影响就是指对活性物质的利用率的影响。极板面积越大,片数越多,则同时和硫酸起化学反应的活性物质就越多,容量就越大。

② 极板的厚度

极板越厚,电解液向极板深处的扩散就越困难,活性物质就越不易参与反应。因此,减小极板厚度可以提高活性物质的利用率。例如,采用厚度为 1.7 mm 的薄型极板,则蓄电池在相同体积的情况下,容量可提高 40% 左右。

③ 活性物质的孔率

活性物质的孔率即活性物质的孔隙多少,孔率越大,硫酸溶液扩散、渗透越容易,则容量可相应提高;但如果孔率过大,则活性物质的数量要减少,容量反而会下降。

④ 活性物质的真实表面积

活性物质的真实表面积包括活性物质与电解液直接接触的表面积和细孔内的表面积。极板的真实表面积要比极板的几何尺寸计算面积大得多(几百倍),真实表面积大,扩散面积和反应面积都增加,容量可相应提高。

⑤ 极板中心距

极板中心距小,可以减小蓄电池的内电阻,所以,在保证有足够的硫酸量的前提下,缩小极板中心距可以提高蓄电池的容量。

(2)使用条件对蓄电池的影响

① 放电电流的影响

根据实验,放电电流越大,则电压下降越快,至终止电压的时间越短,因而容量越小。因为大电流放电时,极板表面活性物质的孔隙会很快被生成的硫酸铅所堵塞,使极板内层的活性物质不能参加化学反应,因此放电电流增大,蓄电池的容量会随之减小。图 2-5 所示是 6-QA-150 型蓄电池在电解液温度为 30 ℃ 时,相对容量与放电电流的关系。

② 电解液温度的影响

温度降低则容量减小,这是由于温度降低时,电解液的黏度增加,渗入极板内部困难;同时电解液电阻也增大,使蓄电池内阻增加,电动势消耗在内阻上的压降增大,蓄电池端电压降低,容量因此减小。图 2-6 所示为 6-QA-150 型蓄电池以 225 A 的电流放电时在不同温度下所输出的相对容量。

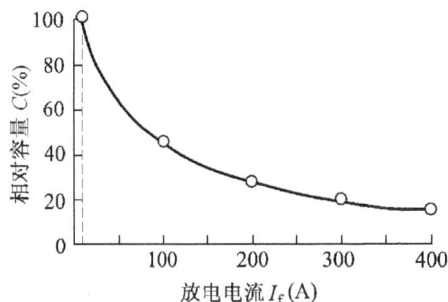

图 2-5　6-QA-150 型铅蓄电池相对容量
与放电电流的关系

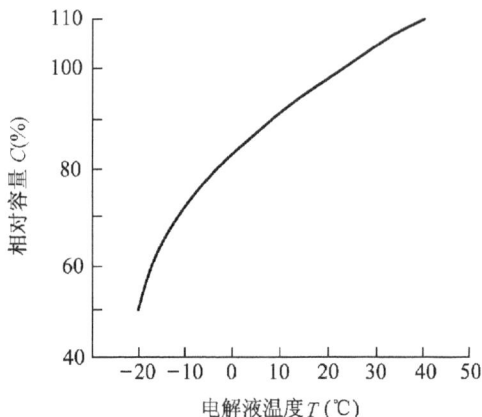

图 2-6　6-QA-150 型铅蓄电池温度
与容量的关系

③ 电解液密度的影响

适当增加电解液的相对密度,可以提高电解液的渗透速度和蓄电池的电动势,并减小内阻,使蓄电池的容量增大。但相对密度超过某一数值时,由于电解液黏度增大而使渗透速度降低,内阻和极板硫化增加,从而会使蓄电池的容量减小。电解液相对密度和容量的关系如图 2-7 所示。

起动用蓄电池一般使用相对密度为 1.26～1.29 的电解液。

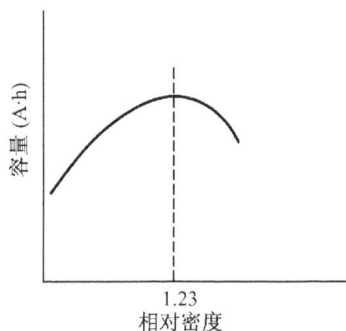

图 2-7　相对密度和容量的关系

任务二　蓄电池的使用、维护及保养

一、拆卸蓄电池的步骤

(1) 将机械设备的电源总开关断开。

(2) 从蓄电池极柱上拆下搭铁线夹头。

(3) 从蓄电池极柱上拆下火线夹头。

(4) 拆除蓄电池在车上的固定架。

(5) 从车上搬下蓄电池。

向车上安装蓄电池时,应以与拆卸相反的顺序进行。

二、拆装蓄电池的注意事项

(1) 拆装接线夹头时,应选用合适的扳手旋松或紧固夹头螺丝,切不可硬撬或硬砸,以防损坏线夹头和电极桩头。

(2) 安装前一定要判断清楚正、负极柱,要保证蓄电池搭铁极性与发电机搭铁极性相一致,不得接错。

(3) 接线前要认真清除极柱和线夹头上的氧化物,确保接触良好、连接紧固。

(4) 蓄电池安装在车上必须牢固、稳妥,必要时应将四周用木块、毛毡等塞紧。

(5) 各接线柱上应涂抹薄层润滑脂或凡士林,以防氧化。

三、蓄电池正、负极柱的识别

新蓄电池的正极一般都刻有"+"或涂以红色标记,负极上一般刻有"-"或"N",涂以蓝色标记。蓄电池在使用中标记不清时,常用下列方法识别。

(1) 颜色法:正极柱通常为深褐色,负极柱通常为淡灰色。

(2) 放电法:将蓄电池的两极各引线相隔一定距离并浸在稀硫酸溶液(或盐、碱水)中,此时蓄电池通过导线、溶液放电,浸在溶液中的两导线周围都会产生气泡,冒泡多者为负极,少者为正极。

(3) 直流电压表测量法:将电压表"+""-"两接线柱分别接至蓄电池的两极柱上,如指针正摆(>0),则接表"+"的极柱为蓄电池正极,接表"-"的极柱为蓄电池负极,否则相反。此方法也可直接用直流电流表串联在电路中测量。

(4) 高率放电计法:采用高率放电计测量蓄电池任意一侧有极柱的单格电压,测量时指针往哪边摆则哪边极柱为正极,另一极柱则为负极。

(5) 二极管法:将一只耐压值高于蓄电池电压的二极管串联一小灯泡(耐压与蓄电池相等)接在电路上,根据二极管单向导电的特性来判定。若灯亮,则接二极管正极端的极柱为蓄电池的正极,接二极管负极端的极柱为负极,否则反之。

四、蓄电池的充电

1. 蓄电池的充电方法

蓄电池的充电方法有定电流充电、定电压充电和脉冲快速充电三种。

(1) 定电流充电

定电流充电是指充电过程中充电电流保持一定的充电方法。采用定电流充电可以将不同电压等级的蓄电池串在一起充电,连接方法如图 2-8 所示。其第一阶段充电电流值一般为额定容量值的 10%~15%;当单格电池电压上升到 2.4 V 时,再将充电电流减小 1/2 而转入第二阶段充电,直到完全充足为止。串联充电时,充电电流应按照容量最小的电池来选择,待小容量电池充足后,应及时摘掉,然后继续给大容量蓄电池充电,直到充足。

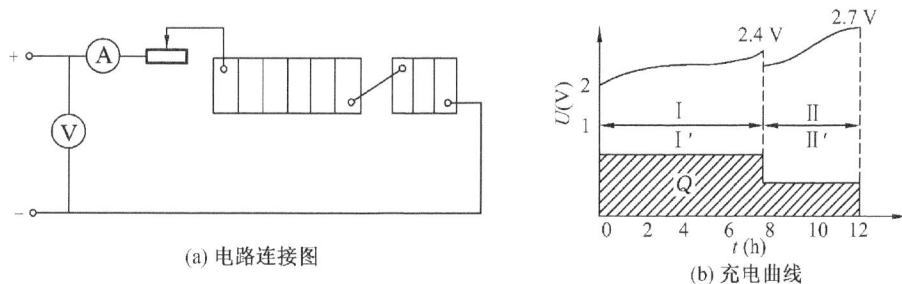

(a) 电路连接图　　(b) 充电曲线

图 2-8　定电流充电

定电流充电适用性较广,常用于蓄电池的初充电、补充充电及去硫化充电。但这种充电方法存在充电时间较长,并且需要经常调节充电电流的缺点。

(2) 定电压充电

定电压充电是指充电过程中充电电压保持不变的充电方法。定电压充电可将电压相同的铅蓄电池并联在一起充电,连接方法如图 2-9 所示。定电压充电的特点是充电效率高,不易造成过充电,但必须注意选择好充电电压。若电压过高,则同样会发生过充电现象;若电压过低,则又会使蓄电池充电不足。

定电压充电仅使用于补充充电,不能用于初充电和去硫充电。车用发电机对蓄电池的充电就是定电压充电。

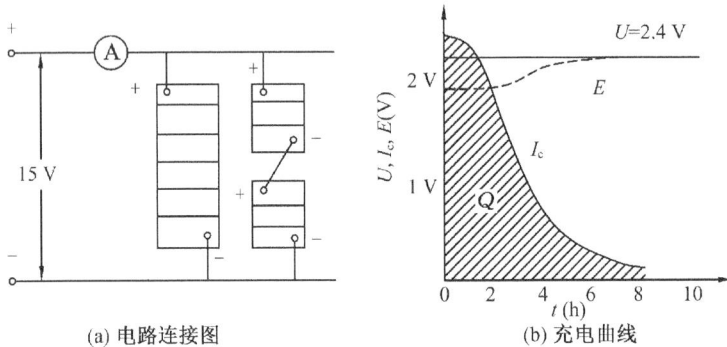

(a) 电路连接图 　　　　　　 (b) 充电曲线

图 2-9　定电压充电

(3) 脉冲快速充电

美国人马斯研究发现,蓄电池的充电接受率与蓄电池的放电率和放电深度有关:放电率越高,放电深度越大,则充电接受率越高。脉冲快速充电法就是根据这一原理实现的。

脉冲快速充电是利用可控硅快速充电机对蓄电池进行正、反向脉动充电。这种充电方法的优点是:

① 充电效率高。对新蓄电池的初充电一般不超过 5 h;对旧蓄电池的补充充电只需 0.5~1.5 h,从而大大缩短了充电时间。

② 可增加蓄电池的容量。

③ 具有显著的去硫化作用。

2. 蓄电池的充电种类

(1) 初充电

对新蓄电池或更换极板的蓄电池的首次充电称为初充电。初充电的目的在于消除极板在生产过程中由于"化成处理"不彻底或由于库存保管而在极板表面产生的硫化,从而使极板活性物质得到更好地恢复,以提高蓄电池的容量,延长其使用寿命。

初充电步骤和方法如下:

① 配置电解液。按制造厂的规定和本地区的气温条件,选择并加入一定密度的电解液(电解液加入前温度不得超过 30 ℃),液面应高出极板 10~15 mm(封闭蓄电池液面高度在上下刻线之间);加注后一般应静置 6~8 h,目的是使电解液向极板和隔板内

部渗透,并散发出化学反应所产生的热量。一般在电解液温度低于 25 ℃时才能进行充电。

② 连接蓄电池组。按充电设备的额定电压和额定电流将被充蓄电池按一定形式连接起来。由于串联蓄电池的总电压不能大于充电设备的额定电压,当充电设备的额定电压不能满足蓄电池的要求而额定电流大大超过蓄电池要求的充电电流时,可把被充电的蓄电池并联起来。当蓄电池的容量相差较大时,可采用混联的方式连接。

③ 选择充电电流。定电流充电的充电电流是根据蓄电池容量来选择的,一般分为两个阶段:第一阶段的充电电流为容量的 1/15,充电中,当蓄电池单格电压充到 2.4 V时(充电时间约为 25～35 h),为了防止由于气泡剧烈产生并急速从极板孔隙内冲出而使空隙边缘的活性物质冲掉,降低容量,应将充电电流减半,进入第二阶段充电。第二阶段的充电电流为额定容量的 1/30,充至充足电(第二阶段的充电时间约为 20～30 h)。全部充电时间约为 45～60 h。

④ 在充电过程中,应每隔 2～3 h 测量电解液温度、密度和电压,并做好记录。如电解液温度超过 40 ℃,应将电流减半;如温度超过 45 ℃,应停止充电,待温度降至 35 ℃以下时再继续充电。

⑤ 调整电解液密度。充电后电解液密度应符合蓄电池的要求,如不符合规定,应用蒸馏水或密度为 1.40 g/cm³ 的稀硫酸进行调整。调整后,再用小电流继续充电 1～2 h,使电解液充分混合。然后进行测量和校正,直至符合规定为止。

⑥ 充、放电循环。新蓄电池经过初充电后,是否达到蓄电池的额定容量,一般要进行循环充、放电检查。方法:使充电后的蓄电池休息 1～2 h,以蓄电池额定容量的 1/20 的电流连续放电。放电中,每隔 2 h 测量一次单格电压,当单格电压降至 1.8 V时,每隔 20 min 测一次电压,当单格电压降到 1.75 V 时,应立即停止放电。如容量达不到 90%以上额定容量,还需进行第二次充电(充电电流第一阶段为额定电流的 1/10,第二阶段减半),蓄电池充足电后再进行第二次放电;当蓄电池容量达到 90%以上的额定容量时,再进行最后一次补充充电。

(2) 蓄电池的补充充电

蓄电池使用后的充电,称为补充充电。蓄电池在使用中,如果发现起动机旋转无力、灯光比平时暗淡、冬季放电超过 25%、夏季放电超过 50%时,必须及时进行补充充电。另外,由于机械装备上使用的蓄电池采用的是定电压充电,不可能使蓄电池充足电,为了防止极板硫化,最好间隔 2 个月进行一次补充充电。

补充充电的步骤和方法:充电前不需要另加电解液(如液面过低加蒸馏水),第一阶段充电电流为额定容量的 1/10,第二阶段减小 1/2,不需要进行充、放电循环。此外,蓄电池的联接、充电终了的特征及电解液密度调整方法等,均与新蓄电池充电相同。补充充电时间一般为 10～17 h。

(3) 预防性过充电

在机械装备上使用的蓄电池,除每隔 2 个月进行一次补充充电外,每隔 3 个月还要进行一次预防性过充电,以彻底清除极板上的硫酸铅结晶。

预防性过充电的步骤和方法:首先进行补充充电。补充充电结束后,停充 1 h,再用补充充电的第二阶段充电电流继续充电,当电解液有激烈气泡形成后,停充 1 h,接着仍以补充充电的第二阶段充电电流继续充电。如此，经过多次充、停循环，直到一接通充电电源 1～2 min 电解液就出现大量气泡时为止。

（4）去硫化充电

铅蓄电池长时间充电不足或放电后长时间放置，在极板上都会逐渐生成一层白色粗晶粒的硫酸铅，这种硫酸铅晶粒很难在正常充电时转化为正常的活性物质，因而会导致蓄电池容量下降，这种现象称为极板硫化。铅蓄电池发生硫化故障后，内电阻将显著增大，开始充电时充电电压较高（严重硫化者可高达 2.8 V 以上），温升亦较快。对严重硫化的铅蓄电池，只能报废。对硫化程度较轻的铅蓄电池，可以通过充电予以消除，这种消除硫化的充电工艺称为去硫化充电，去硫化充电的程序如下：

① 首先倒出原电解液，并用蒸馏水冲洗 2 次，然后加入足够的蒸馏水。

② 接通充电机，将电流调节到初充电的第二阶段电流值进行充电，当电解液密度上升到 1.15 g/cm³ 时，再倒出电解液，换加蒸馏水再进行充电，如此循环，直到电解液密度不再上升为止。

③ 换用正常密度的电解液进行补充充电和充、放电循环，直到蓄电池输出容量达到额定容量值的 85% 以上时，即可再次充足电后交付使用。

（5）充电注意事项

① 严格执行充电规范，保持充电电流在规定值内。

② 经常测量单格电池的电压、电解液密度和温度，及时了解充电情况。如发现不正常现象，应查明原因并及时排除。

③ 初充电必须连续进行，不可长时间断开。

④ 在充电过程中，要注意测量各单格电池的温升，以免温度过高影响使用性能，也可以采用风冷或水冷的方法降温。如电解液温度超过 40 ℃时，应减小充电电流；温度超过 45 ℃时，应停止充电。

⑤ 配置和注入电解液时，严格遵守安全操作规程和器皿使用规程。

⑥ 充电时，应备有冷水、10% 苏打水溶液或 5% 氢氧化钠溶液。

⑦ 充电时，打开电池的孔盖，使氢气、氧气顺利逸出，以免发生事故。

⑧ 充电室严禁明火，并且通风良好。

⑨ 充电时，应先接牢电池线；停止充电时，应先切断交流电源，然后拆下其他连接线。

⑩ 为避免腐蚀性气体对充电设备的侵蚀，充电设备应与存放蓄电池的场所隔开。

3. 蓄电池的充电设备及充电步骤

常用蓄电池的充电设备为充电机，如图 2-10 所示。其对蓄电池的充电步骤见表 2-3。

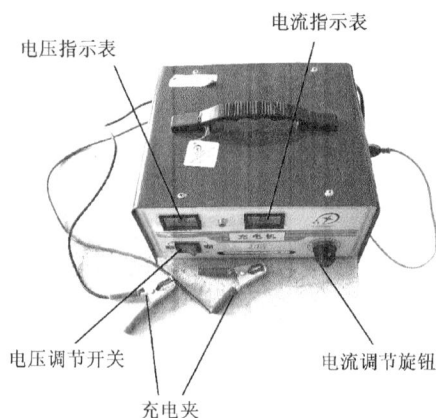

图 2-10 充电机示意

表 2-3　蓄电池的充电步骤

1. 连接充电机和蓄电池
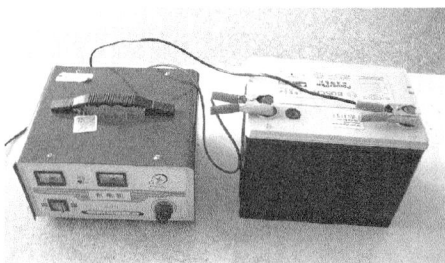　充电机正极与蓄电池正极连接,负极与蓄电池负极连接。
2. 连接并接通充电电路
　① 连接好充电电路之后仔细检查一遍。 ② 接通充电电路
3. 调整充电电流
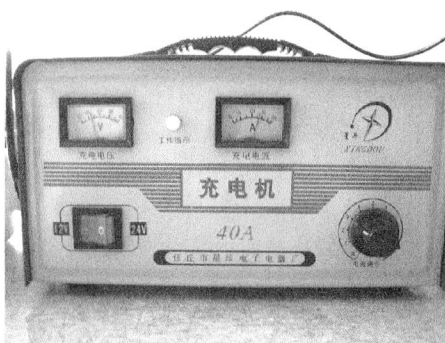　根据所连接的蓄电池调整充电电流,一般充电电流为额定容量的 10%。

五、蓄电池的维护

蓄电池的维护步骤见表 2-4。

表 2-4　蓄电池的维护

1. 蓄电池外部维护

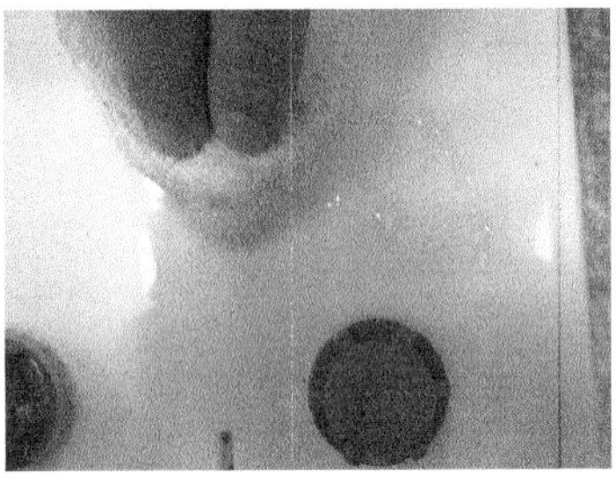

保持蓄电池外部的清洁,检查铅蓄电池外壳表面有无电解液渗漏。

2. 蓄电池的基桩维护

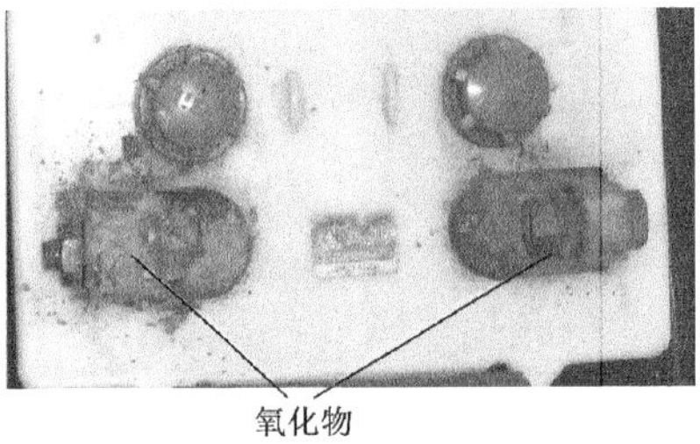

氧化物

清除蓄电池基桩上的氧化物。

3. 蓄电池各部件连接的维护

经常检查蓄电池固定是否牢靠、导线接头与极桩的连接是否紧固。

4. 蓄电池通电孔的维护

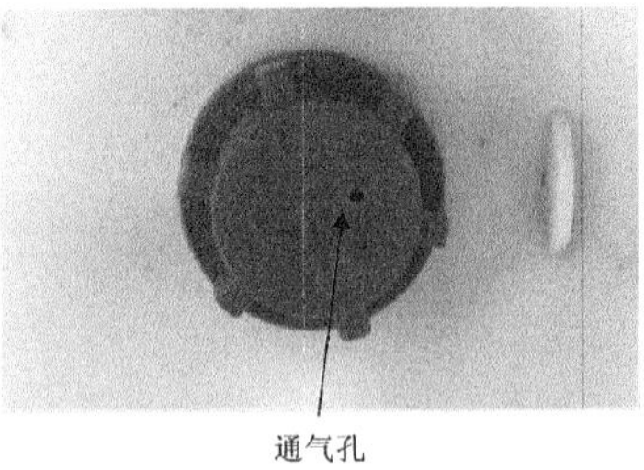

通气孔

经常检查并保持加液孔螺塞上的通气孔畅通。

续表

5. 注意事项	
	严禁将工具及金属件放在铅蓄电池上。

六、蓄电池的保养

1. 每班保养

（1）擦净蓄电池表面（如蓄电池表面有溢出的电解液时，可蘸10％苏打水或用热水冲洗），保持其清洁干燥；紧固接线卡和搭铁线螺丝；清除接线卡上的氧化物，并涂一层润滑脂或凡士林。

（2）旋紧加液口盖，并疏通其上的通气孔。

（3）紧固蓄电池，防止松动。

2. 车场日保养

（1）清洁蓄电池表面，检查蓄电池的放电程度。如冬季放电25％或夏季放电50％，应从车上取下进行补充充电。

（2）检查电解液液面高度，要求电解液液面应高出极板防护板10～15 mm，如低于此规定，应用蒸馏水补充。不允许加自来水、井水、河水，更不能添加海水。

3. 换季保养

除完成每班和车场日保养内容外，还应该根据蓄电池的充电情况和季节，恰当地调整好电解液密度，一般冬季比夏季高0.02～0.04 g/cm^3，并对蓄电池进行一次补充充电。

七、蓄电池的储存

1. 新蓄电池的储存

未启用的新蓄电池，其加液孔盖上的通气孔均已封闭，不要捅破。储存方法和储存时间应以出厂说明为准。

蓄电池的储存条件：

（1）应存放在室温5～30 ℃的干燥、清洁及通风的地方。

（2）不受阳光直射，离热源（暖气片、火炉）距离不小于2 m。

（3）避免与任何液体或有害气体接触。

（4）不得倒置与卧放，不得承受重压，每个铅蓄电池之间应相距10 cm以上。

2. 暂不使用的铅蓄电池的存放

对储存时间不超过 6 个月的铅蓄电池,应从车上拆下并采用湿储存法储存。储存前,先将蓄电池充足电,把电解液密度调到 1.28 g/cm³(25 ℃),液面达到正常高度,密封加液盖通气孔后放置在室内暗处。存放条件与新蓄电池的储存相同,存放期间应定期检查电解液密度和蓄电池存电量,如容量降低 25%,应立即补充充电,交付使用前应先充足电。

3. 长期停放的铅蓄电池的储存

蓄电池长时间存放时,应采用干储存法。先将充足电的蓄电池以 20 h 放电率放完电,然后再倒出电解液,用蒸馏水反复冲洗多次,直到水中无酸性,晾干后旋紧加液孔盖,并将通气孔密封后存储,存放条件同新蓄电池的储存。重新启用时,以新电池对待。

八、铅蓄电池技术状态的检查

铅蓄电池技术状态的检查见表 2-5。

表 2-5　铅蓄电池技术状态的检查

1. 电解液液面高度检测

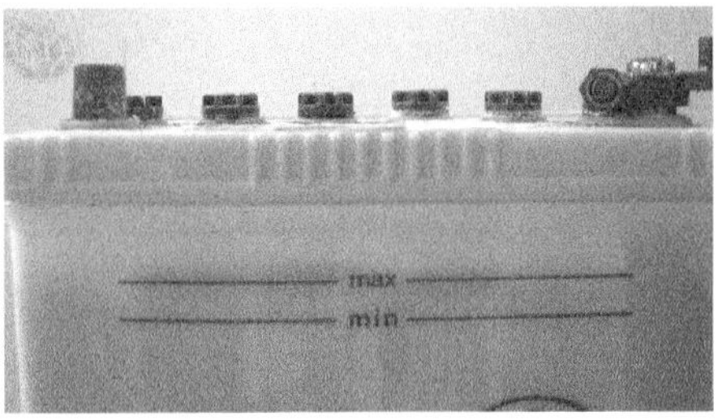

液面高度在最大和最小刻度线之间为正常,即高出极板 10～15 mm 范围内。

2. 蓄电池放电程度的检查

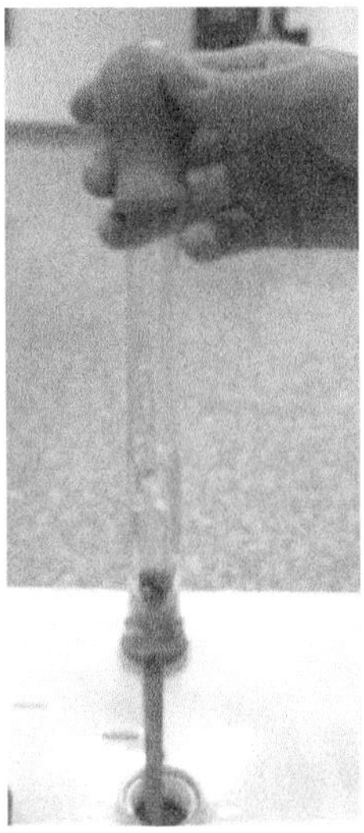

(2)用高率放电计测量放电电压

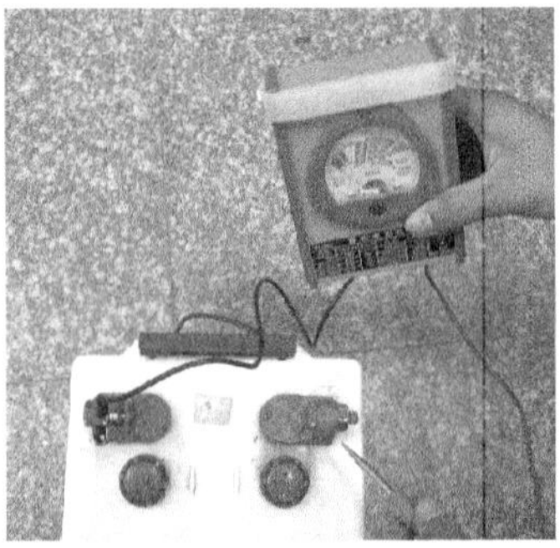

(1)测量电解液的相对密度

(1)测量电解液的相对密度:先吸入电解液使密度计浮子浮起,电解液所在的刻度即为其相对密度值。
(2)用高率放电计测量放电电压:将仪表的黑夹子接蓄电池负极,红色表棒接蓄电池正极,测量时间为 5 s 左右,观察此时蓄电池所能保持的端电压。

任务三　蓄电池常见故障及预防措施

铅蓄电池的外部故障有：外壳有裂缝、封口胶干裂、接线松脱、接触不良或极桩腐蚀等；内部故障有：极板硫化、自行放电、活性物质脱落和内部短路等。

铅蓄电池的外部故障较明显，易察觉，可通过修补、除污等简单方法进行修复；但内部故障不易察觉，只有在使用和充电时才出现症状，应尽量避免内部故障的产生。

1. 极板硫化

铅蓄电池长期充电不足或放电后长时间未充电，极板上会逐渐生成一层白色、坚硬、不易溶解的粗晶粒硫酸铅，这种现象称为"硫酸铅硬化"，简称"硫化"。这种粗而坚硬的硫酸铅晶体导电性差、体积大，会堵塞活性物质的细孔，阻碍电解液的渗透和扩散，使蓄电池的内阻增加，起动时不能供给大的起动电流，以至不能起动发动机。

极板严重硫化后，充、放电时会有异常现象，如放电时蓄电池容量明显下降，用高率放电计检查时，电压急剧降低；充电时单格电压上升快，电解液温度迅速升高，但密度却增加很慢，且过早出现"沸腾"现象。

产生硫化的主要原因是：

（1）蓄电池长期充电不足，或放电后未及时充电，当温度变化时，硫酸铅就会发生再结晶。在正常情况下蓄电池放电时，极板上生成的硫酸铅晶粒比较小，导电性能较好，充电时能够完全转化而消失。但若长期处于放电状态，极板上的硫酸铅将有一部分溶解于电解液中，温度越高，溶解度越大。而温度降低时，溶解度减小，出现过饱和现象，这时有部分硫酸铅就会从电解液中析出，再次结晶生成大晶粒硫酸铅附着在极板表面上。

（2）蓄电池内电解液液面太低，使极板上部与空气接触而强烈氧化（主要是负极板）。在机械运行过程中，由于电解液的上下波动与极板的氧化部分接触，也会形成大晶粒的硫酸铅硬化层，使极板的上部硫化。

（3）电解液相对密度过高，电解液不纯、外部气温剧烈变化时也将促进硫化。

预防极板硫化的措施：

① 蓄电池应经常处于充足电状态。

② 及时检查液面高度和密度，保持其符合规定。

③ 放完电的蓄电池应在 24 h 内进行补充充电。

对于已硫化的蓄电池，硫化较轻者可用过充电方法进行充电恢复处理，硫化较严重者可用去硫化充电法消除硫化，严重者则报废。

2. 自行放电

充足电的蓄电池，在无负载的情况下电量自行消失，该现象称为蓄电池的"自行放电"。

若一昼夜容量损失不超过 1%，属蓄电池的正常自放电。铅蓄电池的正常自放电是由于蓄电池本身因素所造成的一种不可避免的现象。主要原因有以下几个方面：

（1）极板上活性物质和栅架的材料不同，在电解液中会产生不同电位而形成局部电池，从而导致内部电流，形成自放电。

（2）栅架中锑的存在，不仅易形成局部电池产生自放电，还会使负极板的氢过电位下降，加速海绵状铅的自动溶解反应而产生自放电。在正极板上，二氧化铅与栅架中锑的接触也会引起自放电。

（3）蓄电池长期放置不用，硫酸下沉，造成电解液上部和下部的浓度差异，使同一块极板的上、下部分形成电位差而造成自放电。

若一昼夜自行放电量超过 1%，则属于自放电故障，这主要是由使用维护不当所造成的。造成自放电的原因很多，主要有以下几个方面：

① 电解液杂质含量过多，这些杂质在极板周围形成局部电池而产生自行放电。例如，当电解液中含铁量达 1% 时，一昼夜会将蓄电池的电量全部放完。

② 蓄电池内部短路引起的自放电。例如，隔板或壳体隔壁破裂、极板活性物质大量脱落而沉于极板下部，都将使正、负极板短路而引起自放电。

③ 蓄电池盖上洒有电解液时会造成自放电，同时，还会使极柱或联条腐蚀。

预防自放电的措施：

a. 配置电解液用的硫酸、蒸馏水必须符合规定。

b. 配置电解液用的器皿必须耐酸、耐热，配置好的电解液严防掉入脏物。

c. 蓄电池加液孔盖要盖好，防止掉入杂质。

d. 蓄电池表面要保持清洁、干燥。

对因电解液不纯造成自行放电的蓄电池，可将它完全放电或过度放电，使极板上的杂质进入电解液，然后将电解液倒出，用蒸馏水将电池、极板清洗干净，最后加入新电解液重新充电。

3. 极板活性物质大量脱落

正极板上的活性物 PbO_2 脱落，是蓄电池过早损坏的主要原因之一。活性物质脱落故障的特征是蓄电池输出容量降低，充电时电解液浑浊，有褐色物质。

活性物质脱落的原因：充电电流过大；过充电时间太长；低温大电流放电。充电电流过大使温度升高快、反应剧烈，容易引起极板栅架腐蚀，加速活性物质脱落。过充电时间太长会电解水，产生大量氢气和氧气。当氢气从负极板的孔隙内向外冲出时，容易导致活性物质 Pb 脱落；当氧气从正极板的孔隙内向外冲出时，容易导致活性物质 PbO_2 脱落。大电流放电，特别是低温大电流放电时，极板易拱曲变形而导致活性物质脱落。此外，电解液密度增大、温度升高，也会加速栅架腐蚀和活性物质脱落。

预防活性物质脱落的措施：

（1）使用中应避免长时间过充电。

（2）蓄电池充电时的充电电流不能过大，电解液温度不得过高。

（3）电解液密度在保证冬季不结冰的前提下，应尽量降低。

（4）蓄电池采用弹性支撑，以减轻驾驶操作产生的颠簸振动。

脱落的活性物质沉积较少时，可清除后继续使用；沉积多时，须更换极板。

4. 极板短路

极板短路的故障现象为开路电压较低,大电流放电时端电压迅速下降,甚至为零;充电过程中,电压与电解液相对密度上升缓慢,甚至保持很低的数值就不再上升;充电末期气泡很少,但电解液温度却迅速升高。

极板短路的原因主要有:隔板质量不高或损坏,使正、负极板相接触而短路;活性物质在蓄电池底部沉积过多、金属导电物落入正、负极板之间也将造成蓄电池内部极板短路。

对于短路的蓄电池必须拆开,查明原因而排除之。

思 考 题

1. 铅蓄电池在筑养路机械上有哪些功用?

2. 铅蓄电池由哪些部分组成? 各有何结构特点? 有何作用?

3. 铅蓄电池型号 6-QAW-100 中的代号和数字的含义是什么?

4. 铅蓄电池的工作原理是怎样的? 写出铅酸电池的总化学反应式。

5. 影响电池性能的因素有哪些?

6. 铅蓄电池的充、放电过程中内部将发生怎样的变化?

7. 什么情况下铅蓄电池应进行补充充电,充电终了有何特征?

8. 如何识别铅蓄电池的正、负接线柱?

9. 如何对普通铅蓄电池进行补充充电?

10. 哪些铅蓄电池不能进行快速脉冲充电?

11. 铅蓄电池的常见故障有哪些? 形成的原因有哪些?

12. 长期停放不用的铅蓄电池应如何保存?

模块三　交流发电机及其调节器

模块任务

1. 了解硅整流发电机与调节器的功用和分类；
2. 了解硅整流发电机的组成及各组成部分的结构和工作原理；
3. 了解电子调节器的特点、结构和工作原理；
4. 了解硅整流发电机的工作特性；
5. 能够利用常用工具对硅整流发电机进行拆装；
6. 能够运用万用表对发电机零部件进行性能检测；
7. 能够运用电器万能试验台检测发电机性能；
8. 掌握发电机常见故障的原因分析方法、排除方法。

任务一　交流发电机及其调节器概述

一、交流发电机概述

交流发电机是一种将机械能转变成电能的装置，是筑养路机械的主要电源，与蓄电池一起构成电源系统。

1. 交流发电机的特点

发电机由发动机驱动，且通过三角皮带轮传动而发电，工作时对除起动机以外的一切用电设备供电，并向蓄电池充电。

发电机分交流发电机和直流发电机两大类。随着现代公路筑养路机械的快速发展，其用电设备不断增加，这就要求发电机的输出功率相应增大，同时为了提高蓄电池的使用寿命和起动放电性能，要求发电机低速运转时也能向蓄电池充电。而直流发电机由于低速充电能力差，整流过程中容易产生火花，配用的调节器结构复杂而不能满足上述要求，现已被淘汰。与此相比，交流发电机具有如下一些优点，因此被筑路机械广泛使用：

（1）单机体积小、重量轻，节省材料，输出功率大。

（2）由于采用他励方式，在发动机低速运转时，仍能进行充电（低速充电性能好）。

（3）结构简单，故障少，使用寿命长，保修简便。

（4）配用的调节器结构简单。发电机电枢绕组具有很大的电抗性，有限制最大电流的作用；硅二极管具有单向导电性，可阻止蓄电池通过电枢绕组大电流放电，因此只需配备电压调节器。

（5）交流发电机通过二极管整流，无换向器，对无线通信设备的干扰小。

2. 交流发电机的分类

筑养路机械用交流发电机是三相同步交流发电机，配用硅二极管整流器，所以也称为硅整流发电机，其结构形式多种多样。

交流发电机按有无电刷，可分为有刷式和无刷式两大类。目前筑养路机械上普遍采用有刷式交流发电机。有刷式交流发电机根据电刷架的安装方式不同，又分为外装式和内装式两种。前者电刷架可直接在发电机外部拆装，后者电刷架则不能直接在发电机外部拆装，如需更换电刷，则必须将发电机解体。

交流发电机按磁场绕组的搭铁方式不同，又可分为内搭铁式和外搭铁式两种。磁场绕组在发电机内部搭铁的称为内搭铁式；磁场绕组在发电机外部通过调节器搭铁的则称为外搭铁式。交流发电机搭铁方式不同，所配用的调节器、接线方法及充电系故障检查方法也不同，使用时应予以注意，否则发电机不发电，调节器也不工作。

交流发电机按调节器的安装部位不同，又分为一般式和整体式两种。整体式交流发电机是指将发电机调节器装在发电机上或发电机内部，即调节器和发电机装为一个整体。由于内部集成电路（IC）调节器不但可以减少发电机外部的连接导线，而且还能大大简化制造过程，因而日益得到广泛的应用。

交流发电机按采用二极管的多少，分为六管交流发电机、八管交流发电机、九管交流发电机和十一管交流发电机。此外，还有带真空泵的带泵式交流发电机。

3. 交流发电机的型号

根据我国汽车行业标准 QC/T73—1993《汽车电气设备产品型号编制方法》的规定，国产硅整流交流发电机的型号组成如下：

$$\boxed{产品代号} \text{——} \boxed{电压和电流等级代号} \text{——} \boxed{设计序号} \text{——} \boxed{变型代号}$$

（1）产品代号。国产交流发电机的产品代号有四种：JF 表示普通交流发电机；JFZ 表示整体式交流发电机；JFB 表示带泵式交流发电机；JFW 表示无刷式交流发电机。

（2）电压等级代号和电流等级代号。分别用 1 位数表示，其含义见表 3-1 和表 3-2。

表 3-1 交流发电机电压等级代号

电压等级代号	1	2	3	4	5	6
电压等级（V）	12	24	—	—	—	6

表 3-2 交流发电机电流等级代号

电流等级代号	1	2	3	4	5	6	7	8	9
电流等级（A）	≤19	20～29	30～39	40～49	50～59	60～69	70～79	80～89	≥90

（3）设计序号。按产品设计先后顺序，由 1 或 2 位阿拉伯数字组成。

（4）变型代号。以调整臂位置作为变型代号。从交流发电机的驱动端看，调整臂在中间的不加标记；在右边的用 Y 表示；在左边的用 Z 表示。

例：JF152：普通交流发电机，其电压等级为 12 V，其电流等级为 50～59 A，第二次设计；JFZ1913Z：整体式交流发动机，其电压等级为 12 V，其电流等级为 90 A，第十三次设计，调整臂在左边。

4. 交流发电机的结构

交流发电机在机械设备上已有 50 多年的使用历史，目前国内外生产的筑路机械用硅整流发电机，虽然局部结构有所改进，但其基本结构相同，多是由三相同步交流发电机和六只硅二极管构成的桥式整流器两大部分组成，主要包含转子、定子、电刷架、前后端盖及传动散热装置（皮带、风扇与带轮）等部件，如图 3-1 所示。

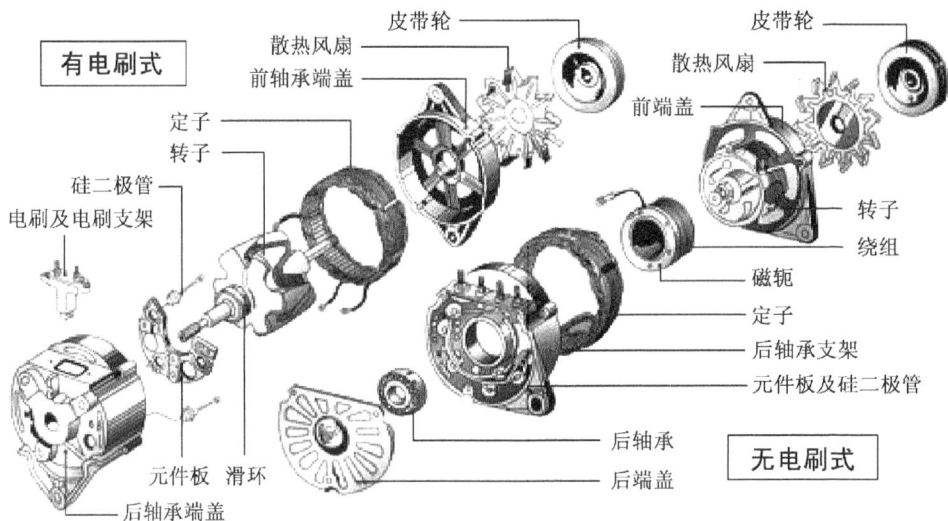

图 3-1　交流发电机结构

（1）转子

转子是交流发电机产生磁场的部分，由转子轴、爪型磁极、磁轭、励磁绕组、滑环等组成，如图 3-2 所示。其作用是产生按正弦规律变化的磁场。

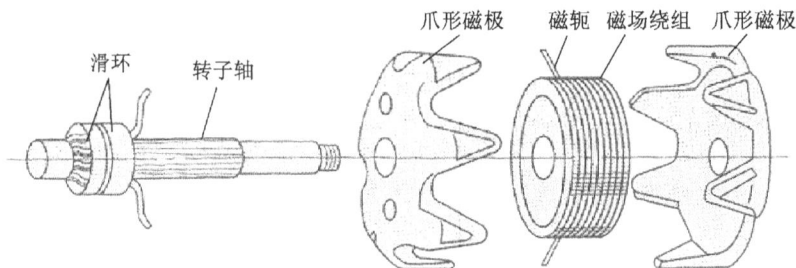

图 3-2　交流发电机转子结构

　　两块爪形磁极由数目相等的鸟嘴形磁极互相交错的排列,通常每块做成 6 个爪形磁极,用低磁钢板冲压而成,也可以用精密铸造方法成形。在两块爪形磁极之间的空腔内装有低碳钢制成的导磁用的铁芯,称为磁轭,套装在有花键的转轴的中部,其上绕有励磁绕组。励磁绕组的两个线头分别穿过一块磁铁的两个小孔,并与轴绝缘的两滑环焊接。

　　滑环由导电性能良好的黄铜制成,并由绝缘材料酚醛玻璃纤维塑料制成的环座固定于转子轴上。因此,两个滑环之间、滑环与转子轴之间均保持绝缘。滑环的外表面平整、光滑,可以很好地和它们相互配合的两个电刷保持接触。两个电刷装在与壳体绝缘的电刷架内,通过弹簧压力与滑环保持接触。

　　两个电刷的引线分别与端盖上的磁场(F),搭铁(E 或一)两接线柱相连。平时爪形磁极上有剩磁存在,当电刷接通直流电源后,励磁电流流过励磁绕组而产生磁场,使得一块爪极为 N 极,另一块为 S 极,形成六对相互交错的磁极。其磁路和磁场如图 3-3 所示。

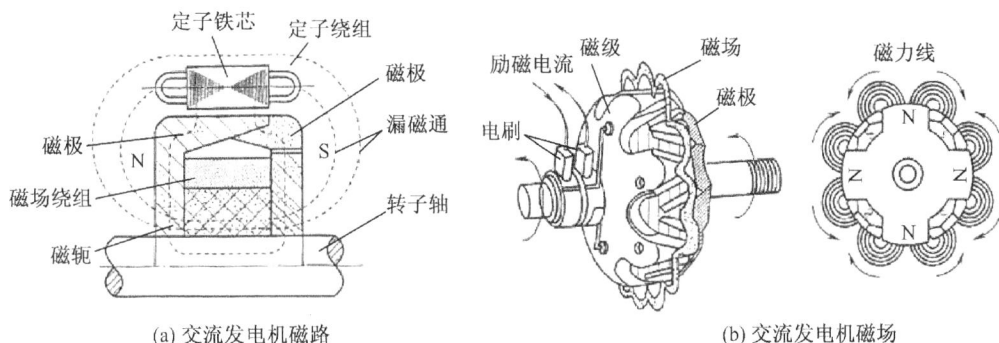

(a) 交流发电机磁路　　　　　　　　　　　　　(b) 交流发电机磁场

图 3-3　交流发电机的磁路及磁场

（2）定子

　　定子也称电枢,由定子铁芯和定子绕组组成,用来产生三相交流电动势。

　　定子铁芯由相互绝缘的内圆带嵌线槽的圆环状硅钢片叠制而成,为了减少涡流损失,硅钢片的两侧涂有绝缘漆或进行了氧化处理,硅钢片厚度为 0.5～1.0 mm。定子槽内布有三相线圈绕组,三相线圈绕组用高强度聚酯漆包线在绕线机上绕制而成;在嵌入定子铁芯槽内时,通常先用绝缘纸(一般为青壳纸)等绝缘材料将线圈包好,与铁槽隔开,最后用干燥的与槽形相仿的槽楔(竹条)打入、挤紧。三相绕组连接方式有星形接法和三角形接法两种,如图 3-4 所示;三相绕组能产生大小相等且相位差 120°电角度的电动势。

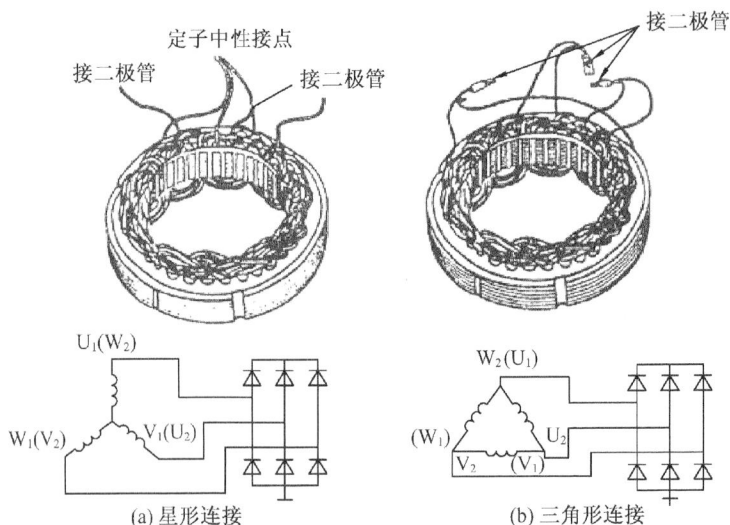

图 3-4 定子绕组的连接方式

(a) 星形连接 (b) 三角形连接

（3）前后端盖及电刷总成

端盖分前端盖（驱动端盖）和后端盖（整流端盖），其作用是安装轴承和其他零部件、支撑转轴、封闭内部构件。前、后端盖均用非导磁材料——铝合金制成，漏磁少、质量轻、散热性能好。端盖中心有球轴承，外围有通风孔和组装用螺孔。图 3-5 和图 3-6 分别为前、后端盖实物示意图。

图 3-5 前端盖

图 3-6 后端盖

前端盖有突出的安全臂和调整臂，由于它的外侧为驱动交流发电机旋转的皮带轮，所以又称驱动端盖。

后端盖内装有电刷总成，作用是将电源通过滑环引入励磁绕组，用于引入励磁电流。电刷总成由两只电刷、电刷架和电刷弹簧组成。对于内搭铁交流发电机，一个电刷引出线接到交流发电机后端盖上的磁场接线柱（标记为"F"或"磁场"）；另一个搭铁电刷的引线用螺钉固定在后端盖标有"搭铁"的接线柱上，电刷在压簧的作用下，保持与转子上两个滑环的接触。电刷与滑环工作原理如图 3-7 所示。电刷架有内装式和外装式两种结构，如图 3-8 所示。

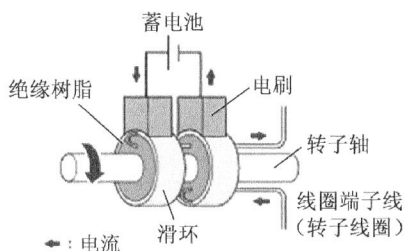

图 3-7　电刷与滑环工作原理

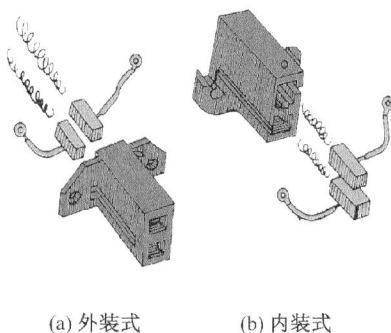

(a) 外装式　　　(b) 内装式

图 3-8　电刷组架

（4）整流器

硅整流器一般用一块元件板和 6 只硅整流二极管接成桥式全波整流电路,其作用是将三相交流电变换为直流电向外输出,并阻止蓄电池的电流向发电机倒流。

元件板又称散热板,用铝合金制成月牙形。元件板与后端盖用绝缘材料隔开,并用螺栓通至后端盖外部作为发电机的电枢（或"B""＋""A"）接线柱。元件板上还有 3 个与其绝缘的接线柱,用来固定二极管的引线和电枢绕组的引出线。

硅整流器二极管的安装如图 3-9 所示,硅整流二极管分为两种类型:正极管子（正管子）和负极管子（负管子）。

正极管子:中心线为正极,外壳为负极,且外壳底部一般标有红色标记,压装或焊装在元件板上,共同组成发电机的正极。

负极管子:中心线为负极,外壳为正极,外壳底部有黑色标记,有的压装在后端盖上,有的压装或焊接在另一块与后端盖相连的元件板上,和后端盖共同构成发电机的负极。

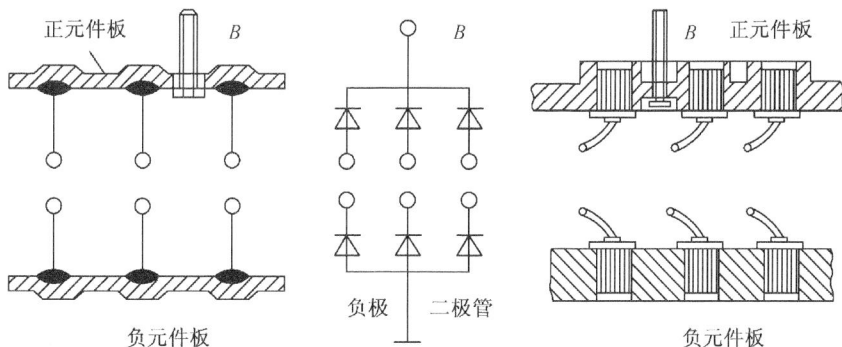

图 3-9　二极管的安装示意图

（5）皮带轮及风扇

发电机的前端装有转动皮带轮,通过发动机曲轴带动皮带轮旋转,通常用铝合金或铸铁制成,分单槽和双槽两种。为了对发电机强制通风散热,在皮带轮后装有叶片风扇（或直接在转子端面上加工出具有风扇功能的多片突缘）,前、后端盖开有通风口,当皮带轮与风扇一起转动时,靠风扇的离心作用,使空气从后端盖进风口流入,将转子和定子绕组的热量带走,达到散热的目的。

（6）真空泵

带真空泵的硅整流发电机(如 JF2525 型),其电机部分与普通发电机一样,只是转子轴加长,并从后端盖中心伸出,利用转子轴外花键与真空泵转子的内花键相连。真空泵为叶片式,当发动机旋转时,发电机转子便带动真空泵一同旋转,形成真空源。它主要用于没有真空来源的以柴油机为动力的筑养路机械上,作为真空助力制动系统中的真空动力源及其他用途的真空来源。图 3-10 为 JF2525 型整流发电机结构图。

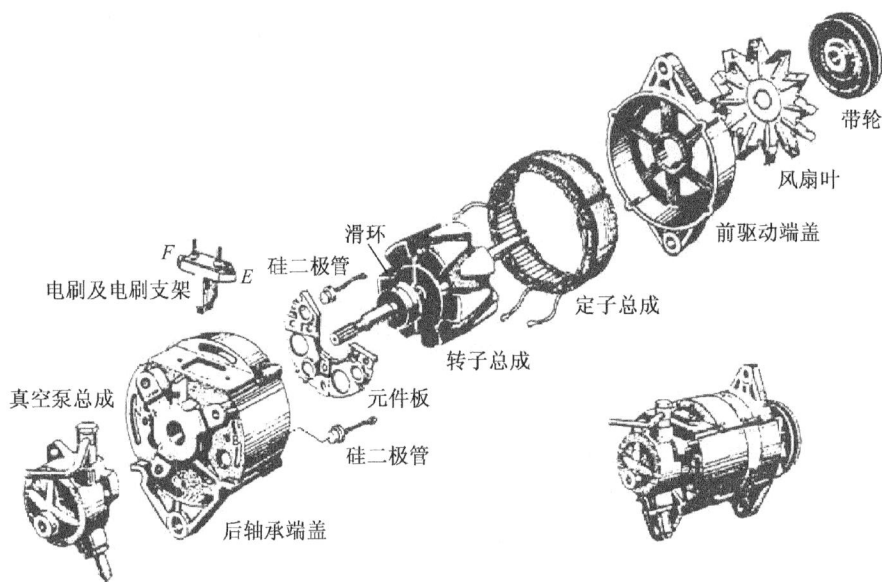

图 3-10　JF2525 型整流发电机结构

5. 交流发电机的工作原理

（1）交流发电机的发电原理

交流发电机的工作原理是利用电磁感应——导体在磁场中作切割磁力线运动或回路中有变化的磁场穿过时在导体中产生感生电动势:既可以是线圈在磁场中转动,线圈的工作边不断切割定子磁场的磁力线而发电;也可以是磁场旋转,磁力线不断切割固定在定子中的线圈而发电。车用交流发电机就是通过励磁绕组产生旋转的磁场,使旋转磁场的磁力线切割定子绕组,在绕组内产生交变电动势。转子不停地旋转,感应电动势的大小和方向随时间作周期性变化而产生交变电动势和交变电流,由于磁场的磁感应强度近似于正弦分布,使交流发电机的电动势也按正弦规律变化。

筑路机械使用的是三相同步交流发电机,即转子的转速与磁场转速相同。该种发电机结构紧凑,功能完善,运行效率高。图 3-11(a)是三相同步交流发电机的工作原理示意图。

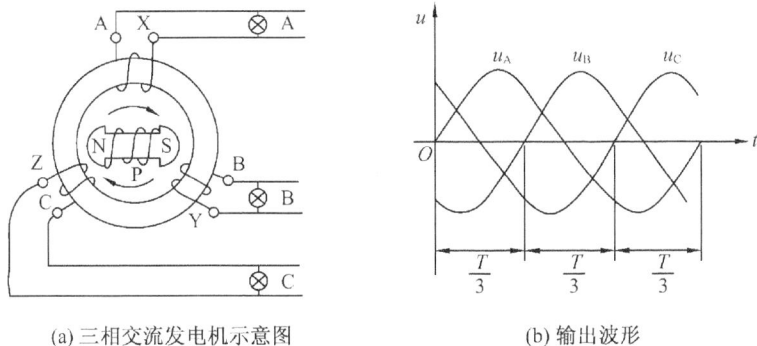

(a) 三相交流发电机示意图　　　　(b) 输出波形

图 3-11　三相交流发电机工作原理

交流发电机的转子呈鸟嘴形,其磁场的分布呈近似正弦规律,所产生的交流电动势也近似正弦波形。三相绕组在定子槽中是对称分布的,因而在各相绕组中产生频率相同、幅值相等、相位互差 120° 电角度的正弦电动势 e_A,e_B 和 e_C,其波形如图 3-11(b)所示。

三相绕组中电动势的瞬时值方程式为

$$e_A = \sqrt{2}E_\Phi \sin\omega t$$

$$e_B = \sqrt{2}E_\Phi \sin(\omega t - \frac{2\pi}{3}) \qquad (3-1)$$

$$e_C = \sqrt{2}E_\Phi \sin(\omega t + \frac{2\pi}{3})$$

式中,E_Φ 为每相绕组电动势的有效值,单位为 V;ω 为电角速度,$\omega = 2\pi f = 2\pi \dfrac{pn}{60}$,单位为 rad/s;$t$ 为时间,单位为 s。

每相绕组电动势的有效值为

$$E_\Phi = 4.44KfN\Phi \qquad (3-2)$$

式中,K 为绕组系数,交流发电机采用集中绕组,$K=1$;f 为感应电动势的频率,单位为 Hz;N 为每相绕组的匝数;Φ 为每极磁通,单位为 Wb。

对已知的交流发电机,上式中的 K,p,N 均已确定,可用电机常数 C 代替,因此上式可简写为 $E_\Phi = Cn\Phi$。可见,交流发电机定子绕组内所感应出的电动势大小与转速 n 和磁通 Φ 成正比,即定子绕组的匝数越多、转子转速越高,在绕组内所感应出的电动势也越高。

（2）整流原理

定子绕组感应出的交流电经硅二极管组成的整流器整流后变成直流电。硅二极管具有单向导电性:二极管加上正向电压导通,即呈现低电阻状态,允许电流通过;当给二极管加一反向电压时,则截止,呈现高电阻状态,不允许电流通过。利用硅二极管的这种单向导电性,便可将交流电变成直流电,即整流。三相桥式全波整流的整流原理如图 3-12 所示。

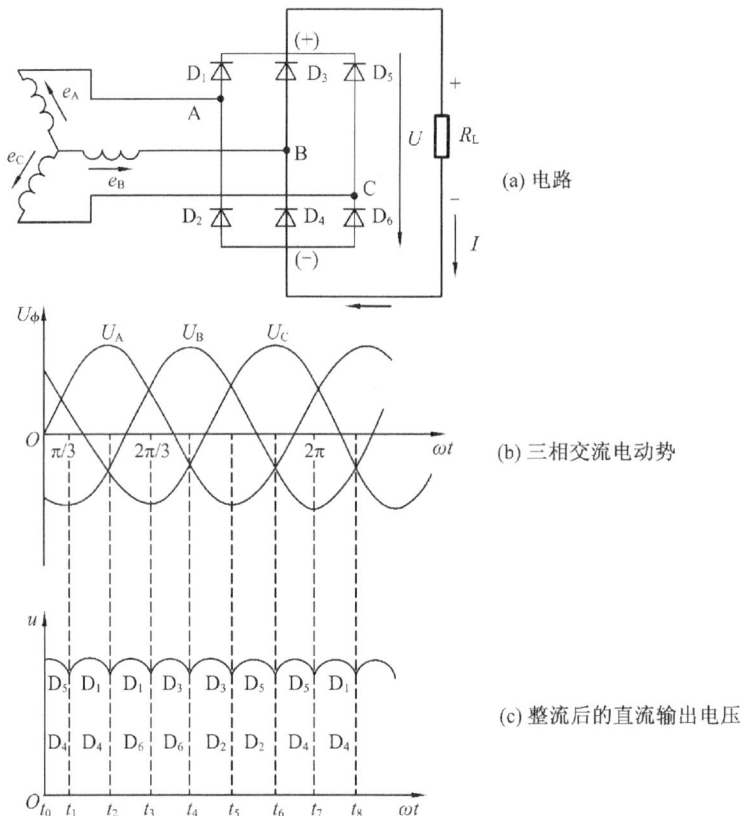

图 3-12　三相桥式整流原理

① 整流元件的连接

a. 三个二极管 D_1，D_3，D_5 的正极分别接三相绕组的首端 A，B，C，它们的负极接在一起，作为整流后输出的正极。这三只二极管在三相交流电正半周期分别导通。

b. 三个二极管 D_2，D_4，D_6 的负极也分别接三相绕组的首端 A，B，C，它们的正极接在一起，作为整流后输出的负极。这三只二极管在三相交流电负半周期内分别导通。

c. 每个周期同时导通的管子有两个：正、负管子各一个，导通的两个二极管将交流发电机整流后的直流电压加在负载 R_L 两端。

② 整流过程

按以上接法，输出电压的整个过程如下：

a. $t_0 - t_1$ 时间内，u_C 最高、u_B 最低，D_5，D_4 导通，电流从 C 相流出，经 D_5，负载 R_L，D_4 流回 B 相。由于 D_4，D_5 的电压降很小，故 R_L 两端电压为线电压 u_{CB}。

b. $t_1 - t_2$ 时间内，u_A 最高、u_B 最低，D_1，D_4 导通，电流从 A 相流出，经 D_1，负载 R_L，D_4 流回 B 相。此时负载 R_L 两端电压为 u_{AB}。

c. $t_2 - t_3$ 时间内，u_A 最高、u_C 最低，D_1，D_6 导通，电流从 A 相流出，经 D_1，负载 R_L，D_6 流回 C 相。此时负载 R_L 两端电压为 u_{AC}。

d. $t_3 - t_4$ 时间内 u_B 最高、u_C 最低，D_3，D_6 导通，电流从 B 相流出，经 D_3，负载 R_L，D_6 流回 C 相。此时负载 R_L 两端电压为 u_{BC}。

依此周而复始,便在负载两端得到一个比较平稳的脉动直流电压U,其一个周期内有 6 个波纹。

经整流后的直流电压就是硅整流交流发电机输出的直流电压,其值为三相交流电线电压U_L的 1.35 倍。

根据图 3-12 可知,线电压

$$u_{AB} = \sqrt{3} \times \sqrt{2} U_\Phi \sin\omega t$$

线电压u_{CB}与u_{AB}的交点在$\pi/3$处,因此整流电压的平均值为

$$U = \frac{1}{\dfrac{\pi}{3}} \int_{\frac{\pi}{3}}^{\frac{2\pi}{3}} \sqrt{6} U_\varphi \sin\omega t \ \mathrm{d}(\omega t)$$

$$= \frac{3\sqrt{6}}{\pi} U_\varphi$$

$$= 2.34 U_\varphi$$

$$= 1.35 U_L \tag{3-3}$$

式中,U_L为线电压有效值;U_φ为相电压有效值。

每个周期内,每只二极管只有 1/3 时间导通,故流过每只二极管的平均电流I_{CD}只有负载电流I的 1/3。每只二极管所承受的最高反相电压为线电压的最大值。

当交流发电机三相定子绕组采用星形接法时,三相绕组的三个末端接在一起形成一个公共接点,称为中性点(或中心抽头)(N),该点对外引线形成三相绕组的中性线与外壳(即搭铁)的电位之差为中性点电压(U_N),如图 3-13(a)所示。

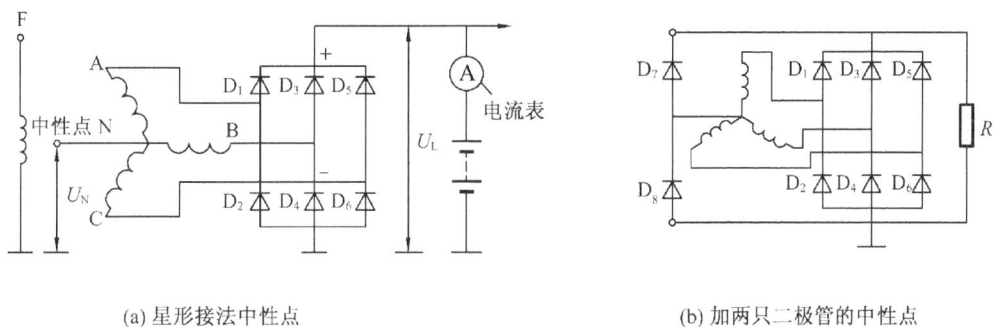

(a) 星形接法中性点　　　　　　　　　　(b) 加两只二极管的中性点

图 3-13　交流发电机中性点电压

中性点电压U_N是通过 3 个负极管子整流后得到的,为三相半波整流电压值,该点的平均电压等于发电机直流输出电压(U)的一半,即$U_N = U/2$。

中性点电压,一般用于控制各种继电器,如磁场继电器、组合继电器和充电指示灯继电器等。也有些发电机在定子的中性点处接两只二极管,如图 3-13(b)所示。当发电机高速运转时,可有效利用中性点电压增加发电机的输出功率,其增加量可达正常输出功率的 10%~15%。

③ 励磁方式

硅整流发电机的磁场是由电磁铁形成的,要使发电机电枢绕组产生感应电动势对外输出电流,必须使励磁绕组通电产生磁场,这个过程称为发电机的励磁。

硅整流发电机的励磁方式包括他励和自励两种。他励就是由蓄电池供给励磁电流;自励就是发电机自己供给励磁电流。励磁电路如图 3-14 所示,当电源开关 S 接通时,由于发电机输出电压小于蓄电池电压,蓄电池便通过调节器向发电机励磁绕组提供励磁电流,即发电机他励发电,其输出电压随发

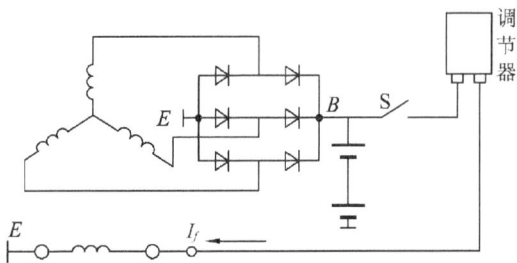

图 3-14　发电机励磁电路

机转速升高而升高;当发电机输出电压高于蓄电池端电压时,发电机向蓄电池充电,同时自己提供励磁电流,此时发电机由他励转为自励。

6. 交流发电机的工作特性

硅整流交流发电机的工作特性是指发电机发出的交流电经整流后输出的直流电压、直流电流和发电机转速之间的变化关系,主要包括输出特性、空载特性和外特性。

(1) 输出特性

交流发电机的输出特性又称负载特性或输出电流特性,是指交流发电机向负载供电时保持输出电压恒定的能力,即 u 一定时,$I=f(n)$ 的关系曲线。对 12 V 电系,电压恒定指数为 14 V;对于 24 V 电系,电压恒定指数为 28 V。

图 3-15 所示的试验电路可用来测得交流发电机的输出特性。当开关 S_1,S_2 闭合时,电动机拖动交流发电机运转,随着转速升高,交流发电机达到充电电压,此时,断开他励电源开关 S_2,交流发电机开始自励发电。调节电动机转速使交流发电机电压达到额定值,并记录该转速 n_1,n_1 即为空载转速。闭合开关 S_3 接通负载电路,逐渐调小负载使电流增大,直到达到最大值;同时,不断提高转速、保持交流发电机的额定电压不变,以适当的电流间隔作测点,记录对应的转速(一般不少于 7 个点)。据此绘制该交流发电机的输出特性曲线,如图 3-16 所示。

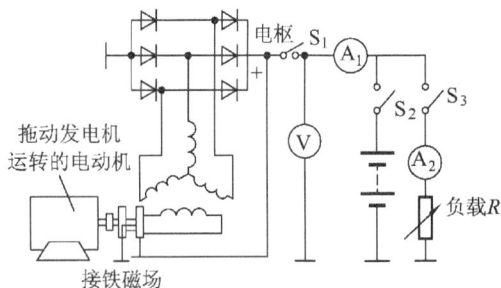

图 3-15　发电机试验电路

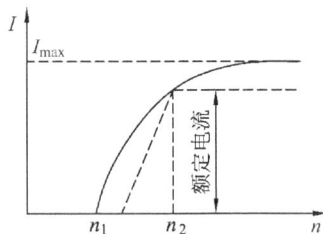

图 3-16　交流发电机输出特性

从交流发电机的输出特性 $I=f(n)$ 可知:

① 当交流发电机转速很低时,其输出端电压低于额定电压,不能向外供电。转速达到空载转速 n_1 时,其端电压达到额定值,转速高于空载转速 n_1 后,交流发电机才有能力在额定电压下向外供电。所以,空载转速 n_1 的值是选择交流发电机与发动机转速比的主要依据。一般情况下,交流发电机空载转速 n_1 应等于或略高于发动机的怠速转速。

② 转速超过 n_1 时,交流发电机的输出电流 I 随之升高且随着电阻 R 的减小而升高。转速等于 n_2 时,交流发电机输出额定功率,因此 n_2 称为满载转速。通常所选择的 n_2 应低于发动机的额定转速,等于或略高于发动机的常用转速。

空载转速和满载转速是交流发电机的主要性能指标,在其产品说明书中均有规定。使用中应定期检测这两个数据,依此可判断交流发电机是否处于正常的工作状态。表 3-3 列出了部分国产交流发电机的主要性能指标。

③ 交流发电机达到一定转速时输出电流不再随转速升高而增大,也不随负载电阻的减小而加大。这时的电流值称为交流发电机的最大输出电流或限流值(约为额定电流的 1.5 倍)。该性能表明,交流发电机具有自动限制电流的自我保护能力。

交流发电机自动限制电流的原理:定子绕组具有一定阻抗 Z,对通过绕组的交流电流起阻碍作用。阻抗 Z 包括绕组的电阻 R 和感抗 X_L,即

$$Z_L = \sqrt{R^2 + X_L{}^2}$$

式中,$X_L = \omega L$,ω 为角速度,$\omega = 2\pi f$;f 为频率,$f = \dfrac{pn}{60}$;L 为相定子绕组的电感。因此

$$X_L = 2\pi f L = 2\pi \frac{pn}{60} L = \frac{\pi}{30} pnL \tag{3-4}$$

式中,p 为磁极对数;n 为转子的转速。

由上式可知,感抗 X_L 与转速 n 成正比。交流发电机高速运转时,绕组电阻 R 与感抗相比较小,可以忽略不计。因此可以认为定子绕组的阻抗 Z 与转速 n 成正比。转速 n 越高,感抗 X_L 越大,即阻抗 Z 越大,阻碍交流电流的能力就越强,同时会产生很大的内部电压降。

此外,定子电流增加时电枢反应增强,感应电动势也会下降。这是因为交流电机内部有两个磁场:磁极磁场和电枢磁场。电枢磁场对磁极磁场的影响称为电枢反应。交流发电机爪极转子是旋转的磁极磁场。定子的电枢产生电枢磁场。当交流发电机负载不变时,转速升高使电流达到一定值后再提高转速,尽管定子绕组中感应电动势增加,但因定子绕组的阻抗增大,内部电压降增大,再加上电枢反应引起的感应电动势下降,两者共同作用使交流发电机的输出电流不再增大,因而交流发电机有自动限制输出电流的作用。所限制的电流大小与定子绕组的电感 L 有关,亦即与定子绕组的匝数有关。所以,交流发电机调节器中不需要电流限制器。

（2）空载特性

交流发电机空转时端电压与转速之间的关系称为发电机空载特性,即 $U = f(n)$,$I = 0$。由图 3-17 可见,随着转速升高,交流发电机端电压上升较快,由他励转入自励时便能向蓄电池进行充电,证实了交流发电机低速充电性能好的优点。空载特性是判定硅整流发电机充电性能是否正常的重要依据。

（3）外特性

转速一定时交流发电机输出端电压与输出电流的关系,即 n 保持一定时,$U = f(I)$ 的函数关系称为外特性。经不同的恒定转速试验后可得一组相似的外特性曲线,如图 3-18 所示。

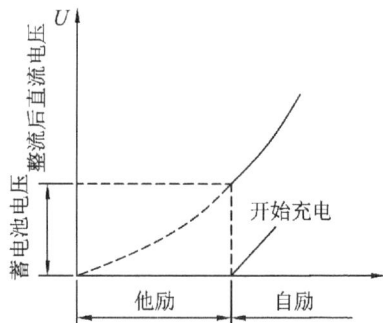

图 3-17 空载特性

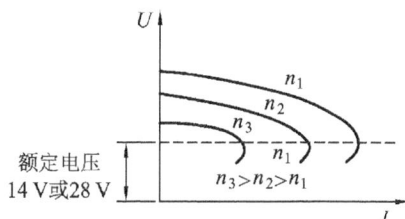

图 3-18 外特性

交流发电机转速越高,其端电压越高,输出电流也越大。保持在任一转速时,交流发电机端电压随输出电流的增大而下降。由于端电压受转速和负载变化影响,交流发电机必须配用电压调节器以保持电压的恒定;否则,交流发电机高速运转时若突然失去负载,其端电压会突然升高而击穿电子元件,烧毁用电设备。

(4)改善交流发电机性能的技术措施

Y形接法的交流发电机,其中性点不仅具有直流电压(其值等于发电机直流输出电压的二分之一),而且还包括交流电压的成分。其原因是:交流发电机空载时,由于鸟嘴形磁极使磁场分布近似正弦曲线,从而使其三相感应电动势接近于正弦波。当交流发电机正常工作且有电流输出时,由于电枢反应的强弱、漏磁、铁磁物质的磁饱和、整流二极管的非线性特性等因素,使交流发电机内的磁通变为非正弦分布,从而造成交流发电机感应电动势和输出电压的波形畸变,图 3-19(a)为一相电压的波形。可以认为,这一畸变波形正是由图 3-19(b)所示的正弦基波和图 3-19(c)所示的三次谐波叠加所致。

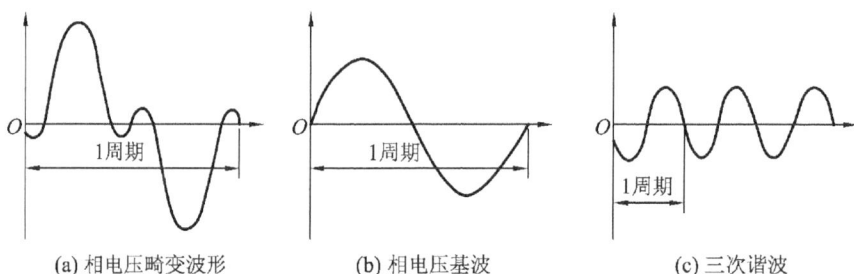

(a) 相电压畸变波形　　　　(b) 相电压基波　　　　(c) 三次谐波

图 3-19 输出电流时的发电机感应电动势和输出电压的畸变波形及其分解

图 3-20 为三相绕组分解得到的基波和三次谐波,尽管三相电压的基波相位相差120°,但各相的三次谐波之间的相位却是相同的。当三相绕组采用 Y 形接法时,线电压是两相电压之差,而三次谐波电压大小相等、相位相同,可互相抵消,故对外输出的电压反映不出三次谐波电压。但相电压可测出三次谐波电压,并且该三次谐波的幅度随交流发电机转速的升高而加大。由此可见,中性点电压是三相基波电压整形得到的直流分量和三次谐波交流分量的叠加,如图 3-21 所示。

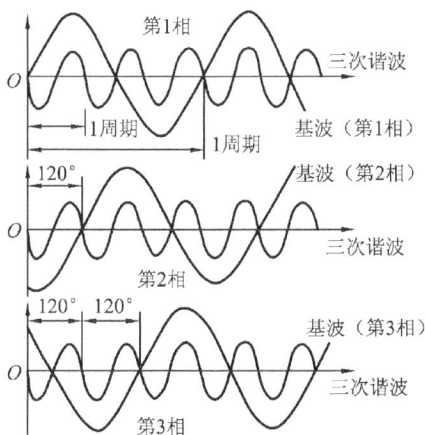

图 3-20　各相绕组基波和三次谐波

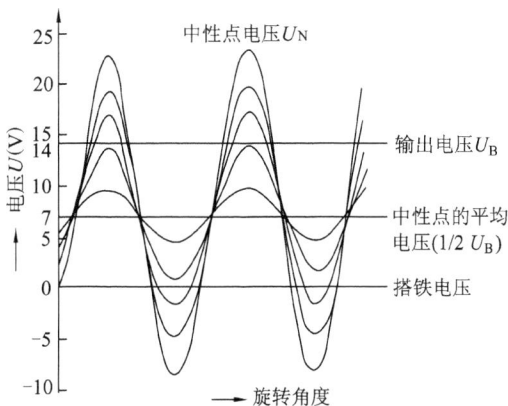

图 3-21　不同转速时中性点电压变化波形

当交流发电机转速升高到一定程度(超过 2 000 r/min)时,交流分量的最高瞬时值有可能超过交流发电机的直流输出电压 U_B,而最低瞬时值则可能低于零,即低于搭铁端的电压,此时中性点电压就可能向外输出。为此,可在中性点和交流发电机的"B+"端及与搭铁端"E"之间分别增加一只二极管(称中性点二极管),如图 3-22 中的 D_7 和 D_8。其工作原理如下:

① 中性点的瞬时电压高于交流发电机的输出电压 U_B 时,二极管 D_7 导通,电流便经 D_7、负载及三个二极管(D_2,D_4,D_6)中的一只沿某一相绕组形成回路,如图 3-22(a)中箭头所示。

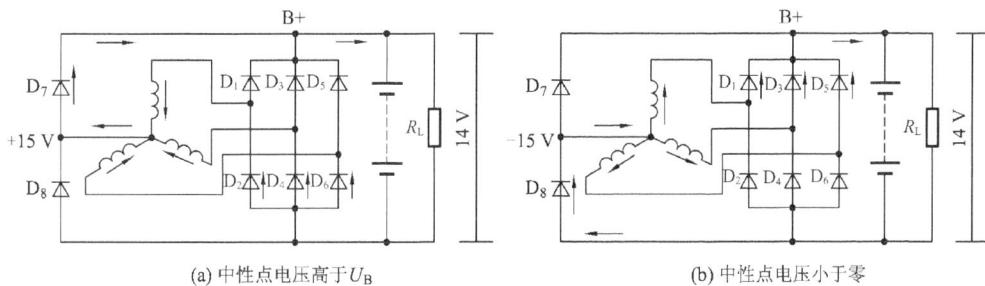

(a) 中性点电压高于 U_B

(b) 中性点电压小于零

图 3-22　中性点二极管及其电流通路

② 中性点的瞬时电压低于零时,二极管 D_8 导通,电流则从某一相出发经该相的正极管"B+"端、负载、搭铁,最后经二极管 D_8 回到中性点,如图 3-22(b)所示。

可见,只要在中性点外接入两只二极管,便可利用中性点电压来增加交流发电机的输出电流。图 3-23 为有、无中性点二极管时某交流发电机输出电流的对比。中、高速时有中性点二极管的交流发电机,其输出电流可增加 $10\%\sim15\%$。

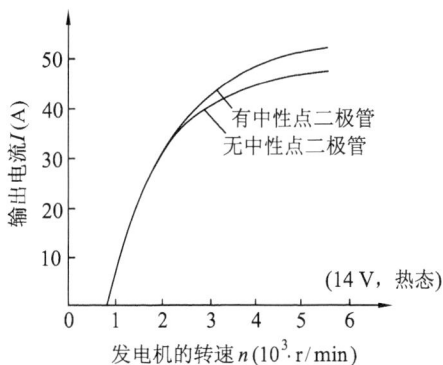

图 3-23　有、无中性点二极管时
交流发电机输出电流

二、调节器

1. 功用和工作原理

（1）调节器的功用

在发电机转速变化时将发电机输出电压限制在某一定值内，使发电机输出电压与蓄电池及用电设备的电压相适应，以保证用电设备不被损坏，蓄电池不至于过充电。

（2）基本工作原理

筑路机械用电设备要求硅整流发电机提供的电压一定要稳定，而交流发电机是由发动机按固定传动比传动的，转速 n 经常变化。由电磁感应原理可知，$U=Cn\Phi$，即发电机输出的直流电压 U 与发电机转速 n 及磁极磁通 Φ 成正比，而磁通大小取决于发电机励磁电流 I_L 的大小，即

$$U\propto n\Phi\propto nI_L \tag{3-5}$$

当转速变化时，要想保持 U 不变，就必须使 Φ 作相应地改变，以满足电压恒定的要求。

因此，当发电机转速变化时，只要自动调节发电机励磁绕组电流 I_L 的大小，进而改变磁通 Φ，便可保持发电机输出电压恒定。这就是调节器的基本工作原理。

2. 电子调节器

筑路机械用交流发电机调节器，按其结构特点和工作原理分为电磁振动式（触点式）和电子式两大类。电磁振动式调节器因其固有缺点及电子技术的快速发展，将完全被电子式调节器所取代。

调节器与蓄电池、发电机、电流表、点火开关和导线等一起组成充电系。下面主要以常用的电子调节器为例分析其组成、工作原理及充电情况。

（1）晶体管调节器

① 晶体管调节器的特点

a. 调节精度高。由于晶体管具有开关特性好、速度高、响应快，且不存在机械惯性和电磁惯性的特点，故调节精度高。

b. 结构简单，工作可靠，故障少。晶体管调节器中无触点，无线圈，无振动元件，因而不但结构简单，而且不会产生触点烧蚀、熔焊、绕组损坏、振动部件失灵等现象。所以，工作中故障少，性能稳定可靠。

c. 使用中无须维修。因晶体管调节器大多用环氧树脂封装以提高其耐振和防尘性能，因此无须维修。

d. 能适应大功率发电机的要求。大功率发电机由于其磁场电流也相应较大，如用触点式调节器，则会因触点切断功率过大而使触点极易烧坏；而晶体管调节器只要开关晶体管功率足够大，便可满足大功率发电机磁场电流大的要求。

e. 工作中不会产生电火花，对无线电干扰小。

f. 只要电子元器件质量可靠，线路设计合理，则寿命大大超过触点式调节器。

② 结构

a. 组成。国内外生产的晶体管调节器，其基本结构和设计大致相同，一般都是由

2～3 个三极管、1～2 个稳压管和一些电阻、电容、二极管等组成。外壳用铝合金或钢板盒密封。通常将大功率三极管直接安装在具有散热片的外壳上，其他元件一般都安装在印刷电路板上，电路板用螺钉固定在调节器的底座上。外壳上常常铸有"＋"或"S"或"D＋"表示火线接线柱，"－"或"E"表示搭铁接线柱，"F"或"D$_F$"表示磁场接线柱。

图 3-24 所示是 JFT106 型晶体管调节器电路。

JFT106 型晶体管调节器属外搭铁式调节器，主要由组成分压器的电阻 R_1，R_2，R_3；晶体三极管的偏置电阻 R_5，R_6，R_7，R_8；正反馈电阻 R_4，稳压管 D_3；组成复合大功率三极管开关电路的三极管 V_1，V_2，V_3；续流二极管 D_5，电容器 C_1，C_2 等组成。

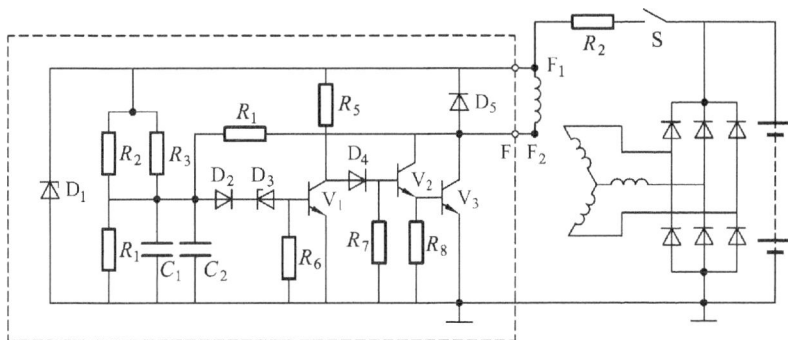

图 3-24　JFT106 型晶体管调节器电路

该调节器可以与 14 V，750 W 的外搭铁式九管硅整流发电机配套，也可以与 14 V、功率小于 1 000 W 的外搭铁式六管硅整流发电机相配套。该调节器有"＋""F""－"三个接线柱，其中"＋"接线柱与发电机"F$_1$"接柱经熔断器，由点火开关 S 供电；"F"接线柱与发电机"F$_2$"接线柱相连接，"－"接线柱搭铁。

b. 工作过程。调节器工作过程如下：

接通点火开关 S，蓄电池电压经分压器加在稳压管 D_3 两端，其电压低于稳压管反向击穿电压，稳压管 D_3 截止，三极管 V_1 截止，此时二极管 D_4 因承受正向电压而导通，使 V_2，V_3 导通，接通了发电机的励磁电路，发电机进行他励建立电动势。当发电机端电压升高到高于蓄电池电压时，发电机由他励转为自励正常发电。

随着发电机转速的提高，当发电机端电压高于规定调压值时，其电压高于稳压管的反向击穿电压而反向击穿，稳压管 D_3 导通，三极管 V_1 由截止转为导通，V_2，V_3 则由导通转为截止，切断发电机励磁电路，发电机端电压下降；当降至规定值时，D_3 又截止，V_1 也截止，V_2，V_3 又导通，再次接通励磁电路，发电机端电压又上升。如此反复，使发电机电压保持在规定值附近。

二极管 D_2 接在稳压管 D_3 之前，其作用是保证稳压管安全可靠的工作。当发电机端电压过高时，D_2 能限制流过 D_3 的电流，以防止烧坏 D_3；当发电机端电压降低时，D_2 又迅速截止，以保证 D_3 可靠截止。

续流二极管 D_5 的作用是防止 V_3 截止时，励磁绕组中的自感电动势击穿 V_3。

电阻 R_4 具有提高灵敏度、加速 V_3 翻转、减少三极管过度损耗、改善调压质量的作用。

电容器 C_1，C_2 可降低晶体管的开关频率，进一步减少管耗。

稳压管 D_1 具有过电压保护的作用，利用稳压管的稳压特性，可在发电机负载突然减小或蓄电池接线突然断开时，使发电机所输出的电压保持恒定；并可利用其正向导通特性对开关断开时电路中可能产生的瞬时过电压起保护作用。

（2）集成电路调节器

① 集成电路的结构

集成电路是在一块微小基片上组装许多半导体元件和其他电路元件所构成的电子电路，可分为绝缘基片式和半导体基片式两种。

绝缘基片式集成电路是由绝缘板上的无源元件（电阻、电容）和焊在该板上的半导体元件所组成。这种集成电路按无源元件的涂镀方法，又分为厚膜电路和薄膜电路两种。采用连续印刷刻蚀的方法，涂料在其基板上制作出各种无源元件。

半导体基片式集成电路是以晶体管制造工艺为基础来制作的，基片由超声波清洗，待检查其质量后，再确定调节电压值。

② 集成电路调节器的分类

集成电路调节器有两种，即全集成电路调节器和混合集成电路调节器。全集成电路调节器是把二极管、三极管、电阻、电容等元件同时制在一块硅基片上；混合集成电路是指由厚膜或薄膜电阻与集成的单片芯片或分立元件组装而成，目前应用最广泛的是混合集成电路调节器。

③ 集成电路调节器的优点

集成电路调节器除具有晶体管调节器的特点外，还具有以下更突出的优点：

a. 体积小，可以组装到交流发电机内部，简化了接线，减少了线路损失，从而使交流发电机的输出功率提高 5%～10%。

b. 电压调节精度高。电磁振动式调节器的电压调节精度为 ±1.0 V，晶体管调节器的电压调节精度为 ±0.5 V，而集成电路调节器的电压调节精度则为 ±0.3 V。当交流发电机在不同转速范围内变化时，其电压的变化可限定在 0.1 V 内。采用集成电路调节器可以使工程建设机械电系的工作电压保持稳定，并基本上不需要对调节器进行维护。

c. 能增大交流发电机励磁电流（可达 6 A 以上），确保交流发电机自励电流和电动势的建立。

d. 集成电路调节器用塑料或树脂封装，能抵御潮湿、尘土、油污、温度等恶劣环境的影响，可耐高温 130 ℃。

e. 由于内部无活动零件，能承受较大的机械冲击和振动。

f. 使用寿命长，并具有自检、保护功能。

④ 调节器的组成

集成电路电压调节器通常由电压控制、励磁电流控制（输出控制）和温度补偿等三部分组成（如图 3-25 所示）。其中，电压控制部分包括由电阻组成的分压电路和由稳压管、晶体三极管组成的电压放大级；输出控制部分通常由大功率复合管构成；温度补偿一般将热敏电阻与分压电阻并联，或用无源元件与半导体元件一起组成温度补偿网络。

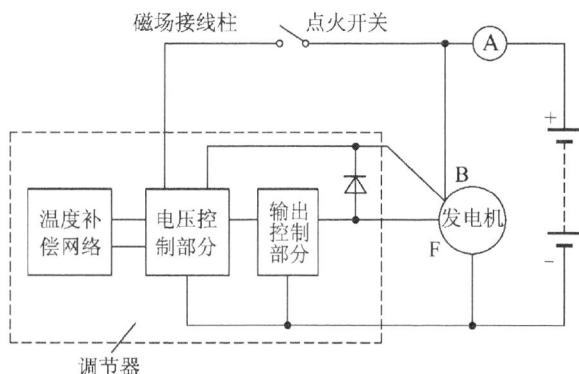

图 3-25　集成电路调节器的基本组成

集成电路调节器的类型虽然很多,但其基本原理大致相同。图 3-26 为典型的集成电路调节器电路,稳压管 D_{Z2} 起限压保护作用,限制由点火系统传来的过电压,保护调节器不被损坏。

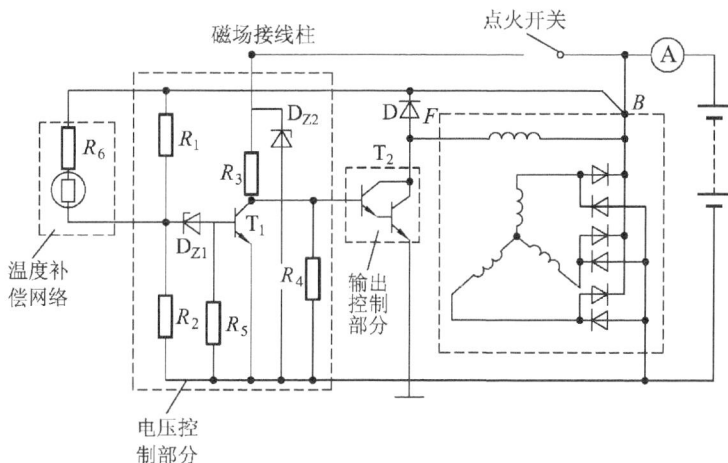

图 3-26　典型集成电路调节器

a. 当交流发电机输出电压低于调节电压值时,蓄电池或交流发电机向其励磁绕组提供励磁电流。此时蓄电池或交流发电机通过 R_3 给复合晶体管 T_2 的基极和发射极(b—e)加正向偏压,使复合晶体管 T_2 饱和导通。励磁电流的线路为蓄电池或交流发电机的正极→复合晶体管 T_2(c—e)→蓄电池或交流发电机的搭铁负极。

b. 当交流发电机输出电压随着励磁电流的增长而上升到调节电压值时,由于交流发电机输出电压的上升,而使电阻 R_2 两端的分压达到稳压管 D_{Z1} 的击穿值,使稳压管 D_{Z1} 和晶体管 T_1 同时导通,复合晶体管 T_2 被短路而截止,交流发电机励磁回路被切断,励磁电流减小,磁场削弱,交流发电机输出电压降低。

c. 当交流发电机输出电压下降到低于调压值时,复合晶体管 T_2 又导通,交流发电机输出电压上升。这是因为电阻 R_2 两端的分压不能维护稳压管 D_{Z1} 反向击穿,使稳压管 D_{Z1}、晶体管 T_1 截止。复合晶体管 T_2 在电阻 R_3 的正向偏置作用下重新导通,交流发电机输出电压又升高。如此反复,集成电路调节器交流发电机输出电压自动调节在规定的范围内。

国产 JFT151 型调节器为薄膜混合集成调节器,安装在 JF132E 型或 JF15 型交流发电机的外壳上,其内部电路如图 3-27 所示。其中 R_1,R_2 为分压器,稳压管 D_{Z1} 可从分压器上获得比较电压。当交流发电机转速较低、电压低于规定值时,稳压管 D_{Z1} 和晶体管 T_1 截止,晶体管 T_2 在分压器 R_4 的偏置作用下导通,交流发电机磁场绕组有磁场电流通过,使交流发电机端电压随转速升高而增大。当交流发电机电压达到规定值时,调节器开始起调节作用,即当电压稍高于固定值时,稳压管 D_{Z1} 反向击穿,使晶体管 T_1 饱和导通,并将晶体管 T_2 的基极和发射极短路而截止,断开了交流发电机的磁场回路,使交流发电机端电压下降。当交流发电机端电压降低到稍低于规定值时,稳压管 D_{Z1} 重新截止,晶体管 T_2 导通又接通磁场回路,交流发电机端电压又升高。如此反复,交流发电机端电压可保持稳定。

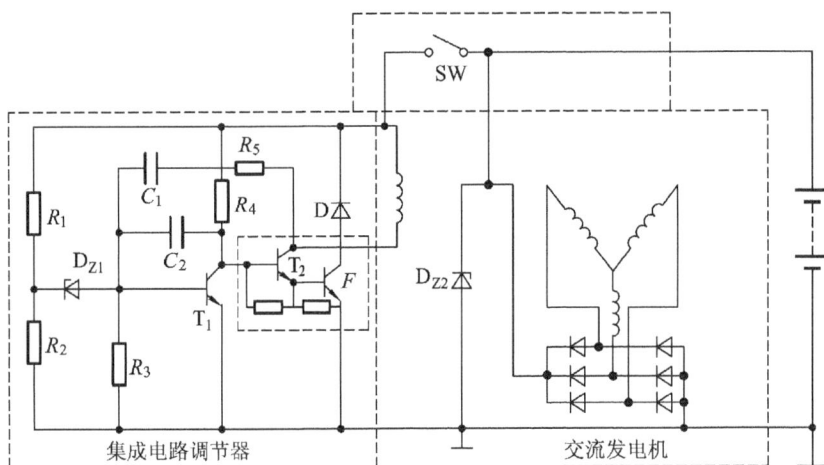

图 3-27　JFT151 型集成电路调节器

上图中,R_3,R_4 为三极管的偏置电阻。

R_5,C_1 组成正反馈电路,作用是加快 T_2 管的开、关速度,减小三极管的耗散功率。同时还能提高调节器的灵敏度,使调节电压更加稳定。

D 为续流二极管。它与发电机励磁绕组反向并联,作用是防止 T_2 截止时励磁绕组中的自感电动势击穿 T_2。

D_{Z2} 起过压保护作用。利用它的稳压特性,可对发电机负荷突然减小或蓄电池接线突然断开时,发电机所产生的正向瞬变过电压进行吸收保护,并可利用其正向导通特性,对开关断开时电路可能产生的反向瞬变过电压进行吸收保护,防止调节器或其他电子设备的电子元件损坏。

C_2 的作用是可降低 T_1 管的开关频率,减少三极管的损耗和发热量,延长使用寿命。

任务二　交流发电机及其调节器的检修

一、交流发电机的检修

1. 交流发电机在车上的检查

（1）检查传动皮带的外观

用肉眼观察传动皮带有无磨损，皮带与带轮啮合是否正确，如有裂纹或磨损过度，应及时更换同种规格型号的传动皮带，且 V 形带应两根同时更换。

（2）检查传动皮带的挠度

皮带过松会造成皮带轮与皮带之间打滑，使发电机输出功率降低，发动机水温过高；皮带过紧易使皮带早期疲劳损坏，加速水泵发电机轴承磨损。所以，应定期检查皮带的挠度。检查方法是：在发电机皮带轮和风扇皮带轮中间用拇指以 $30\sim50$ N 的力按下皮带，皮带的挠度应为 $10\sim15$ mm。若过松或过紧，应松开发电机的前端盖与撑杆的锁紧螺栓，扳动发电机进行调整，皮带松紧度合适后，重新旋紧锁紧螺栓。

若为带张紧轮的 V 形带，检查时，在水泵皮带轮与张紧轮或张紧轮与发电机皮带轮之间的 V 形带的中间部位，用拇指以 100 N 左右的压力按下皮带，此时发动机 V 形带的挠度，新带应为 2 mm，旧带不超过 5 mm（新带指从没有用过的 V 形带，旧带指装在车上随发动机转动$\geqslant5$ min 时间的 V 形带）。

（3）检查有无噪声

当交流发电机出现故障（特别是机械故障，如轴承破损、轴弯曲等）后，在发电机运转时会产生异常噪声。检查时可逐渐加大发动机油门，使发电机转速逐渐提高，同时监听发电机有无异常噪声，如有异常噪声，应将发电机拆下并分解检修。当 V 形带运转时有异响并伴有异常磨损，应检查曲轴带轮、水泵带轮、发电机带轮是否在同一旋转平面上。

（4）检查导线连接情况

① 检查各导线端头的连接部位是否正确；

② 发电机"B"接线柱必须加装弹簧垫圈；

③ 采用插接器连接的发电机，其插座与线插头的连接必须锁紧，不得有松动现象。

2. 交流发电机的整体检查

当交流发电机发生故障，在解体清理前，应先进行机械和电气方面的检查或测试，以初步确定故障的部位和程度。

（1）机械方面的检查

① 检查外壳、连接等处有无裂纹或损坏；

② 转动带轮，检查轴承阻力，以及转子与定子之间有无碰擦；

③ 手持带轮，前后、左右摇晃，以检查前轴承的轴向与径向间隙是否过大。

（2）电气方面的检查

① 测量发电机的输出端子"B+"和搭铁端"E"之间的阻值（壳体或搭铁接线柱）

若阻值为 40～50 Ω，说明无故障；若阻值为 100 Ω 左右，则有失效的二极管；若阻值为 0 Ω，说明有不同极性的二极管击穿。

② 测量发电机正电刷"F"接线柱和负电刷"E"之间的阻值

电阻值应为 3.5～6 Ω，转动转子再测量，阻值基本不变。

③ 在万能试验台上测试发电机性能

包括空载试验、负载试验和用示波器观察输出电压的波形等。

a. 空载试验。这是测试硅整流发电机空载下输出额定电压时的最低转速。实验时将交流发电机固定在万能试验台上，其转轴与试验台的调速电机轴连接，按图 3-28 连线。合上开关 K_1 起动调速电动机，带动交流发电机运转，并逐步提高转速。当电流表指示为零时，说明交流发电机电压已经建立，此时切断开关

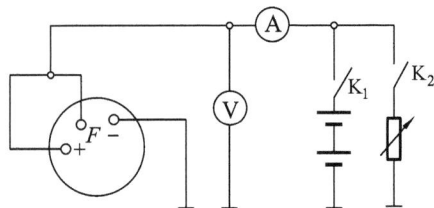

图 3-28　交流发电机空载和发电试验

K_1，继续提高转速，待交流发电机电压升高到额定值，记录此时交流发电机的转速即为空载转速。其值应符合附录一中的规定。

b. 负载试验。负载试验主要测试发电机在规定的满载转速下的功率输出情况。在空载试验的基础上，闭合开关 K_2，逐渐减小负载电阻并提高转速，在保持发电机额定电压的情况下，当输出电流达到额定值时，记下此时的转速，即为满载转速。其值应符合附录一中的规定。

上述试验如果空载转速过高，或转速已达到规定的满载转速后发电机输出电流低于额定值，则说明发电机有故障。

④ 用示波器观察输出电压波形

当发电机有故障时，其输出电压的波形将会出现异常，所以可根据发电机输出电压波形的变化来判断发电机内部二极管及定子绕组的故障。发电机出现各种故障时输出电压的波形如图 3-29 所示。

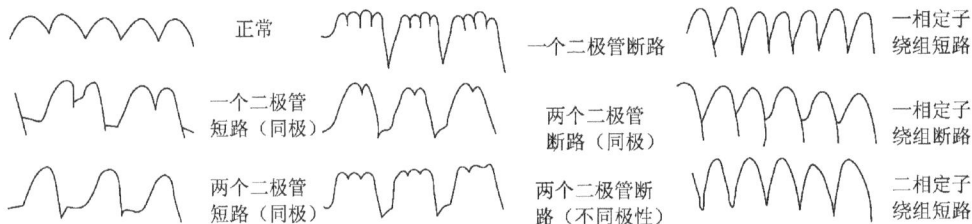

图 3-29　交流发电机各种故障的电压输出波形

3. 整体式发电机拆卸步骤

整体式发电机拆卸步骤见表 3-3。

表 3-3　整体式发电机拆卸步骤

1. 拆下带轮（必要时使用拉力器拆卸）
2. 拆卸后端防护罩
 　　用抹布**擦拭**防护罩表面的灰尘。
3. 拆卸电刷架及电压调节器（电刷要轻取）
4. 拆卸整流器
 　　先拧下与整流器相连的三相绕组引线等连接螺钉，再取整流器。

5. 拆卸整流器端座（使用专用工具拆卸轴承座）

6. 拆卸定子总成及转子总成	
	用纱布蘸取适量清洗剂擦洗转子绕组、定子绕组及电刷等组件。

发电机装配步骤与拆卸步骤相反。

4. 发电机解体检测

发电机解体检测见表3-4。

表3-4　发电机解体检测

1. 转子检测	
	① 励磁绕组短路、断路检测：阻值符合标准值（一般3～5 Ω），磁场绕组良好，阻值无穷大则有断路，阻值偏小则有短路。
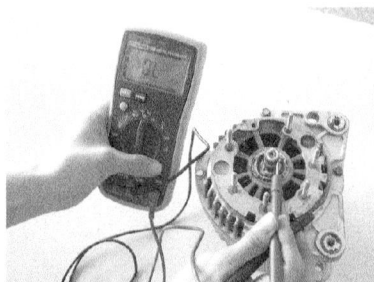	② 励磁绕组搭铁检测：阻值为无穷大，则绝缘良好；阻值不为无穷大，则有搭铁。

续表

2. 定子检测	
	① 定子线圈短路、断路检测：阻值均为 200～800 mΩ，则定子绕组良好，阻值有一次为无穷大，则有断路。
	② 定子线圈搭铁检测：阻值为无穷大，则绝缘良好；阻值不为无穷大，则有搭铁。
3. 整流器检测	
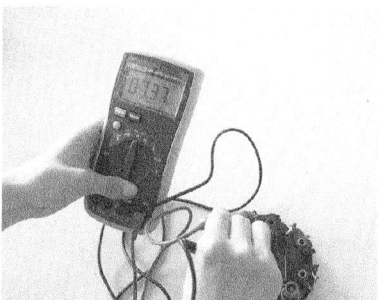	① 正极管检测：正向检测时，万用表应导通，如不导通，说明正极管断路；反向检测时，万用表应不导通，如导通，说明正极管短路。
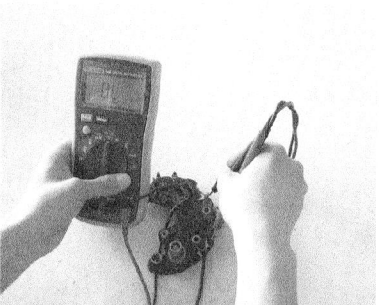	② 负极管检测：正向检测时，万用表应导通，如不导通，说明负极管断路；反向检测时，万用表应不导通，如导通，说明负极管短路。

二、调节器的检修

充电系统出现故障，经检查确定发电机工作正常而调节器有故障时，应将调节器从电源系统中拆下,进行检修或更换。

1. 检查

检查调节器连接部位有无松脱、生锈,搭铁是否良好,并对调节器的性能进行试验。图 3-30 所示的是集成电路调节器的试验电路。

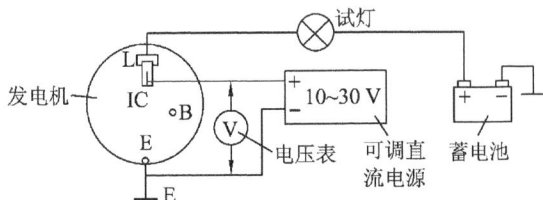

图 3-30 集成电路调节器的试验电路

首先拆下整体式发电机上所有连接导线,在蓄电池和发电机"L"接线柱之间串联一只 5 A 的电流表(也可用 12 V/20 W 或 24 V/25 W 车用灯泡代替),将可调直流稳压电源的"+"端接发电机的"IC"接头,"−"端与发电机外壳或"E"相接。调节直流稳压电源,使电压缓缓升高,直至电流表读数为零或测试灯泡熄灭,此时的电压值就是调节器电压值。如果该值符合规定,则说明调节器正常;否则,说明调节器有故障,应予以更换。

其他类型的调节器也可以依照上述方法检查。

注意:接线时应搞清楚调节器各引脚的正确含义并正确连接,否则,会因接线错误而损坏调节器。

2. 晶体管调节器的调整

当确认晶体管调节器的调节电压过高或过低时,应进行调整。

有的晶体管调节器外壳上有一电位器芯轴,可用螺钉旋具调整,如 JFT 201 型晶体管调节器。

有可调电位器的晶体管调节器的调整,根据调节器的搭铁形式按图 3-31 所示连接。

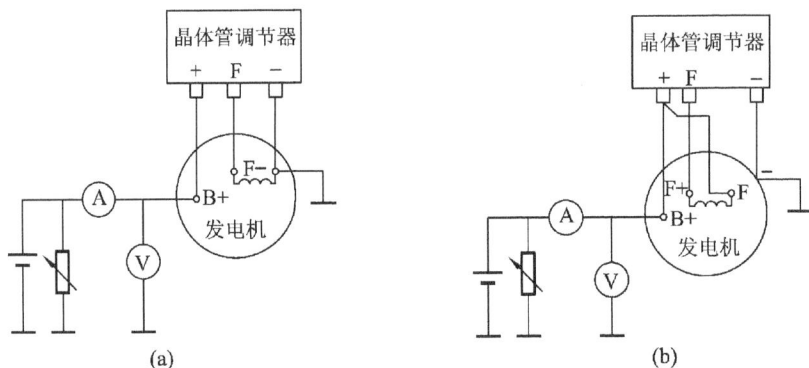

图 3-31 有可调电位器的晶体管调节器的调整与试验

在试验时,将发电机转速控制在 3 000 r/min,调节可变电阻,使发电机处于半载时,记下调节器所维持的电压值,该电压值应符合规定的范围,一般为 14 ± 0.5 V(12 V 电系)或 28 ± 0.5 V(24 V 电系)。

调整时,先将调节器外壳上的电位器轴芯的锁止螺母旋松,再用螺钉旋具旋动芯轴,直到电压表上显示发电机的输出电压达到规定的电压调节值;然后,在发电机工作转速的范围内调节转速,若发电机的输出电压不超过规定的范围,说明调整正确;否则,要重新调整。调整好后,锁紧螺母,经复查无误后,可交付使用。

由于集成电路调节器都是用环氧树脂封装或用塑料模压而成的全密封结构,因此,经检测确认损坏或失调后,只能更换新的而无法修复或调整。

任务三　交流发电机及其调节器的使用与充电系统故障的排除

一、交流发电机与调节器的使用

1. 交流发电机的正确使用

(1) JF系列交流发电机均为负极搭铁,因此蓄电池必须是负极搭铁,否则蓄电池将通过硅二极管放电,并使硅二极管烧坏。

(2) 交流发电机运转时,不得用试火花的方法检查其是否发电,因为交流发电机完好时试火花,忽通、忽断的电流会使定子绕组产生过电压而烧坏二极管。

(3) 发现交流发电机不发电或发电电流很小时,应及时找出故障并加以排除,不应让其继续运转,因为由个别二极管短路而引起充电电流很小或不发电,若继续运转,会引起二极管或定子绕组的烧坏。

(4) 硅二极管与定子绕组连接时,绝对禁止用兆欧表或220 V的交流电源检查交流发电机的绝缘情况,否则将造成二极管击穿而损坏。

(5) 发动机熄火时应将点火开关(或电源开关)断开,否则蓄电池将长期通过励磁绕组和调节器的磁化线圈放电并使其烧坏。

(6) 交流发电机与蓄电池之间的导线应连接牢固,防止其突然断开,否则会使交流发电机产生过电压而损坏二极管。

(7) 交流发电机应配用专用的调节器,相互协调工作并接线正确。

(8) 交流发电机充电电流过大时,应及时查明原因,不得随意改变调节器的调节电压值。

(9) 装用电子调节器时不得用试火花的方法检查线路的通断。

(10) 机械未断开交流发电机线路之前,绝不能就车用充电机为蓄电池充电。

2. 交流发电机调节器的正确使用

(1) 调节器与发电机的电压等级必须一致,否则充电系统不能正常工作。

(2) 调节器与发电机的搭铁方式必须一致。当调节器与发电机的搭铁方式不匹配而又急需使用时,可通过改变发电机励磁绕组的搭铁方式来解决。

(3) 调节器与发电机之间的线路连接必须正确,否则充电系统不能正常工作,甚至会损坏调节器。

(4) 配用双线触点式电压调节器的发电机,当检查充电系统故障时,在没有断开调节器与发电机的接线之前,不允许将发电机的"B"与"F"(或调节器的"B"与"F")短接,否则将会烧坏调节器的高速触点。

二、充电系统常见故障及排除

现将充电系统的故障现象、故障部位及故障原因等简明地列于表 3-5 中。

表 3-5　充电系的故障现象、部位、原因

故障现象	故障部位		故障原因
不充电	连线		连接线断裂或松脱
	发电机		① 整流二极管损坏 ② 电刷卡住,与滑环接触不良、引线断开 ③ 电枢绕组或励磁绕组短路、断路或搭铁 ④ "磁场"接线柱绝缘损坏而搭铁
	调节器	晶体管式	① 大功率管断路 ② 稳压管或小功率管短路 ③ 续流二极管短路 ④ 调整不当
		继电器	① 继电器线圈断路、短路 ② 触点严重氧化、烧蚀、脏污,使其接触不良
充电电流过大	蓄电池		内部短路
	调节器	调节器失效 晶体管式	① 大功率管短路 ② 稳压管、小功率管断路
		调节值过高 晶体管式	电子元件参数发生变化,分压比变动
充电电流过小	连线		接头氧化或松动,接触电阻大
	发电机		① 发电机 V 带过松 ② 个别二极管断路 ③ 电刷接触不良,滑环有油污 ④ 励磁绕组局部短路 ⑤ 电枢绕组局部短路或一相断路
	调节器	晶体管式	① 分压电阻阻值变化,检测电压升高 ② 稳压管反向击穿电压降低 ③ 开关管偏流电阻值变化
		继电器	触点接触不良或线圈局部短路
充电电流不稳	发电机		① 发电机 V 带较松,有时打滑 ② 电刷磨损过度,弹力不足,接触时好时坏 ③ 励磁绕组、定子绕组即将断路、短路 ④ 接线松动,接触时好时坏
	调节器	晶体管式	① 电子元件即将断路、短路 ② 线路板元件松动
		继电器	① 触点接触不良 ② 线圈即将断路、短路

以磁场内搭铁交流发电机为例进行故障分析,其充电系统的基本线路连接如图 3-32所示。充电电路为:发电机正极→电流表正极接线柱→电流表负极接线柱→保险→起动机开关主线接柱→蓄电池正极→蓄电池负极→电源总开关→搭铁→发电机负

极。激磁电路分为两路,一路为他励电路:蓄电池正极→起动机开关主线接线柱→保险→电流表负极接线柱→电流表正极接线柱;另一路为自励电路:发电机正极→电流表正极接线柱。上述两条电路均继续通往点火开关→调节器正极接线柱→调节器"F"接线柱→发电机"F"接线柱→发电机磁场绕组→搭铁,然后分别通往蓄电池负极和发电机负极。

通常可通过电流表(或充电指示灯)来发现充电系统所存在的故障或判断充电系

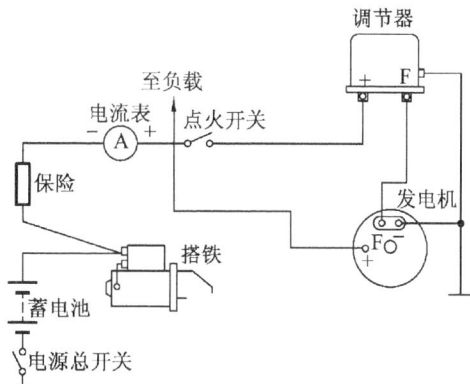

图 3-32　充电系基本线路

统的工作是否正常。充电系统的常见故障有不充电、充电电流过大或过小或不稳等。

1. 不充电

(1)现象。发动机中速运转时,电流表指示放电或充电指示灯明亮。

(2)原因。不充电的主要原因如下:

① 传动皮带松弛。

② 充电电路和励磁电路的连接导线脱落或折断。

③ 交流发电机内部有故障。例如,定子三相绕组之间短路或搭铁;励磁绕组短路或断路;硅二极管断路或短路;电刷在刷架内卡住,使其与滑环不能接触;交流发电机磁场接线柱的绝缘损坏而搭铁等。

④ 调节器有故障。例如,弹簧过松使调节电压值低于蓄电池的电动势;低速触点氧化、烧蚀、脏污;高速触点相碰等。若是电子调节器,则可能是大功率管(输出级)短路或因其他元件损坏而不能导通。

(3)诊断。针对不充电的上述原因,该故障检查(诊断、排除)的步骤如下:

① 检查传动皮带是否松弛。一般用拇指按压传动皮带的中部,挠度为 10 mm 左右为合适。

② 检查充电电路、励磁电路中各元件上的导线接头是否松脱。

③ 检查充电电路是否断路。其方法是用车辆照明小灯作试灯,一端搭铁,另一端触及交流发电机"+"接线柱。试灯亮,说明充电线路正常,反之则表明充电线路断路。可按此方法对充电电路的各接线柱逐个进行检查,找出断路点。

④ 检查励磁电路是否断路。接通点火开关,用方法③将试灯的另一端分别触及调节器的"+""F"接线柱和交流发电机"F"接线柱,以检查励磁电路是否断路和调节器低速触点的接触情况。试灯亮,说明线路正常,反之则表明该点至蓄电池"+"极之间有断路点。

⑤ 检查交流发电机是否发电。在线路良好的情况下,用另一根导线将调节器"+"与两接线柱连接起来,然后起动发动机并使其中速运转(此时调节器不起作用),观察电流表。若显示充电或充电指示灯熄灭,说明交流发电机工作正常,故障在调节器;若电流表仍显示放电或充电指示灯不熄灭,则说明交流发电机不发电。

2. 充电电流过小

(1) 现象。发动机中速运转时电流表显示充电电流过小,当接通前照灯或功率较大的用电设备时,电流表显示充电电流进一步减小或放电。

(2) 原因。充电电流过小的主要原因:

① 传动皮带松弛。

② 充电线路连接不良。

③ 交流发电机有故障。例如,个别二极管断路;定子绕组有一相连接不良或断路;电刷磨损过甚、滑环有油污或弹簧弹力减弱,使电刷与滑环接触不良。

④ 调节器有故障。例如,低速触点烧蚀、脏污等造成接触不良;弹簧弹力减弱使调节电压值过低。

(3) 诊断。充电电流过小的诊断方法,基本上与不充电故障的诊断方法相同。

3. 充电电流过大

(1) 现象。发动机中速运转时,电流表指示大电流(30 A 以上)充电,蓄电池电解液消耗过快,交流发电机容易过热,指示灯泡易烧坏等。

(2) 原因。充电电流过大的主要原因如下:

① 电磁振动式调节器的低速触点烧结。

② 磁化线路断路。

③ 温度补偿电阻烧断。

④ 调节器搭铁不好。

⑤ 弹簧弹力过大,使调节电压值过高等。

晶体管调节器的大功率管(输出级)击穿或稳压二极管断路等故障造成大功率管无法控制励磁电路。

另外,蓄电池亏电过多或内部短路也会造成充电电流过大。

(3) 诊断。该类故障多为调节器失效、调节电压值过高或蓄电池内部短路所引起的。诊断时应首先判断蓄电池是否内部短路,然后脱开调节器,短接交流发电机"＋"与"F"接线柱,使交流发电机单独发电,对蓄电池充电。

① 充电电流不变,说明调节器完全失控。

② 充电电流加大,说明调节器仍有控制能力,仅调节电压值过高。此时可接回原线路,适当减小弹簧的弹力。

4. 充电电流不稳

(1) 现象。发动机正常运转时电流表指示充电,但指针总是左右摆动。

(2) 原因。充电电流不稳的故障原因:

① 传动皮带松弛。

② 交流发电机内部单相定子绕组断路或个别二极管断路。

③ 充电电路、励磁电路(包括交流发电机和调节器内)接线松动。

④ 交流发电机电刷磨损过甚,电刷弹簧弹力减弱或折断,滑环积污过多。

⑤ 调节器搭铁不牢,调节器触点有烧蚀、油污现象;晶体管调节器个别元件松动等。

(3) 诊断。充电电流不稳故障的诊断可参考上述(3)中的方法。

思 考 题

1．在筑养路机械上，交流发电机的作用是什么？

2．相对于直流发电机，交流发电机有哪些特点？

3．交流发电机主要由哪些部件组成？各有何功用？

4．简述交流发电机的发电原理。

5．在发电机拆、装或检修过程中，怎样区分正极管子和负极管子？在负极搭铁的发电机上，端盖上安装的是哪种管子？

6．硅整流交流发电机在拆、装过程中应注意哪些问题？

7．发动机在中等转速运转时，筑养路机械上电流表指示为"0"，充电系统是否有故障？

8．交流发电机上调节器的作用是什么？

9．简述交流发电机充电系统不充电故障现象及诊断方法。

10．交流发电机就车检查项目包括哪些内容？

11．交流发电机调节器在使用时应注意哪些问题？

12．交流发电机运转时为什么不得用试火花的方法检查其是否发电？

模块四　起动系统

🔘 模块任务

1. 了解起动系统的组成与功用；
2. 掌握起动机的结构与工作原理；
3. 掌握起动机控制电路；
4. 掌握起动机的正确使用与检修方法；
5. 掌握起动系统的故障诊断与排除方法。

任务一　起动系统概述

一、起动系统的作用

起动系统的作用就是产生起动转矩，带动发动机曲轴由静止转变为自行运转状态；当发动机进入自行运转状态后，便立即停止工作。

二、起动系统的组成

电力起动系统简称起动系，它由蓄电池、起动机、起动开关、起动继电器等组成，如图 4-1 所示。

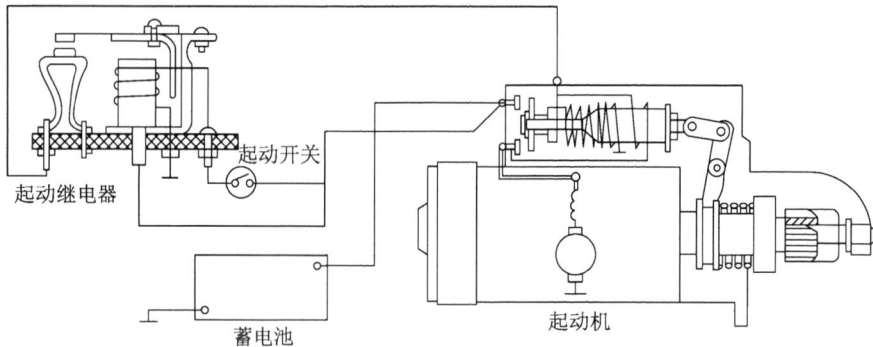

图 4-1　起动系的组成

（1）蓄电池：为起动机提供电能。

（2）起动机：将电能转变为机械能，产生电磁转矩，带动发动机曲轴运转。

（3）起动开关：控制起动系统电源电路的接通与切断。

（4）起动继电器：控制起动机电路的接通与切断。

起动时为增大转矩，便于起动，起动机与发动机曲轴的传动比：汽油机一般为 13～17，柴油机一般为 8～10。起动机驱动齿轮的齿数一般为 5～13 齿。

任 务 二　起 动 机

一、起动机的用途

发动机在起动时，必须用外力带动曲轴旋转，使之完成进气、压缩和点火等过程，直到混合气燃烧作功，发动机才开始工作。起动机就是完成这项工作的一种装置，它能够使发动机迅速而可靠地起动。

起动机又称马达，它将蓄电池的电能转化为机械能，驱动发动机飞轮旋转实现发动机的起动。

二、起动机的分类与型号

1. 起动机的分类

按传动机构的啮合方式不同可分为：

（1）惯性啮合式起动机：其驱动齿轮借助惯性力自动啮入或脱离飞轮齿圈。

（2）强制啮合式起动机：靠人力或电磁力拉动拨叉，强制拨动驱动齿轮啮入或脱离飞轮齿圈。

（3）移动电枢式起动机：靠起动机磁极磁通的吸力使电枢沿轴向移动，将驱动齿轮啮入飞轮齿圈。

按操纵机构不同可分为：

（1）直接操纵式起动机：由脚踏或手拉杠杆联动机构直接控制起动机的机械式开关，接通或切断起动机主电路。

（2）电磁操纵式起动机：由起动按钮或点火开关控制起动机电磁开关，通过电磁开关接通或切断起动机主电路。

2. 起动机的型号

起动机的型号由 5 个部分组成，如图 4-2 所示。

第一部分产品代号为 QD：其中 Q 表示起，D 表示动，其产品代号有 QD，QDJ，QDY，分别表示起动机、减速起动机、一级永磁起动机。

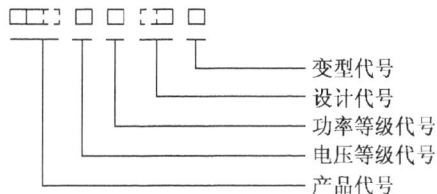

图 4-2　起动机型号组成

第二部分为电压等级代号：1—12 V；2—24 V；6—6 V。

第三部分为功率等级代号：其值符合表 4-1 中的规定。

第四部分为设计序号。

第五部分为变形代号。

表 4-1　起动机的功率等级代号

功率等级代号	1	2	3	4	5	6	7	8	9
功率(kW)	0～1	1～2	2～3	3～4	4～5	5～6	6～7	7～8	8～9

例 1：QD 124 型表示额定电压为 12 V，功率为 1.47 kW，第四次设计的起动机。

例 2：QD 274 型表示额定电压为 24 V，功率为 6.6 kW，第四次设计的起动机。

三、起动机的组成

起动机一般由直流串励式电动机、传动机构和操纵机构（对称电磁开关）三大部分组成，如图 4-3 所示。

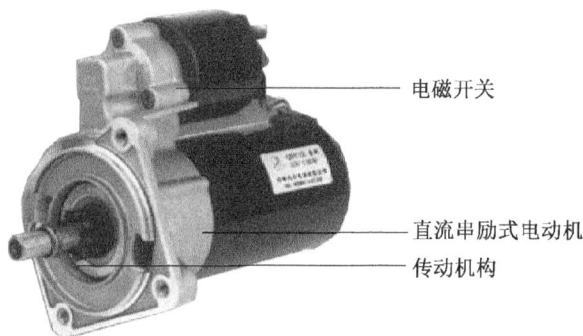

图 4-3　起动机的组成

直流串励式电动机的作用是将蓄电池输入的电能转换为机械能，以产生电磁转矩。

传动机构的作用是在发动机起动时使起动机的驱动小齿轮啮入飞轮齿圈，将起动机的电磁转矩传递给发动机曲轴，在发动机起动后又能使起动机的驱动小齿轮与飞轮齿圈自动脱开。

操纵机构的作用是接通或切断起动机与蓄电池之间的主电路，并产生驱动拨叉的电磁力。有些起动机操纵机构还有辅助开关，能在起动时将与点火线圈相连的附加电阻短路，以增大起动时的点火能量。

四、直流串励式电动机的构造及检测

直流串励式电动机主要由磁极、电枢、电刷及电刷架、机壳和端盖等组成，如图 4-4 所示。

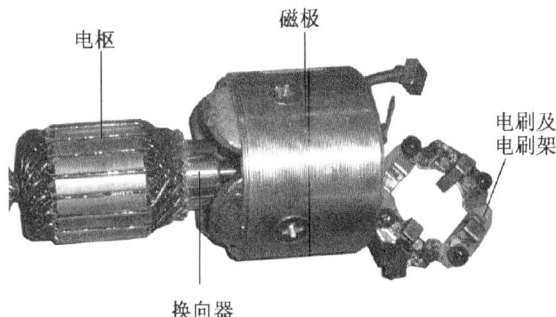

图 4-4　直流串励式电动机的构造

1. 磁极

（1）磁极的组成与作用

磁极（或定子）由定子铁芯和励磁绕组组成，其作用是产生电磁场。

定子铁芯用低碳钢制成，并用螺钉固定在外壳上，利用外壳构成磁路。励磁绕组绕在铁芯的外面形成磁极。为增大起动机的转矩，磁极的数量较多，一般为 4 极，功率超过 7.35 kW 的起动机有用 6 个磁极的。如图 4-5（a）所示，励磁绕组由扁铜带（矩形截面）绕制而成，其匝数一般为 6～10 匝，铜带之间用绝缘纸绝缘，并用白布带包扎好，浸上绝缘漆烘干。各个线圈的绕向应保证通电后产生的磁场 N 极和 S 极相间排列，即同名磁极相对，如图 4-5（b）所示。

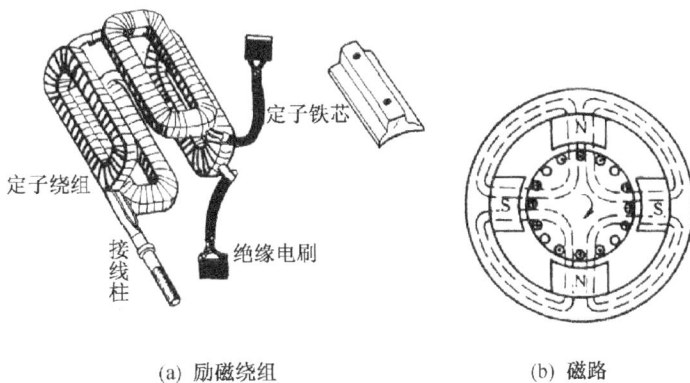

（a）励磁绕组　　　　　　　（b）磁路

图 4-5　励磁绕组与磁路

（2）励磁绕组

励磁绕组的导线截面积比较大，发生断路的可能性很小。但如果大电流通过、发热时间过长或铁芯松动，则很可能导致绝缘损坏，引起搭铁或短路等故障。

励磁绕组搭铁故障的检查分简易方法检查和仪器检查两种。简易方法检查可用图 4-6（a）或图 4-6（b）所示的试灯或万用表进行检查，若试灯亮（检查时应注意安全）或电阻值不为∞，都说明励磁绕组有搭铁故障。

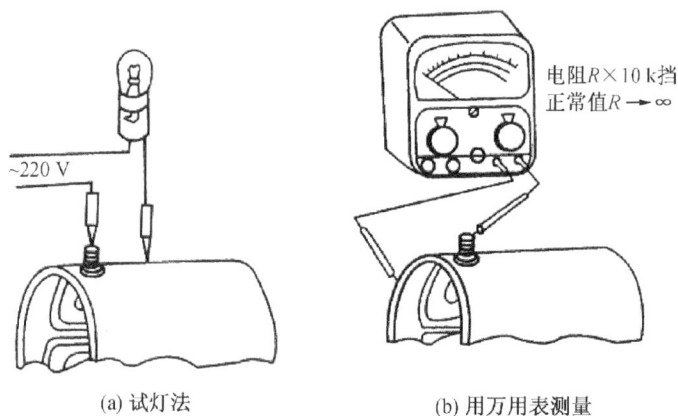

电阻 $R \times 10\,k$ 挡
正常值 $R \rightarrow \infty$

(a) 试灯法   (b) 用万用表测量

图 4-6　励磁绕组搭铁故障的检查

使用电枢检验仪检查是最可靠、有效的方法。电枢检验仪由 U 形铁芯和绕在铁芯上的线圈组成,线圈接 220 V 交流电。如图 4-7 所示,检查短路故障时,先将励磁绕组放在检验仪上,当检验仪通电 3 min 后,如果励磁绕组发热,就说明匝间存在短路故障。否则,说明无匝间短路故障。

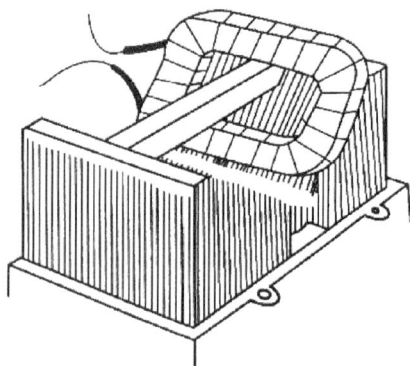

图 4-7　励磁绕组短路故障的检查

2. 电枢

(1) 电枢的组成与作用

电枢(或转子)是电动机的核心部分,由电枢轴、铁芯、电枢绕组和换向器等组成,其作用是产生电磁转矩,如图 4-8 所示。

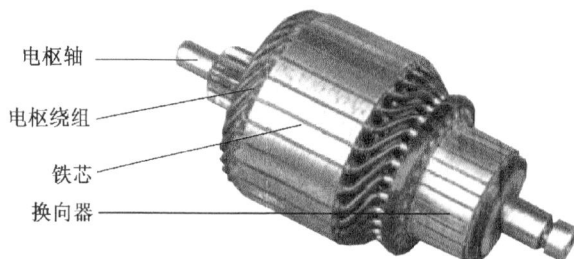

电枢轴

电枢绕组

铁芯

换向器

图 4-8　电枢结构示意图

换向器结构如图 4-9 所示,它由一定数量的燕尾形铜片和云母片组成,并用轴套和压环组成一个整体,压装于电枢轴前端,铜片之间及铜片与轴之间均用云母或硬塑料片绝缘;换向器铜片与电枢绕组线头采用锡焊连接。换向器的作用是:换向器与电刷配合将电流引入励磁绕组以维持电枢轴定向转动。

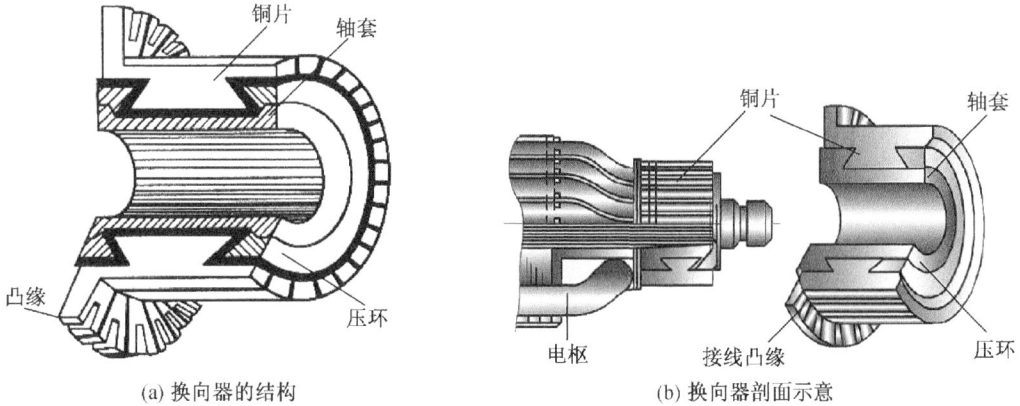

(a) 换向器的结构　　　　　　　　(b) 换向器剖面示意

图 4-9　换向器的结构

（2）电枢绕组的绕线方法

直流电动机的电枢绕组有叠绕法和波绕法两种形式。起动机中一般采用波绕法。

（3）电枢的检测

① 电枢绕组的故障检测

电枢绕组易出现的故障有:断路、短路和搭铁。

电枢绕组的断路故障通常发生在绕组与换向器片上的焊接处,一般较容易发现。

电枢绕组短路故障一般用电枢检验仪检查。如图 4-10 所示,将电枢放在检验仪上(或电器试验台上),将一钢片放在电枢顶面的槽上,检验仪通电后,钢片的空间位置不动,慢慢转动电枢。若发现钢片在某些槽上振动,并发出蜂鸣声,说明该槽内的线圈发生了短路。当电枢铁芯槽上、下两层导线发生短路时,蜂鸣现象将会在所有槽上出现。

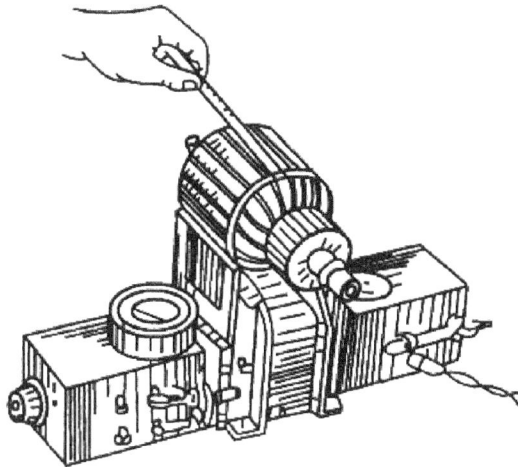

图 4-10　电枢绕组短路检查

电枢绕组搭铁故障用万用表 $R \times 10\,\mathrm{k}$ 挡检查,如图 4-11 所示,阻值无穷大为良好。

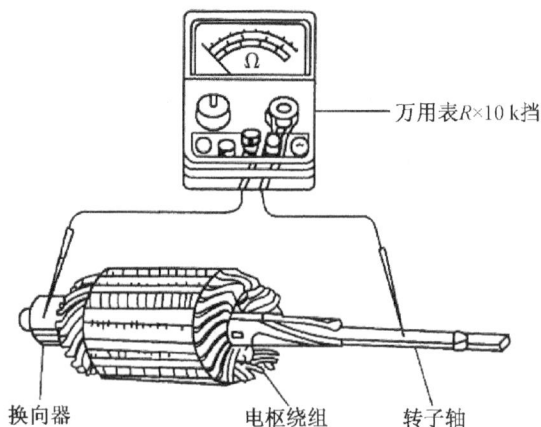

万用表$R \times 10\,\mathrm{k}$挡

换向器　　　　电枢绕组　　　转子轴

图 4-11　电枢绕组搭铁检查

② 换向器的故障检测

换向器的故障多为表面烧蚀、云母层突出等。轻微烧蚀的用"00"号砂纸打磨即可,严重烧蚀或失圆(圆柱度超过 0.25 mm)时应精车加工,但换向器的剩余厚度不得小于 2 mm,否则应更换。

③ 电枢轴检测

电枢铁芯外圆表面对轴线的径向跳动不得大于 0.15 mm。

3. 电刷及电刷架

电刷的作用是将电流引入电枢绕组。电刷由铜粉(80％～90％)和石墨粉压制而成。电刷架上有盘形弹簧,用以压紧电刷,4 个电刷及电刷架装在电刷端盖上,其中两只搭铁电刷利用与端盖相通的电刷架搭铁,另外两只电刷与端盖绝缘。

电刷磨损后的高度不得小于新电刷高度的 2/3,接触面积应大于 75％。

4. 机壳与端盖

机壳用钢管制成,一端开有窗口,用来观察电刷与换向器,平时用防尘箍盖住。机壳上有一个接线柱与内部磁场绕组的一端相接,壳内装有磁极。

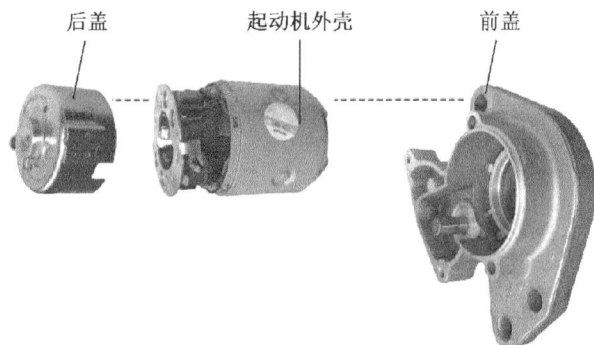

后盖　　　　起动机外壳　　　　前盖

驱动端盖上有拨叉座和驱动齿轮行程调整螺钉,轴承一般采用青铜石墨轴承或铁基含油轴承。两端盖与机壳体间接合面上一般有对位用的安装记号,它们靠两个穿心连接螺栓组装成一个整体。

图 4-12　机壳与端盖

图 4-12 为机壳与端盖示意图。

五、传动机构与操纵机构

1. 传动机构

起动机的传动机构是由单向离合器和拨叉等组成的。单向离合器的作用是在起动时将电动机的转矩传给发动机飞轮,而在起动后自动打滑,保护起动机电枢不致飞散。常用的单向离合器按结构不同分为滚柱式、弹簧式、摩擦片式3种。图4-13为传动机构示意图。

（1）单向离合器的构造与原理

① 滚柱式单向离合器

滚柱式单向离合器是通过改变滚柱在楔形槽中的位置来实现接合和分离的,其结构分十字块式和十字槽式两种,如图4-14所示。

图 4-13 传动机构示意图

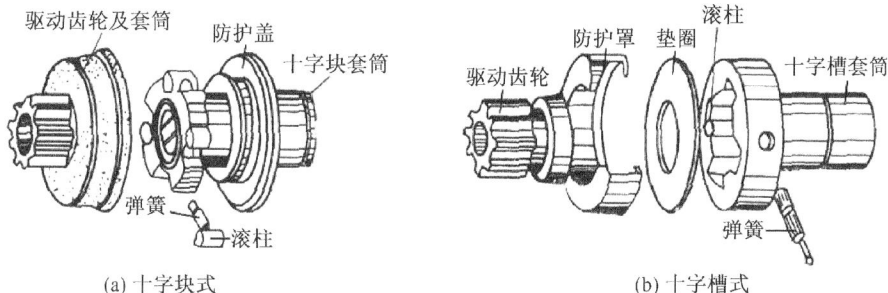

(a) 十字块式   (b) 十字槽式

图 4-14 滚柱式单向离合器的结构

在发动机起动时,滚柱式单向离合器的滚柱被卡死在楔形槽的窄处,将起动机转矩传递给驱动齿轮[如图4-15(a)所示],带动飞轮齿圈旋转起来。一旦发动机起动以后,转速升高,飞轮齿圈则带动驱动齿轮旋转,滚柱滚入楔形槽的宽处而打滑[如图4-15(b)所示],此时飞轮上的转矩就不会从驱动齿轮传给起动机的电枢轴,从而避免电枢绕组出现超速飞散的危险。

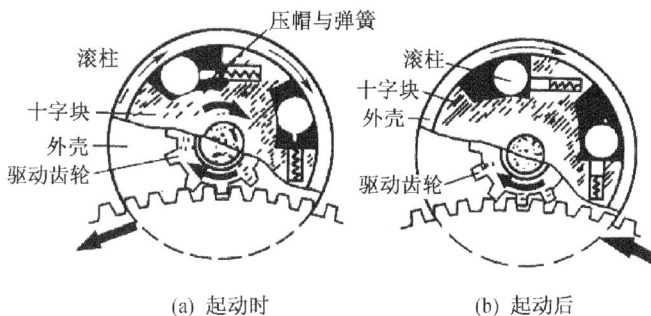

(a) 起动时   (b) 起动后

图 4-15 滚柱式单向离合器工作原理图

滚柱式单向离合器工作时滚柱属线接触传力,具有结构简单、坚固耐用、工作可靠的优点,但在传递大转矩时滚柱易被卡住,故常用于中、小功率的起动机。

② 弹簧式单向离合器

ST 614(QD2612)型起动机用的弹簧式单向离合器是通过扭力弹簧的径向收缩和放松来实现离合的,其结构如图 4-16 所示。离合器的齿轮与花键套间采用浮动的月形定位键连接,齿轮后端传力圆柱表面和花键套筒外圆柱面上包有扭力弹簧,扭力弹簧两端各有1/4圈,内径较小,分别箍紧在齿轮柄和套筒上。扭力弹簧外装有护套。

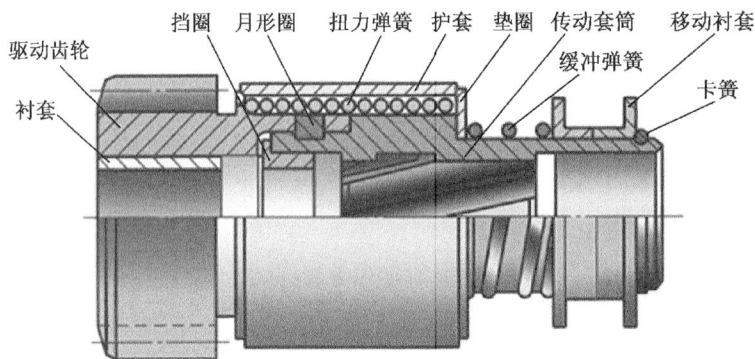

图 4-16 弹簧式单向离合器

弹簧式单向离合器具有扭力弹簧圈数较多、轴向尺寸较大、结构简单、寿命长、成本低的特点,故适用于大、中型起动机。

③ 摩擦片式单向离合器

它是通过主、从动摩擦片的压紧和放松来实现离合的。其结构如图 4-17 所示,花键套筒套在电枢轴的螺旋花键上,外圆表面上制有三线螺旋花键,其上套着内接合鼓,内接合鼓上有 4 个轴向槽,主动摩擦片的内凸齿插在其中,从动摩擦片的外凸齿插在与驱动齿轮成一体的外接合鼓的槽中,主、从动摩擦片相间排列。在花键套筒的左端拧有螺母,螺母与摩擦片之间装有弹性圈、压环及调整垫片。组装好的离合器,摩擦片间应无压力。

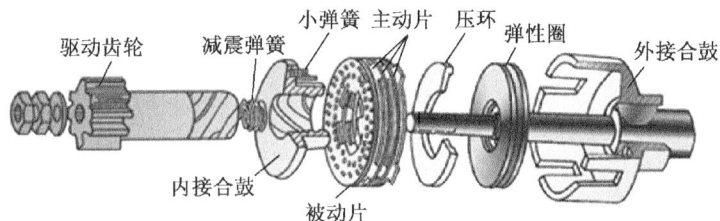

图 4-17 摩擦片式单向离合器

摩擦片式单向离合器传递的最大转矩可通过增减薄垫片进行调整。额定功率为 2.2~8.1 kW 的中型起动机和 11 kW 的大型起动机常采用摩擦片式单向离合器。但该离合器结构复杂,传动比不能太大,摩擦片磨损后摩擦力会大大降低,因而必须经常进行调整。

(2) 单向离合器的检测

如图 4-18 所示,滚柱式离合器应能在 25.5 N·m 以上的转矩下不打滑;摩擦片式离合器应能在 117~176 N·m 转矩之间不打滑,否则就应进行修理或更换。

2．操纵机构

（1）操纵机构的组成

目前，起动机的操纵机构（也称控制机构）主要为电磁操纵式。所谓电磁操纵式是指起动机主电路的控制靠电磁开关实现，如图4-19所示。电磁开关由吸拉线圈、保持线圈、活动铁芯、固定铁芯、主开关接触盘、接线柱、拨叉连杆、铁芯及复位弹簧组成。其中吸拉线圈与电动机串联，保持线圈与电动机并联；活动铁芯既可拉拨叉运动，又可推主开关接触盘移动。

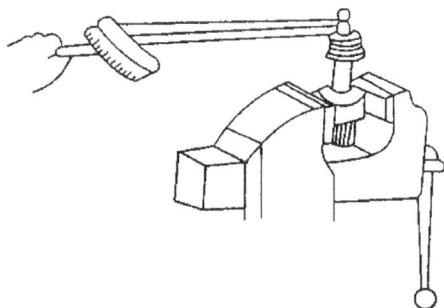

图 4-18　单向离合器的检测

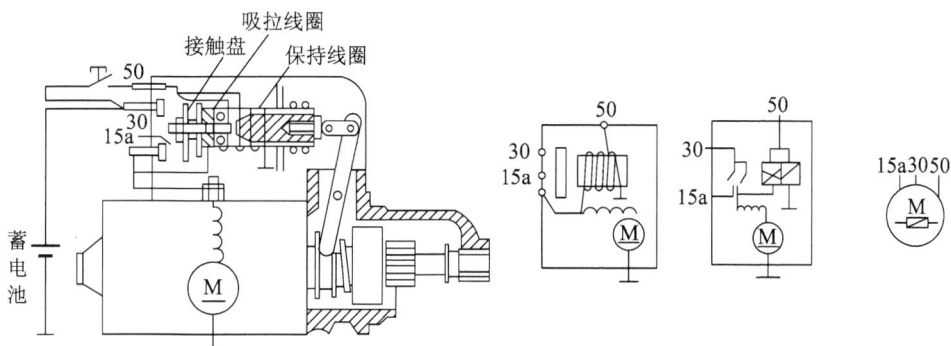

图 4-19　电磁操纵式起动机示意图

（2）工作过程

操纵机构的工作过程如下：

① 起动机不工作时，驱动齿轮处于与飞轮齿轮脱开啮合位置，电磁开关中的接触盘与各接触点分开。

② 将起动开关接通时，蓄电池经起动控制电路向起动机电磁开关通电，其电流回路如图4-20所示，此时，吸拉线圈和保持线圈磁场方向相同。活动铁芯在电磁力作用下克服复位弹簧的弹力向内移动，压动推杆使起动机主开关接触盘与接触点靠近，与此同时带动拨叉将驱动小齿轮推向啮合；当驱动小齿轮与飞轮齿圈接近完全啮合时，接触盘已将接触点接通，起动机主电路接通，直流电动机产生强大转矩通过接合状态的单向离合器传给发动机飞轮齿圈。主开关接通后，吸拉线圈被主开关短路，电流消失，活动铁芯在保持线圈电磁力作用下保持在吸合位置。此时主开关副触片接通，将点火线圈附加电阻短路。

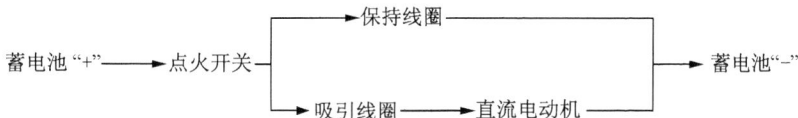

图 4-20　电磁开关供电电路

③ 发动机起动后，飞轮转动线速度超过了起动机驱动小齿轮的线速度，单向离合

器打滑,避免了电枢绕组高速甩散的危险。

④ 松开起动开关时,起动控制电路断开,但电磁开关内吸拉线圈和保持线圈通过仍然闭合的主开关得到电流。其电流回路如图 4-21 所示。因吸拉线圈和保持线圈磁场方向相反,相互削弱,活动铁芯在复位弹簧作用下迅速回位,使驱动小齿轮脱开啮合,主开关断开,起动机停止工作,起动结束。

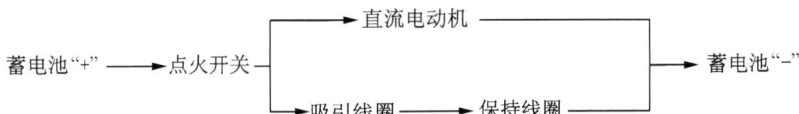

图 4-21　直流电动机工作电路

(3) 操纵机构的检测

① 电磁开关接触盘和触点的检查

若出现烧蚀、麻斑、接触面太小等故障,可用砂纸打磨或更换。

② 吸拉线圈和保持线圈的检查

假如某个线圈发生短路、断路或搭铁等故障,可用万用表 $R \times 1$ 挡检查电磁线圈的电阻值,并与标准值(如 QD124A 型起动机吸拉线圈和保持线圈电阻标准值分别为 $0.33 \pm 0.03 \ \Omega$ 和 $1.29 \pm 0.12 \ \Omega$)比较判断后,再进行修理或更换。

③ 电磁开关吸放电压的测试

如图 4-22 所示,将可调电源的电压调至最低,闭合开关后,逐渐提高电压,当万用表的读数突然变为零时,电压表的读数就是电磁开关的吸合电压,一般应不大于额定电压的 75%;然后逐渐降低电压,当万用表的读数突然变为无穷大时,电压表的读数就是它的释放电压,一般应不大于额定电压的 40%。

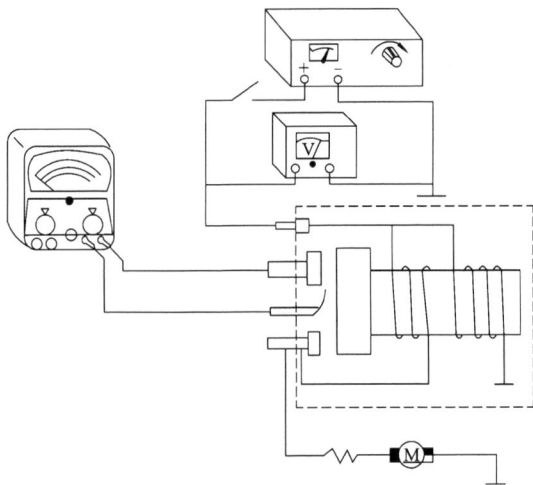

图 4-22　电磁开关吸放电压的测试

任务三 典型起动机电路分析

一、直接由起动按钮控制的起动电路

3Y12/15 型压路机的起动电路如图 4-23 所示,其组成特点是:起动电路直接由起动按钮控制,拨叉和主电路由电磁开关控制。

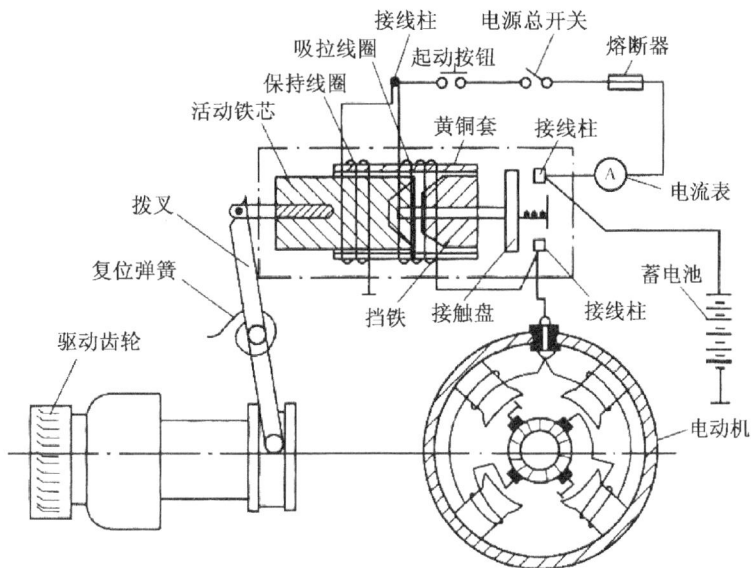

图 4-23　3Y12/15 型压路机的起动电路

当接通电源总开关并按下起动按钮时,吸拉线圈和保持线圈的电路被接通,其电流流径为:

蓄电池"+"→主接线柱→电流表→熔断丝→电源总开关→起动按钮

→ {吸拉线圈→起动机→搭铁
保持线圈→搭铁

此时,活动铁芯被两个线圈的相同方向电磁力吸入,克服回位弹簧的弹力向右移动,带动拨叉,使驱动齿轮与飞轮齿圈啮合(这时由于吸拉线圈的电流流经励磁绕组和电枢绕组,产生一定电磁转矩,驱动齿轮是在缓慢旋转的过程中啮合的)。当齿轮啮合好之后,接触盘将主电路接通,蓄电池的大电流流经起动机的电枢绕组和励磁绕组,产生正常的转矩,带动发动机曲轴旋转;与此同时,吸拉线圈被短路,接触盘的接合位置由保持线圈的吸力来保持。

发动机起动以后,在松开起动按钮的瞬间,保持线圈中的电流只能经吸拉线圈获得,这时流经两线圈中的电流所产生的磁通方向相反,电磁力互相抵消,活动铁芯在复位弹簧的弹力作用下迅速复原,驱使驱动齿轮退出啮合,接触盘脱离接触而切断起动主电路,起动机则停止运转。

二、带起动继电器的起动电路

装用较大功率起动机时,常用带起动继电器的起动电路。起动继电器的作用就是以小电流控制大电流,保护起动开关,减少起动机电磁开关线路的电压降。由起动继电器控制的QD124型起动机电路如图4-24所示。其组成特点是:由起动继电器线圈电路、电磁开关线圈电路和起动机主电路三条电路组成;前两条电路是控制电路,后一条电路是受控电路。三条电路的相互关系可以简述为如下的起动控制过程:接通起动开关→起动继电器工作→起动机电磁开关工作→起动机主电路接通→起动机工作,输出大转矩并起动发动机。

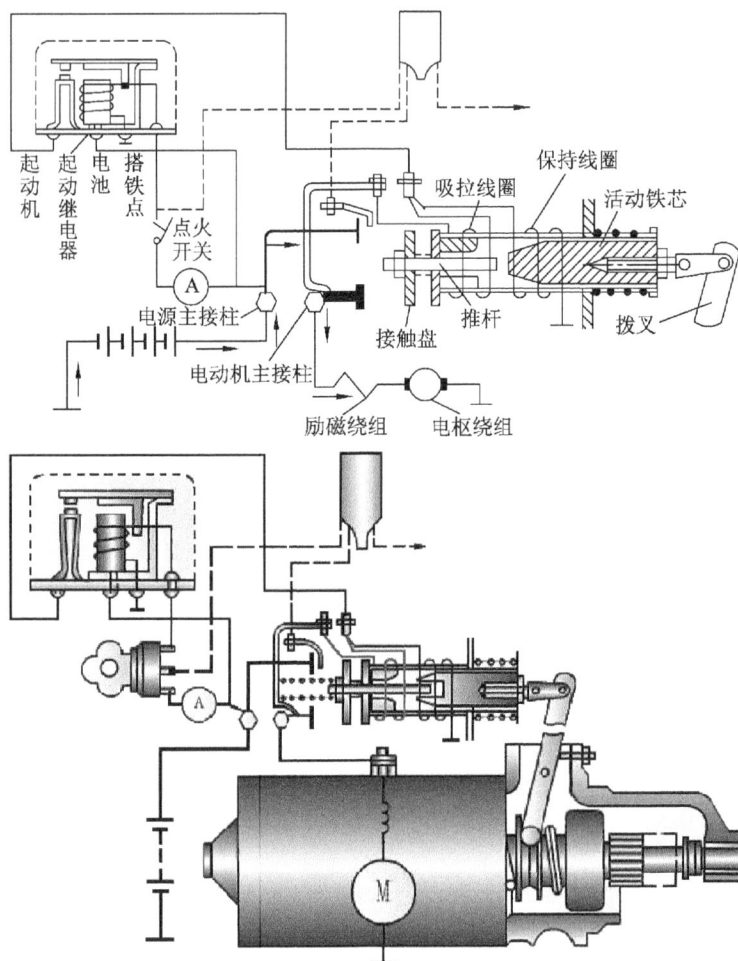

图 4-24　QD124 型起动机电路

三、带安全驱动保护功能的起动电路

安全驱动保护功能包括以下两点含义:

(1) 发动机一旦起动后,应能使起动机自动停止工作。

(2) 发动机工作时,即使错误地接通了起动开关,起动机也不会工作。

如图 4-25 所示,JD136 型复合继电器控制电路具有安全驱动保护功能,它由起动

继电器和保护继电器(也称充电指示灯继电器)两部分组成,其工作原理为:

在发动机未被起动时,硅整流发电机不发电,中性点抽头(N)接线柱电压为零,保护继电器线圈无电流通过,起动继电器线圈电流经保护继电器常闭触点搭铁,当电源开关转到起动挡时,起动机可正常通电工作。发动机起动后,发电机中性点抽头(N)接线柱输出正常电压,作用在保护继电器线圈上,使常闭触点断开,起动继电器线圈断电,其触点断开,此时即使没有及时放松起动开关或误将开关钥匙重新转到起动挡位置,起动机也不会投入工作。

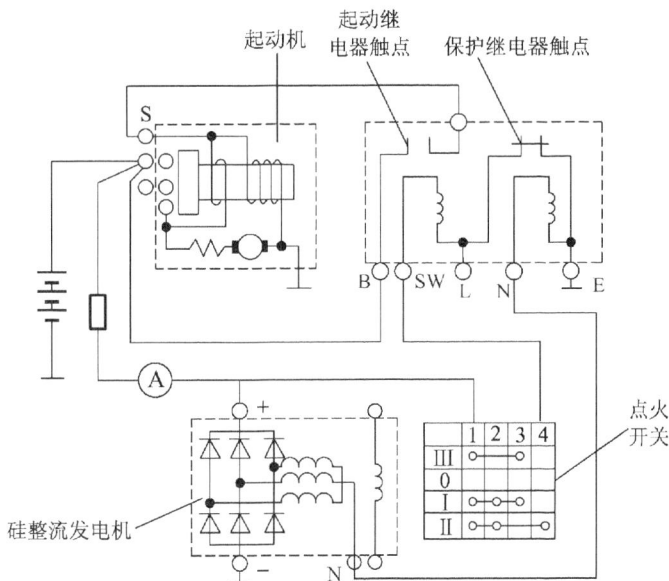

图 4-25 JD136 型复合继电器控制电路

四、电枢移动式和减速式起动机简介

1．电枢移动式起动机

电枢移动式起动机(如国产 ST9187、ST9187A 型)广泛应用在大功率柴油车上。图 4-26 为电枢移动式起动机的结构与工作原理图。其主要结构特点如下:

(1)起动机不工作时,电枢在弹簧的作用下,停在与磁极中心螺钉靠前错开的位置上,且换向器较长,以便移动后仍能和电刷接触。

(2)电磁开关的电磁铁只有一个线圈,用以接通起动机主电路的接触桥的上、下端。

(3)励磁绕组有三个,其中串联的主励磁绕组用扁铜线绕制,匝数较少;而串联辅助励磁绕组和并联辅助绕组(又称保持线圈)用细导线绕成,匝数较多。由于扣爪和挡片的作用,辅助绕组首先接通。

(4)啮合过程是靠电枢在磁场的作用下进行轴向移动来实现的。起动后,靠复位弹簧的弹力使齿轮脱离啮合,退回原位。

(5)采用摩擦片式单向离合器。

电枢移动式起动机工作过程可分为以下三个阶段。起动机不工作时,如图 4-26(a)所示。

① 啮入阶段:起动时,按下起动按钮,电磁铁产生吸力吸引接触盘,但由于扣爪顶住了挡片,接触盘仅能上端闭合,如图 4-26(b)所示。此时辅助励磁绕组接通,并联辅助绕组和串联励磁绕组产生的电磁力,克服复位弹簧的拉力,吸引电枢向后移动,使起动机齿轮啮入飞轮齿圈。由于辅助励磁绕组用细铜线绕制,电阻大,流过的电流较小,起动机仅以较低的速度旋转,使齿轮啮入柔和。

② 起动阶段:当电枢移动使驱动齿轮与飞轮基本啮合后,固定在换向器端面的圆盘,顶起扣爪,使挡片脱扣,于是,接触盘的下端也闭合,接通主励磁绕组的电路,起动机便以正常的转矩工作,起动发动机。在起动过程中,摩擦片离合器压紧并传递扭矩,如图 4-26(c)所示。

③ 脱开阶段:发动机起动后,驱动齿轮转速增大,摩擦片离合器被旋松,曲轴转矩便不能传到电枢上,起动机处于空载状态。直到松开起动按钮,电枢又移回原位,驱动齿轮与飞轮齿圈脱开,扣爪也回到锁止位置,起动机才停止运转。

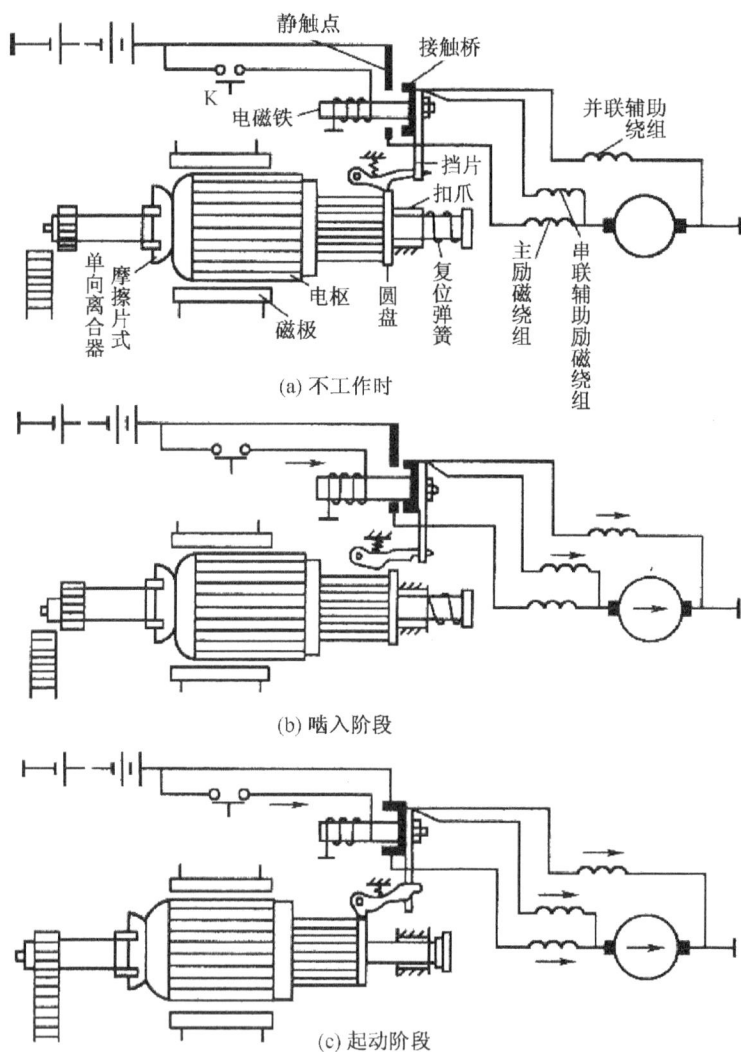

(a) 不工作时

(b) 啮入阶段

(c) 起动阶段

图 4-26 电枢移动式起动机

2. 减速式起动机

减速式起动机基本结构与电磁强制啮合式起动机相同,只是在电枢和起动齿轮之间装有减速齿轮,经减速齿轮将起动机转速降低后,再带动驱动齿轮。由于应用了减速齿轮,可采用小型高速低转矩的电动机。在同样输出功率条件下,减速式起动机比普通起动机的质量减少约 20%～40%,体积约减小一半,转矩增高。这不仅提高了起动性能,而且蓄电池的容量也可减小。

国产 QD254 型减速齿轮式起动机的结构如图 4-27 所示。它采用了小型高速串励式直流电动机,在电枢轴端有主动齿轮,主动齿轮与内啮合减速齿轮相啮合,内啮合减速齿轮与螺旋花键轴制成一体,螺旋花键轴上套有滚柱式单向离合器。

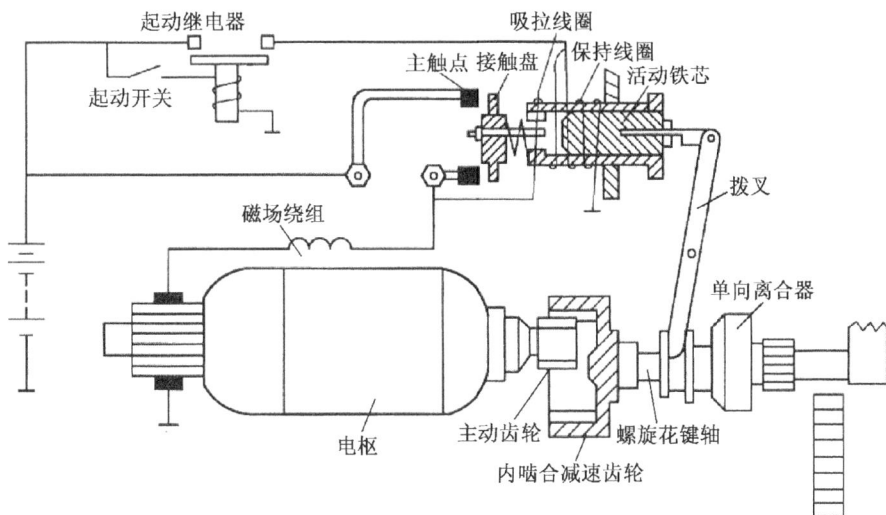

图 4-27 QD254 型起动机

当起动机主电路接通时,电枢轴开始高速旋转,电枢轴的旋转能量经主动齿轮→内啮合齿轮减速→螺旋花键轴→单向离合器→驱动齿轮→飞轮,使发动机起动。

任务四 起动系统的检修与常见故障的排除

一、起动系统的正确使用

(1) 检查蓄电池存电是否充足、电气线路是否正确、导线接触是否牢固。

(2) 起动时应踩下离合器踏板,将挡位操纵杆置于空挡位置。

(3) 发动机起动后,立即放松起动按钮,使起动机停止工作。

二、起动系统的检修

1. 柴油机起动时的注意事项

(1) 按规定做好柴油机起动前的准备工作,冬季应利用预热器配合起动。

(2) 检查蓄电池存电是否充足、电气线路是否正确、导线接触是否紧密。

（3）起动机每次起动时间不超过 5 s，每次起动的间隔应大于 15 s。当柴油机连续三次不能起动时，应对柴油机、起动机、蓄电池和连接导线等进行检查，待排除故障后再起动。

（4）当柴油机一旦起动后，应立即放松按钮，使起动机齿轮由啮合位置退出而停止工作。

2. 起动继电器的检修

如图 4-28 所示，先将可变电阻调到最大值，然后逐渐减小电阻使触点闭合。触点刚闭合瞬间，电压表所指示的数值即为闭合电压。之后再逐渐增大电阻，使触点打开，触点刚刚打开瞬间，电压表指示的数值即为断开电压。闭合和断开电压应符合表 4-2 的规定，否则应扳动限制钩或改变活动触点臂与铁芯之间的间隙进行调整。

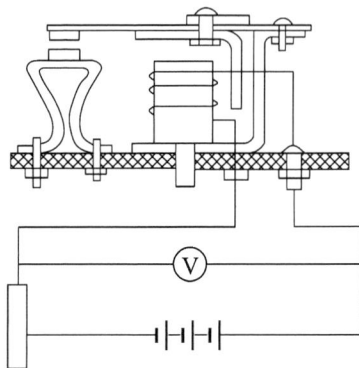

图 4-28 起动继电器的检验

表 4-2 起动继电器的闭合电压和断开电压

名称	12 V 系统	24 V 系统
闭合电压(V)	6～7.6	14～16
断开电压(V)	3～5.5	4.5～8

3. 复合继电器的检修

复合继电器中起动继电器闭合电压和断开电压，测试的方法同 2.。

保护继电器测试其动作电压和释放电压，其值应符合表 4-3 的要求，否则应进行调整和维修。

如图 4-29 所示，将可变电阻器调至最大值，接通开关 K，试灯亮。逐渐减小电阻值，当试灯熄灭的瞬间，电压表的读数即为动作电压，然后再逐渐增大电阻值，当试灯再次亮的瞬间，电压表的读数即为释放电压。

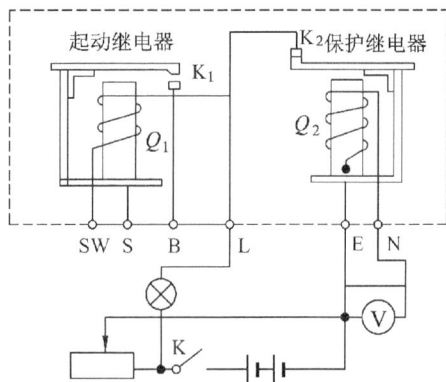

图 4-29 复合继电器的检验

表 4-3 起动机复合继电器的主要性能

型号	额定电压（V）	起动继电器			保护继电器		应用
		闭合电压（V）	断开电压（V）	瞬时电流（A）	动作电压（V）	释放电压（V）	
JD136	12	5～6.6	≤3	75	4.5～5.5	≤3	
JD236	24	10～13.2	≤6	35	9～11	≤3	柴油机
JD171	12	≤7	≤1.5	75	4.5～5.5	≤2	
JD236	24	≤14	≤3	35	9～11	≤4	柴油机

4. 起动系统其他零件的检修

起动系统其他零件的检修见表 4-4。

表 4-4　起动系统其他零件的检修

1. 电枢线圈检测

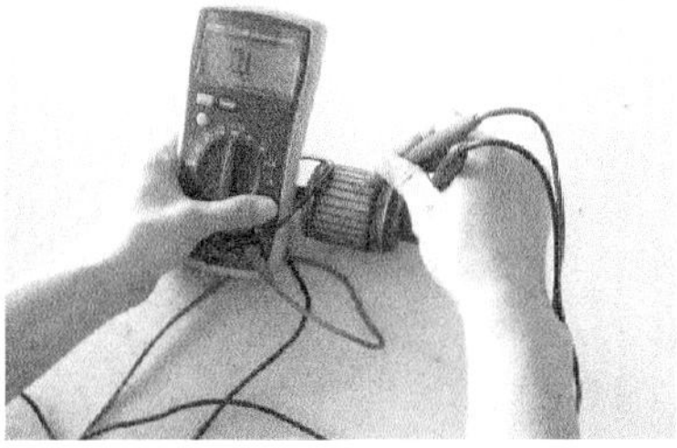

① 电枢线圈有无搭铁
用万用表表针分别搭在换向器和铁芯（或电枢轴）上，阻值应为无穷大，若阻值为零，则有搭铁。

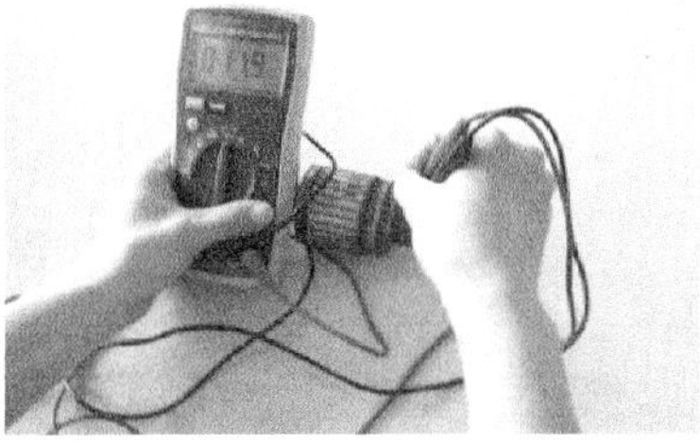

② 电枢线圈有无短路、断路
用万用表两表针分别依次与相邻换向器接触，其读数应一致，否则说明电枢线圈断路。

2. 励磁线圈检测

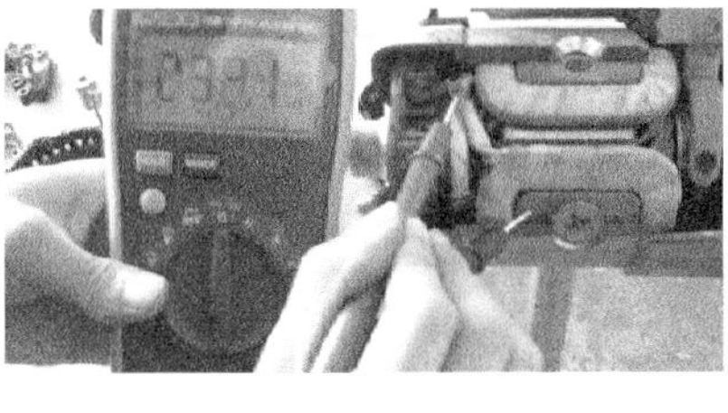

① 励磁线圈有无搭铁
检测磁场绕组引线端子和壳体间的电阻，若阻值为无穷大，则正常；若阻值为零，则有搭铁。

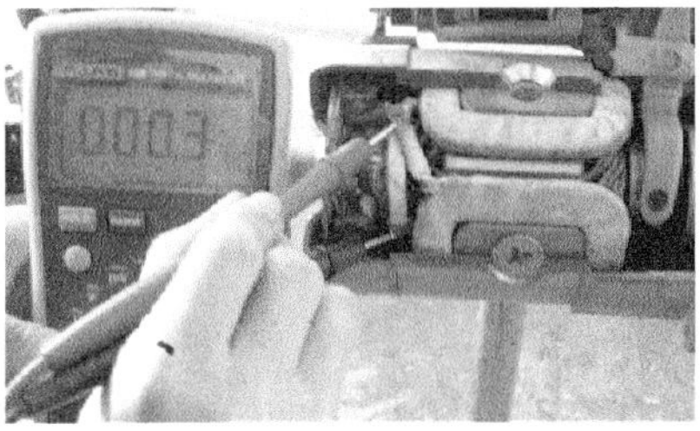

② 励磁线圈有无短路、断路
检测磁场绕组的电阻，应该接近于零，如果为无穷大则有断路。

3. 吸引线圈、保持线圈检测
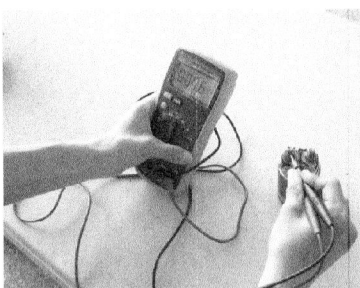 ① 吸引线圈 两表针分别接于励磁线圈接线柱和起动机接线柱,若电阻为零,则为短路;若电阻无穷大,则为断路。  ② 保持线圈 将两表针分别接于励磁线圈接线柱和电磁开关外壳,若电阻为零,则为短路;若电阻无穷大,则为断路。
4. 单向离合器检测
 单向离合器传力功能 按顺时针转动驱动小齿轮,应自由转动;逆时针转动时驱动小齿轮应该被锁住。

三、起动机的调整与试验

起动机经检修装复后,应进行一系列的调整与试验,以确保其性能符合要求。调整项目包括电枢轴向间隙的调整、驱动齿轮与止推挡圈的间隙调整;试验项目包括空载试验和全制动试验。

1. 起动机的调整

(1) 电枢轴向间隙的调整

如图 4-30 所示,电枢轴向间隙 C 应为 $0.1\sim1.0\ mm$,否则应通过增、减换向器与端盖之间的调整垫片予以调整。

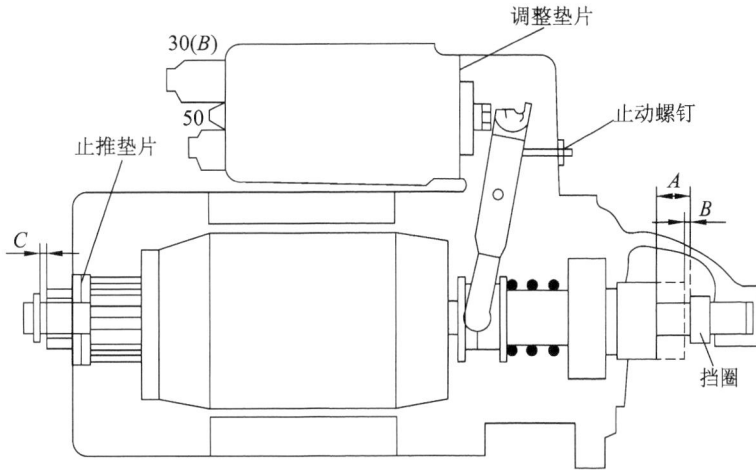

图 4-30 常见起动机的调整部位示意图

（2）驱动齿轮与止推挡圈的间隙调整

如图 4-30 所示，在电磁开关未接通时，驱动齿轮与止推挡圈的间隙 A 应比飞轮齿圈宽 5～8 mm；当电磁开关通电，活动铁芯完全吸进时，驱动齿轮被推出，此时间隙为 B，一般 B 为 1.5～2.5 mm，如果该间隙不合适，可根据起动机的具体结构按如图 4-31 所示的方法调整。

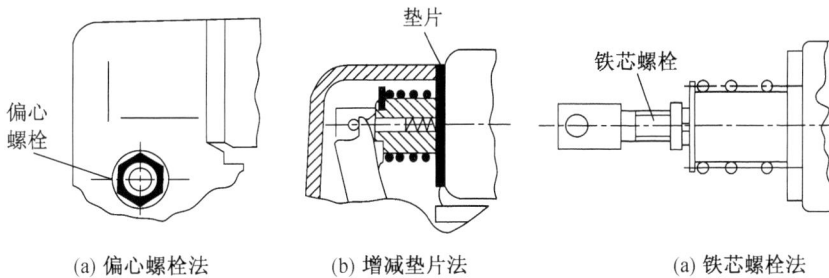

（a）偏心螺栓法 （b）增减垫片法 （a）铁芯螺栓法

图 4-31 起动机的调整方法

2. 起动机的试验

起动机修复后，应在电器试验台上进行试验，如不符合要求，需重新修理。

（1）空载试验

起动机修复后，对于 24 V 的起动机可先用额定电压的一半进行空载试验。若运转有力，说明起动机性能基本良好。这样可避免当起动机内部存在短路或搭铁故障而做全压试验时出现大电流的危险。

空载试验线路如图 4-32 所示，将起动机夹紧在夹具上，接通电路，起动机开始转动。空载试验的技术要求是：起动机应运转均匀、电刷处无火花；记下电流表、电压表的读数，并用转速表测量起动机转速，其值应符合表 4-5 的规定。整个试验时间不得超过 1 min，以免起动机过热。

试验目的：将测量的空载电流和空载转速值与标准值进行比较，以判断起动机内部有无电路和机械故障。若电流大于标准值而转速低于标准值，表明起动机装配过紧或电枢绕组和励磁绕组内有短路或搭铁故障;若电流和转速都小于标准值,则表示起动机线路中有接触不良的地方(如电刷弹簧压力不足,换向器与电刷接触不良等)。

(2)全制动试验

全制动试验应在空载试验合格的基础上进行,空载试验不合格的起动机不应进行全制动试验。试验线路同空载试验一样,试验装置如图4-33所示。每次通电试验时间不允许超过5 s,试验过程中人应避开弹簧秤夹具,防止发生人身伤害事故。

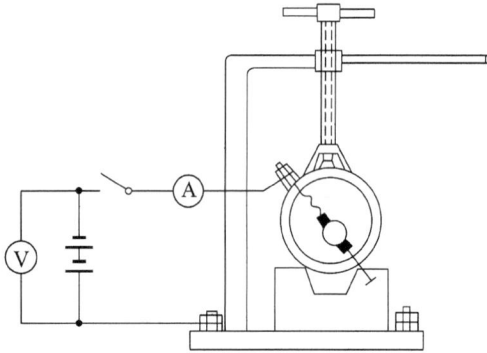

图 4-32 起动机空载试验   图 4-33 起动机全制动试验

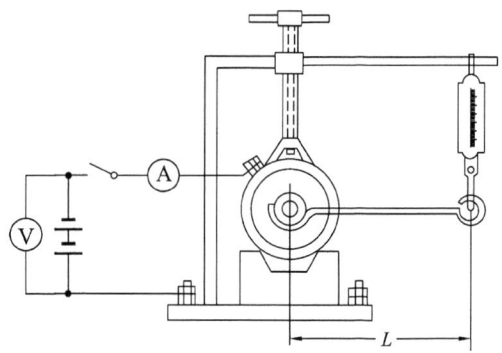

先将起动机夹紧在试验台上,再将制动器连杆的夹块夹住起动机驱动齿轮的三个齿,装好弹簧秤,接通电路,使起动机呈现制动状态。此时电压表、电流表和弹簧秤分别指示起动机全制动状态的电压、电流和扭矩数值,其值应符合表4-5的规定。

试验目的:测量起动机在完全制动时所消耗的电流(制动电流)和制动力矩,以判断起动机主电路是否正常,并检查单向离合器是否打滑。若扭矩小于标准值而电流大于标准值,则表明励磁绕组中有短路和搭铁故障;若扭矩和电流都小于标准值,表明线路中接触电阻过大;若驱动齿轮锁止而电枢轴有缓慢转动,则说明单向离合器有打滑现象。

表 4-5 常用起动机试验数据

型号	规格		空载特性		全制动特性		
	电压等级 (V)	额定功率 (KW)	空载电流 (A)	空载转速 (r/min)	电压 (V)	制动电流 (A)	制动转矩 (N·m)
QD1211	12	1.8	≤90	≥5 000	7.5	≤850	≥34
QD124A	12	1.5	≤80	≥5 000	6	≤700	≥24
QD251	24	4.5	≤80	≥6 500	8	≤800	≥59
ST614	24	5.1	≤80	≥6 500		≤900	≥58.8
QD124	12	1.47	≤90	≥5 000	8	≤650	≥30
QD26	24	8.08	≤90	≥3 200	9	≤1800	≥142
QD27E	24	8.08	≤120	≥6 000	12	≤1700	≥142
QD50C	24	5.1	≤90	≥6 000	10	≤900	≥58.8

四、起动系统的常见故障诊断与排除

起动系统的常见故障包括:起动机不转动、起动机运转无力、起动机空转、起动机驱动齿轮与飞轮不能啮合且有撞击声等。以 QD 124 型起动机为例,参照图4-24所示电路进行分析。

1. 起动机不转动

（1）故障现象：接通起动开关，起动机不转动。

（2）故障原因：蓄电池、起动机、起动继电器、起动开关、连接线路等部位可能有问题。

① 蓄电池亏电过多、导线连接处松动或电桩表面氧化严重。

② 电磁开关吸引线圈和保持线圈有搭铁、断路、短路现象，主触点或接触盘严重烧蚀。

③ 磁场绕组或电枢绕组有搭铁、断路、短路现象。

④ 电刷在电刷架内卡死、弹簧折断，或绝缘电刷搭铁。

⑤ 起动继电器的触点不能闭合或触点烧蚀、有油污。

（3）故障诊断方法

首先通过大灯的灯光强弱及喇叭的音量大小，初步判断蓄电池是否放电过度及导线连接处是否因松动或太脏而接触不良。若蓄电池不亏电，连接导线也正常，用起子将电磁开关的两主接线柱短接，若起动机仍不运转，说明起动机的电动机有问题，应拆检电动机；若起动机运转正常，说明电磁开关、起动继电器或有关连接导线有故障。再用导线短接继电器的火线和起动机接线柱，起动机若不运转，说明电磁开关有故障，应进行检修；起动机若运转正常，则说明起动继电器有故障或起动继电器与电磁开关之间连接导线有搭铁、断路或连接处松动现象，或者也有可能是起动开关失灵。在确认导线连接无松动的情况下，用万用表或试灯可判断各段连接导线是否有搭铁或断路，同时也可判断出起动继电器的触点是否闭合导通，起动开关是否正常。

2. 起动机运转无力

（1）故障现象

接通起动开关，起动机能够带动发动机转动，但转速过低甚至稍转即停。

（2）故障原因

① 蓄电池亏电较多或导线接触不良。

② 起动机有故障。例如换向器有油污或烧蚀、电刷磨损过度或弹簧压力不足、磁场绕组或电枢绕组局部短路、电磁开关主触点或接触盘烧蚀、轴承磨损严重使电枢与磁极摩擦等。

（3）故障诊断方法

首先检查蓄电池的连接导线是否松动，接触是否良好。若导线连接正常，用高率放电计检查蓄电池各单格电压，各单格电压应在 1.5 V 以上，并在 5 s 内保持稳定。若电压也正常，再用起子短接电磁开关的两主接线柱，起动机若运转正常，说明电磁开关的接触盘接触不好，主触点烧蚀严重；否则，说明电动机有故障。

3. 起动系统其他故障

起动系统其他故障的原因和排除方法见表 4-6。

表4-6 起动系统其他故障原因和排除方法

故障现象	故障原因	排除方法
起动机空转	单向离合器打滑或拨叉连接处脱开	可采取相应的修理或更换新件
起动机驱动小齿轮与飞轮不能啮合且有撞击声	主电路接通过早,或齿轮磨损过度/损坏	首先检查和调整起动机电磁开关的接通时间,若仍然存在打齿声,再检查驱动齿轮和飞轮齿圈齿的磨损情况
起动机失去驱动保护功能	充电系统有故障,发电机中性点无电压;发电机与复合继电器间连线断路;保护继电器有故障或搭铁不良	先查连线是否良好、继电器是否正常,再测量发电机中性点电压,排查充电系统故障

五、起动机拆装

起动机拆装步骤见表4-7。

表4-7 起动机拆装步骤

1. 拆卸电磁开关	
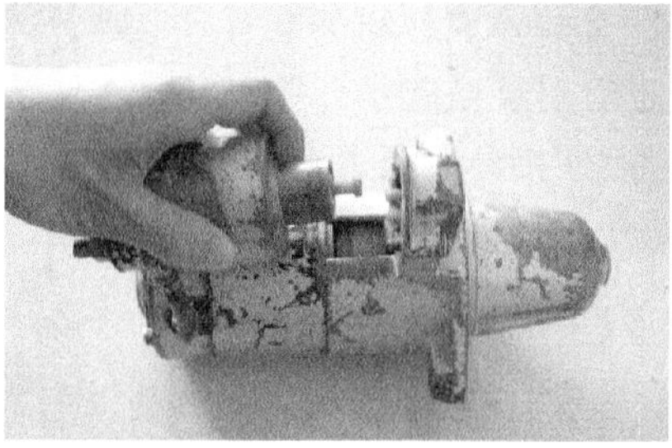	先从电磁开关处断开引线
2. 拆下紧固螺丝	
	紧固螺丝为贯穿螺栓,拆装时注意观察螺纹孔

3. 拆分电动机和传动机构	
	注意观察电动机和传动机构的行星传动方式
4. 分解电动机	
	用铁丝钩将电刷取出
5. 分解传动机构	
	注意拨叉的位置及放法

起动机的装配步骤与拆卸步骤相反。

思考题

1. 起动系统的作用是什么？起动机由哪些部件组成？
2. 单向离合器的作用是什么？
3. 起动机使用时的注意事项有哪些？
4. 起动无力的原因有哪些？
5. 起动机不转的原因有哪些？

模块五　点 火 系 统

1. 掌握点火系统的组成、类型及结构；
2. 会检测点火系统主要元器件；
3. 会检测点火系统传感器及相关电路；
4. 会利用点火正时灯检查并调整点火提前角；
5. 会查询点火系统相关维修资料，按步骤排除点火系统常见故障。

任务一　点火系统的主要类型

点火系统正常工作需要满足两个基本条件：足够的点火能量，使高压状态的混合气可靠点燃；适当的点火提前角，保证发动机获得较大的动力。

一、传统点火系统

1. 组成

传统点火系统的基本组成，如图 5-1 所示。

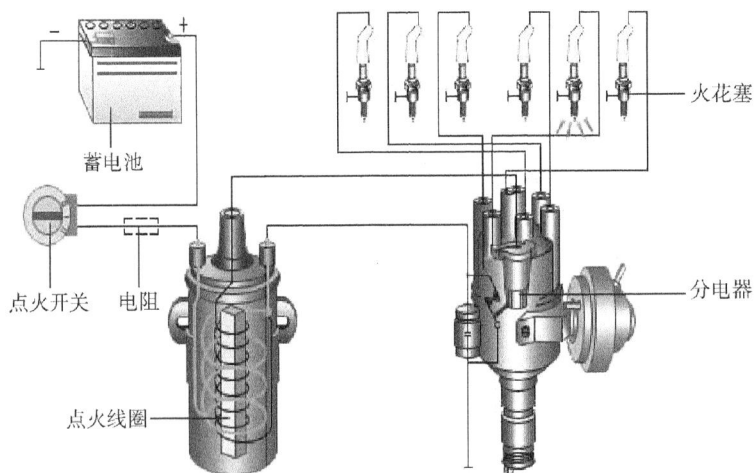

图 5-1　传统点火系统的基本组成

（1）点火线圈

点火线圈的作用是将蓄电池或发电机输出的低压电转变成足以击穿火花塞间隙的高压电；其主要由铁芯、初级绕组（一次绕组）、次级绕组（二次绕组）等组成，是根据电磁感应原理制成的，如图 5-2 所示。图 5-3 为常见的点火线圈。

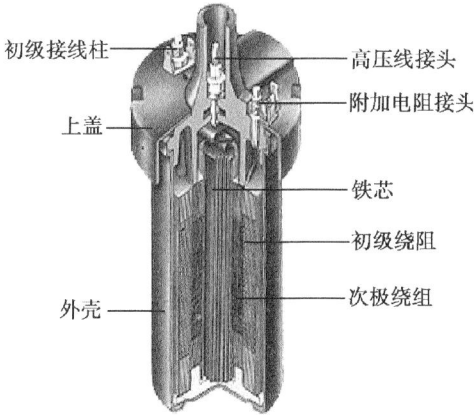

初级接线柱
上盖
外壳
高压线接头
附加电阻接头
铁芯
初级绕阻
次极绕组

图 5-2　点火线圈的基本组成

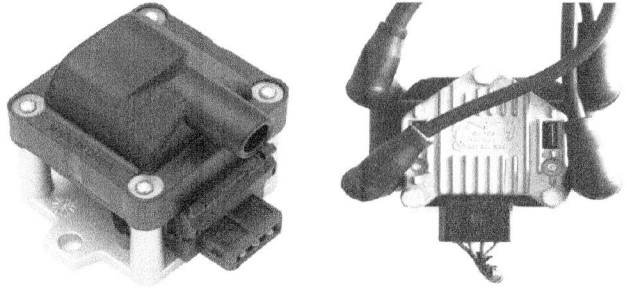

图 5-3　常见的点火线圈

（2）火花塞

① 火花塞的基本类型，如图 5-4 所示。

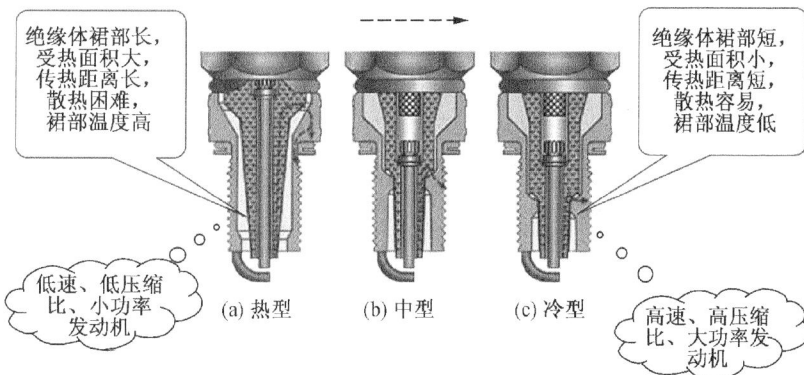

绝缘体裙部长，受热面积大，传热距离长，散热困难，裙部温度高

绝缘体裙部短，受热面积小，传热距离短，散热容易，裙部温度低

低速、低压缩比、小功率发动机

（a）热型　　（b）中型　　（c）冷型

高速、高压缩比、大功率发动机

图 5-4　火花塞的基本类型

② 火花塞基本结构，如图 5-5（a）所示。火花塞型号由刻烙或印制的由数字与字母组成的组合代码表示，如图 5-5（b）所示。

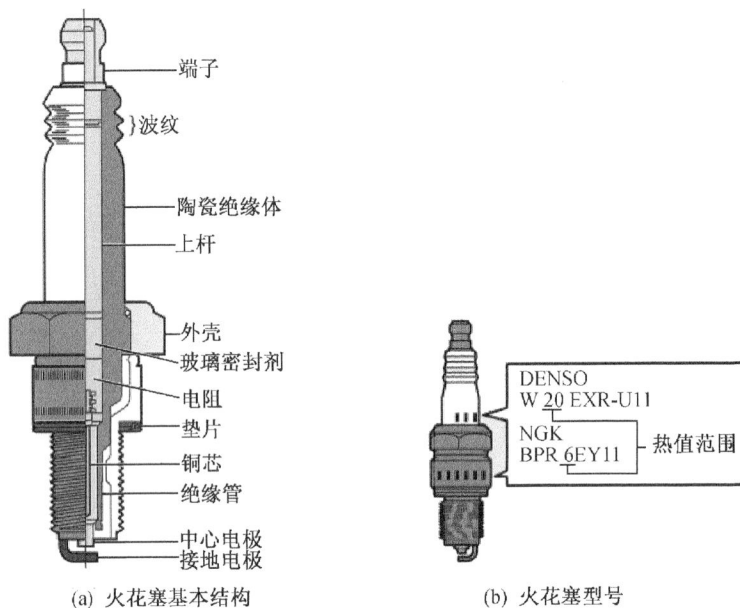

(a) 火花塞基本结构   (b) 火花塞型号

图 5-5　火花塞基本结构及型号

③ 影响火花塞点火性能的因素,如图 5-6 所示。

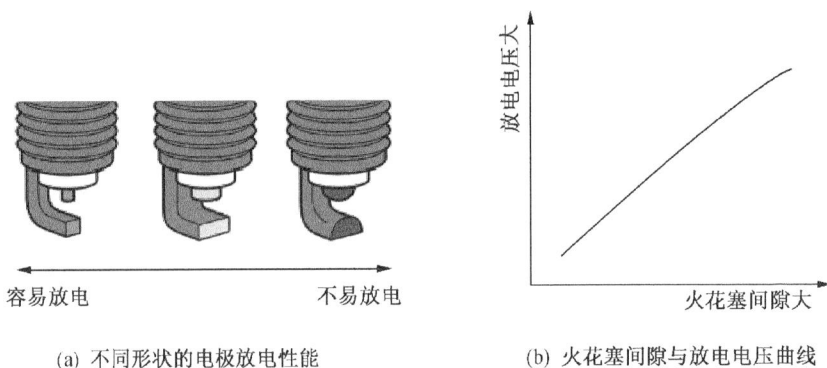

(a) 不同形状的电极放电性能   (b) 火花塞间隙与放电电压曲线

图 5-6　影响火花塞点火性能的因素

　　a. 电极形状与放电性能:方形或尖形电极放电较容易,球形电极放电较困难。火花塞长时间使用后,电极烧蚀、耗损,放电变得困难,因此火花塞应定期更换。为了延长火花塞使用寿命,有些火花塞电极上带白金或铱金。

　　b. 火花塞间隙与放电电压:当火花塞电极发生耗损时,中心电极和旁电极间隙增大,需更高的跳火电压才能产生火花,易导致发动机缺火。因此,每隔一定的行驶里程调整火花塞电极间隙或更换火花塞是必要的。

2. 工作原理

传统点火系统的工作原理,如图 5-7 所示。

发动机工作时,在发动机配气机构凸轮轴齿轮的驱动下,分电器内的断电器轴上的凸轮同速转动。随着凸轮的转动,断电器触点交替闭合、打开。当触点闭合时,接通点火线圈初级绕组的电路,点火线圈初级绕组中有电流流过,初级电流在点火线圈的铁芯中形成磁场,电能转变成磁能;当触点分开时,初级绕组电路切断,初级电流消失,它所形成的磁场也随之迅速变化,在两个绕组中都感应出电动势,磁能转变成电能,使点火线圈的

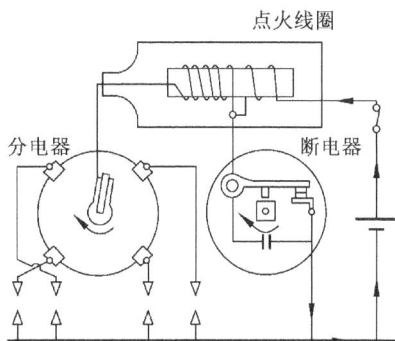

图 5-7 传统点火系统的工作原理

次级绕组感应出 $15\sim20\ kV$ 的高电压;当火花塞的电极间隙被击穿时,产生电火花,点燃混合气。

分电器轴每转一圈,各缸按工作顺序依次点火。

3. 优、缺点

传统点火系统具有结构简单、价格低廉、维护方便等优点,但也存在许多缺点:

(1)断电器触点易烧蚀。触点在断开和闭合之时,易产生火花,触点易烧蚀引起接触不良,缩短初级线圈回路导通时的通电时间,引起点火能量下降,导致缺火故障的产生。

(2)点火提前角控制精确度不高,无法适应新型发动机高转速、低油耗、清洁排放的要求。

为解决以上缺陷,电子点火系统应运而生。

二、电子点火系统

1. 工作原理

电子点火系统工作原理如图 5-8 所示。

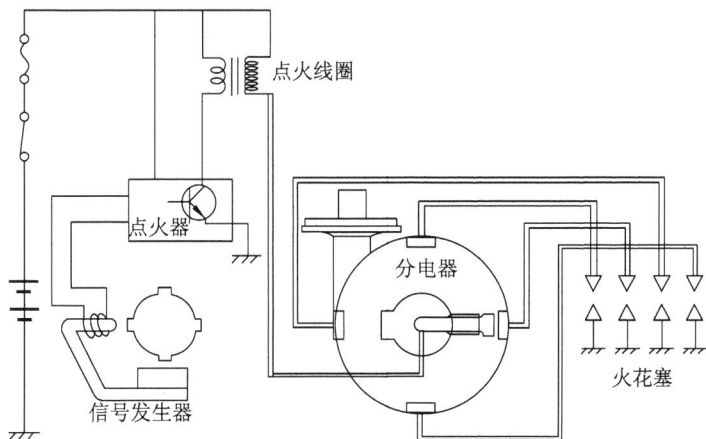

图 5-8 电子点火系统工作原理图

在传统触点式点火系统中,高压火花的产生主要由断电器触点经闭合至断开时触发,但触点易烧蚀;在电子点火系统中,使用具有开关特性的三极管替代机械式断电器触点,可以有效避免烧蚀现象。三极管由基极(B 极)、集电极(C 极)和发射极(E 极)组成。C 极和 E 极之间相当于一个没有触点的电子开关。当 B 极接收到正的触发信号电压时,C 极和 E 极之间导通;当 B 极的触发信号间断时,C 极和 E 极之间断开。往往把这个起开关作用的三极管总成称为点火控制器或点火模块。

电子点火系统与传统点火系统的功能完全相同,但却有传统点火系统无法比拟的优点:

(1) 避免触点烧蚀,可精确控制点火正时。

(2) 次级点火电压高,火花能量大。电子点火系统可适当增大初级电流,减小点火线圈初级绕组的电阻和电感,使得初级电流上升快;且三极管开关速度高,次级电压高且稳定,火花能量大,可适应高速、高压缩比及燃用稀混合气的现代新型发动机的需要,从而进一步提高发动机的动力性和燃料经济性,降低排放污染。

(3) 点火更加可靠。由于次级电压上升时间缩短,对火花塞积碳敏感性下降,点火可靠性进一步提高。

2. 基本类型

电子点火系统中的点火控制器应能根据发动机的工作而准确地控制点火系统工作。传统点火系统中,断电器触点的通断受到凸轮轴的控制,而电子点火系统中点火控制器只需要接受点火触发信号就能工作。

电子点火系统可按照点火信号发生器产生信号原理的不同,分为电磁感应式(磁脉冲式)、霍尔效应式和光电效应式三种类型。

(1) 电磁感应式电子点火系统

电磁感应式电子点火系统主要由电磁感应式信号发生器、点火电子组件、分电器、火花塞、点火线圈等组成,如图 5-9 所示。

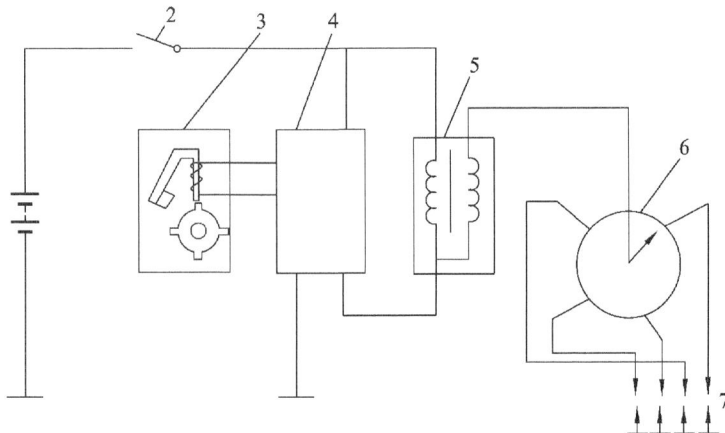

1—蓄电池;2—点火开关;3—信号发生器(传感器);4—点火器;
5—点火线圈;6—分电器;7—火花塞

图 5-9 电磁感应式电子点火系统基本组成

电磁感应式点火信号发生器由信号转子、传感线圈、铁芯、永久磁铁等组成。整个信号发生器装在分电器内,永久磁铁和铁芯固定在分电器内,传感线圈绕在铁芯上。信号转子由分电器轴带动,随着分电器的旋转,信号转子转动,它的凸起与信号线圈之间的间隙不断变化,使通过信号线圈的磁通量发生变化,凸起接近信号线圈时磁通迅速增加,在线圈两端产生电压信号,如图5-10所示。当凸起与信号线圈正对时,磁通变化量最小,线圈两端电压为零;当凸起离开信号线圈时,磁通量迅速减小,线圈两端电压急剧地改变方向,产生负的电压信号。信号线圈输出交流电信号,电压从正变为负时就是点火时刻。

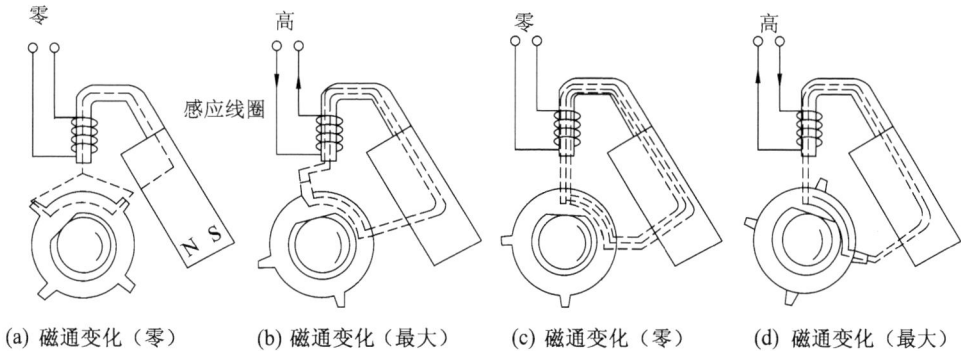

(a) 磁通变化（零）　　(b) 磁通变化（最大）　　(c) 磁通变化（零）　　(d) 磁通变化（最大）

图 5-10　电磁感应信号发生器的工作情况

（2）霍尔效应式电子点火系统

霍尔效应原理如图5-11所示。当电流通过放在磁场中的半导体基片(即霍尔元件),且电流方向与磁场方向垂直时,在同时垂直于电流与磁场的方向上,半导体基片内产生一个与电流大小和磁感应强度成正比的电压,这个电压称为霍尔电压U_H。

霍尔信号发生器(霍尔传感器)位于分电器内,主要由触发叶轮和信号触发开关组成,如图5-12所示。触发叶轮与分火头制成一体,由分电器轴带动,其叶片数与气缸数相等。信号触发开关由霍尔集成电路和带导磁板的永久磁铁组成。霍尔集成电路的外层为霍尔元件,同一基板的其他部分制成放大电路。触发叶轮的叶片在霍尔集成电路和永久磁铁之间转动。

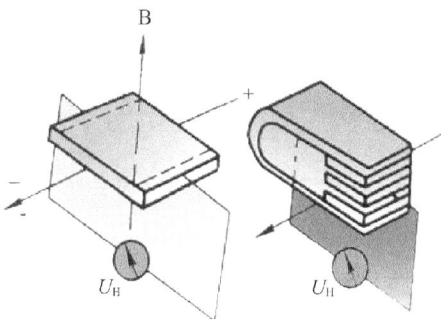

图 5-11　霍尔效应原理图

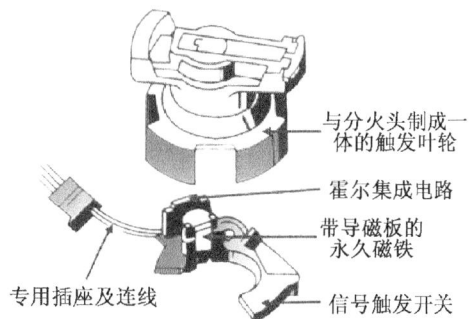

与分火头制成一体的触发叶轮

霍尔集成电路

带导磁板的永久磁铁

专用插座及连线

信号触发开关

图 5-12　霍尔信号发生器

当发动机工作时,分电器轴带动触发叶轮转动。如图5-13所示,当触发叶轮的叶片进入永久磁铁和霍尔元件之间的空气间隙时,原来进入霍尔元件的磁力线被叶片阻隔,霍尔元件的磁路被触发叶轮的叶片旁路,因此霍尔元件不产生霍尔电压,霍尔集成电路输出级的晶体管处于截止状态,其集电极电位为高电压(11~12 V),信号发生器的输出为高电压,高电压信号使点火系统初级电路导通。

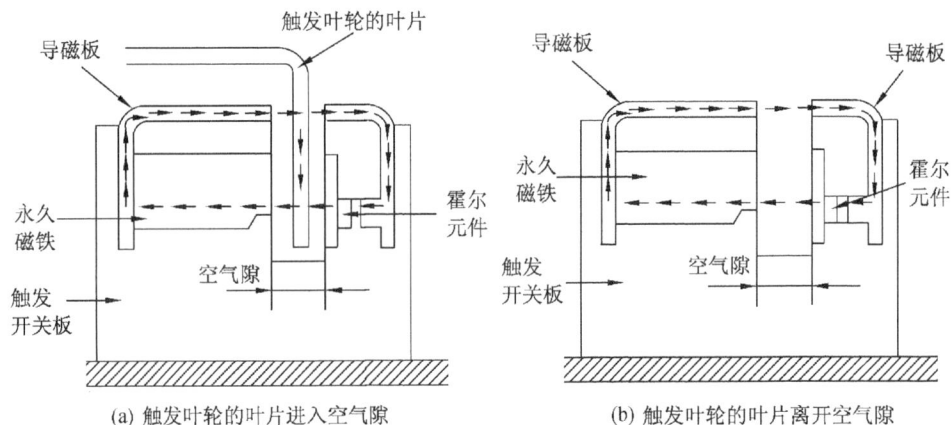

(a) 触发叶轮的叶片进入空气隙   (b) 触发叶轮的叶片离开空气隙

图 5-13　霍尔信号发生器工作原理图

当触发叶轮的叶片离开气隙时,永久磁铁的磁力线则可垂直进入霍尔元件,霍尔元件中便产生了霍尔电压,霍尔集成电路集电极电位为低电位(0.3~0.4 V),霍尔传感器输出的信号电压由高电平转变成低电平,并送入控制模块;控制模块收到低压信号后控制初级电路截止,初级电流消失,由于互感作用,次级电路产生高压电;高压电经分电器分配到各缸火花塞,点燃混合气。因此触发叶轮每转一周,霍尔信号发生器便可产生与气缸数目相同的脉冲信号,将此信号输送给控制模块便可实现对点火系统的控制,如图 5-13(b)所示。

（3）光电式电子点火系统

光电式信号发生器的主要组成部分是发光元件、光敏元件和遮光转子,如图 5-14 所示。

光电式信号发生器的遮光盘上有很多缺口,缺口的宽度与遮光部分一致。在遮光盘的上、下两面分别装有发光二极管和光敏晶体管,遮光盘由分电器轴驱动,在发光二极管和光敏晶体管之间转动。当光敏晶体管接收到发光二极管穿过缺口射来的光线时,光敏晶体管导通,信号电路便输出信号。控制模块根据发动机一

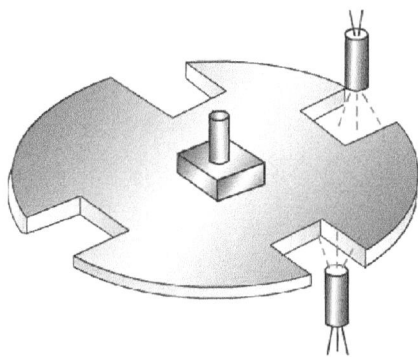

图 5-14　光电式信号发生器

个工作循环中收到的信号数目,控制点火系统的提前角,从而控制初级回路的截止与导通。

电子点火系统中,信号发生器发出活塞上止点位置信号给点火模块,点火模块根据上止点位置信号的频率即知发动机的转速,然后再控制点火提前角。由此可知,点火模块是一个能调节点火提前角的组合电路而非单一的三极管。

电子点火系统的点火提前角由点火控制器根据发动机转速自动调节,其调节的精度取决于点火控制的复杂程度。另外,在发动机的控制方面,点火提前角的控制还受到许多其他因素的影响,如发动机的温度、负荷、爆震、自动变速器的换挡时刻等。

随着对发动机排放的严格控制和对功率提高的苛求,发动机的点火控制的精确度也随之提高,单一控制的点火控制器显然已经不能适应新的要求。近年来,微机控制的点火系统已逐步取代电子点火系统,它能随时检测发动机的转速、水温、爆震信号、负荷变化及自动变速器的工作状况,以实施最佳点火提前角的精确控制。

三、微机控制点火系统

微机控制系统也使用电子点火系统中的三种信号发生器,并且在此基础上做出了改进,使点火控制更加精确。

1.工作原理

微机控制点火系统如图 5-15 所示,主要包括与点火有关的各种传感器(如转速传感器、曲轴位置传感器、温度传感器、爆震传感器等)、电子控制单元(ECU)、点火线圈、火花塞等。

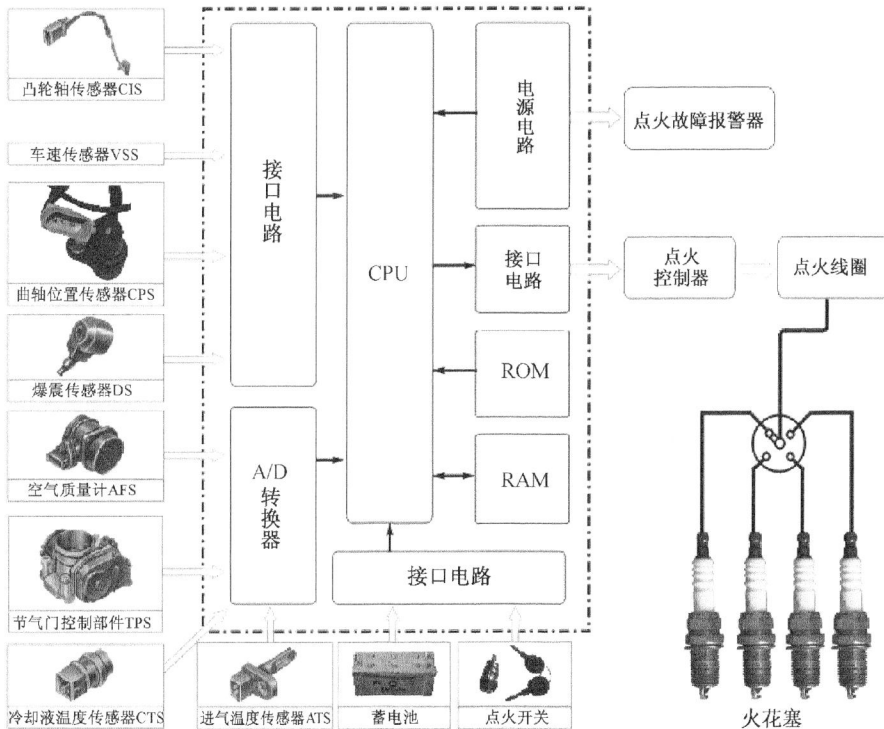

图 5-15　微机控制点火系统

凸轮轴位置传感器向 ECU 提供汽缸判别信号;曲轴位置传感器向 ECU 提供发动机曲轴转速与转角信号,转速信号用于计算、确定点火提前角,转角信号用于控制点火提前角(即点火开始时刻)。空气流量计或进气压力传感器和节气门位置传感器提供发动机负荷信号,用于计算、确定点火提前角。冷却液温度信号、进气温度信号、车速信号、空调开关信号及爆震传感器信号等用于修正点火提前角。

发动机工作时,控制系统通过采集上述传感器反映的发动机工况信息,不断检测凸轮轴位置传感器信号,以判定某一缸活塞是否即将到达压缩上止点。当 ECU 收到判缸信号后,开始对曲轴转角信号进行计数,判断点火时刻是否到来。与此同时,ECU 根据转速信号、负荷信号及与点火提前角相关的传感器信号,查询相应工况下的最佳点火提前角。当曲轴转角等于最佳点火提前角时,ECU 立即控制初级电路截止,点火线圈初级电流被切断,从而在次级线圈中产生高压电,使火花塞跳火,点燃混合气。

2. 分类

微机控制点火系统主要分为带分电器的微机控制点火系统和不带分电器的直接点火系统两类。

不带分电器的直接点火系统取消了传统点火系统中的分电器,点火线圈产生的高压电按照一定的点火顺序直接加到火花塞上的点火系统,分电器原有的功能(断电、配电和点火提前)由 ECU 和传感器来完成,点火性能更加可靠。该点火系统有两种类型,即同时点火方式和单缸独立点火方式。

3. 控制内容

微机控制点火系统的控制内容主要包括点火提前角、通电时间和爆燃控制。

(1)点火提前角的控制

发动机起动时,由于转速信号与负荷信号都不稳定,发动机按固定的点火提前角点火,点火提前角不受发动机其他信号的影响。

发动机正常工作时,ECU 根据发动机的转速和负荷信号,在 ECU 存储器中查到这一工况下对应的基本点火提前角,然后根据得到的修正信号对点火提前角进行修正,确定实际的最佳点火提前角,即:实际点火提前角＝初始点火提前角＋基本点火提前角＋修正点火提前角,如图5-16所示。

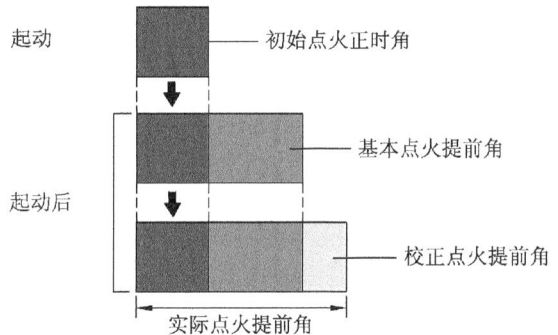

图 5-16　实际点火提前角的基本构成

(2)通电时间的控制

在微机控制点火系统中,为减小转速对次级电压的影响,提高点火能量,采用了初级线圈电阻很小的高能点火线圈,其饱和电流可以达到 30 A 以上。为防止初级电流过大而烧坏点火线圈,在点火控制电路中必须控制最佳通电时间,以保证在任何转速下初级电流都能达到规定值。这样既能改善点火性能,又能防止因初级电流过大而烧坏点火线圈。

导通角即闭合角,是指发动机运转过程中,初级线圈通电时间内所经历的曲轴转角。导通角主要影响点火线圈初级绕组的通电时间和点火线圈的储存能量,而点火线圈通电时间和储存能量取决于发动机转速和蓄电池的供电电压。为保证在不同的转速和蓄电池供电电压时都具有相同的初级绕组断电电流(以保证点火能量稳定),并避免点火线圈因大电流长时间通电而过热损坏,ECU会对点火线圈的导通角,主要是通电时间,加以控制。

（3）爆燃控制

发动机ECU根据爆震传感器采集到的信号,判断发动机是否发生爆燃现象。

爆燃控制过程就是对点火提前角进行反复调整的过程,如图5-17所示。当发动机爆燃时,ECU则逐渐减小点火提前角(推迟点火),直到爆燃消失为止。无爆燃时,ECU则逐渐增大点火提前角(提前点火),当再次出现爆燃时,ECU又开始逐渐推迟点火。

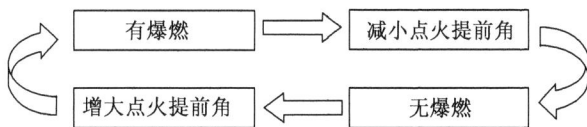

图5-17 发动机爆燃控制

任务二 点火系统的故障检修

一、火花塞检查

火花塞的检查见表5-1

表5-1 火花塞检查

1. 检查火花塞外观	
 正常　积碳污染　机油污染　过热	① 绝缘体是否有裂纹、破损,中心电极、侧电极是否烧蚀,如有损伤应更换。 ② 螺纹部分损坏超过2牙,应更换。
2. 火花塞电极间隙检查与调整	
	① 火花塞电极间隙检查:用火花塞专用量规测量火花塞间隙,其间隙值一般为1.1~1.2 mm。如果不符合要求,应调整至标准值。 ② 火花塞电极间隙调整:用钢丝式专用火花塞塞尺,小心弯曲接地电极来调整间隙。切忌通过敲击来调整电极间隙。
3. 清洁火花塞	
如果电极上有湿炭痕迹,用火花塞清洁剂清洁后使其干燥。为防止铱电极遭到损坏,清洗持续时间不应超过20 s。	

二、点火线圈检查

以品牌 AJR 发动机为例（双缸同时点火线圈），说明点火线圈的检查，见表 5-2。

表 5-2　点火线圈检查步骤

1. 检测点火控制组件的电源电压

用万用表红表笔接2脚，黑表笔接4脚　→　其电压应为12V左右

断开点火控制组件上的四端子线束插头，使用万用表分别连接插头上的端子 2 与端子 4，接通点火开关时，电压应大于等于 11.5 V。如果电压为零，说明点火控制组件至中央继电器盒 15 号电源线之间的线路断路，应逐段进行检修。点火控制组件端子 2 与中央继电器盒 15 号电源线之间的导线电阻应小于 1.5 Ω。

2. 检测电控单元 J220 对点火控制组件的控制功能

用发光二极管连接点火模块插头1、4脚测量点火信号　用同样的方法连接3、4脚，发光二极管也应闪亮

拔下中央继电器盒上的燃油泵保险丝 S5，然后拔下点火控制组件的线束插头，将 LED 试灯分别连接线束插头端子 1 和 4 及端子 3 和 4，分别检测 1,4 缸和 2,3 缸点火线圈的控制信号。起动发动机时，如果试灯闪烁，说明电控单元 J220 的点火控制功能正常。当点火系统发生故障时，如果点火控制组件电源电压和电控单元 J220 的控制功能都正常，就说明点火控制组件有故障，应更换。如果试灯不闪烁，说明电控单元 J220 至点火控制组件之间的导线断路或电控单元 J220 有故障。

3. 检测点火线圈次级绕组电阻

检测 1,4 缸线圈次级绕组的阻值时，万用表的两只表笔分别连接高压插孔 A,D；检测 2,3 缸点火线圈次级绕组时，两只表笔分别连接高压插孔 B,C。在室温条件下，次级线圈绕组的电阻值均应为 4~6 kΩ。如果阻值不符合要求，应更换点火控制组件总成。

三、点火正时检查与调整

发动机工作行程中,压缩接近终了至活塞达到上止点时,点火系统向火花塞提供高压火花以点燃气缸内的压缩混合气的过程所经历的曲轴转角,称为点火正时。为使点火能量最大化,点火要有一定的提前量,即活塞在到达上止点前一刻点火,而不是正好达到上止点时才点火,这个提前量称为点火提前角。点火提前角过早或过迟都会影响发动机的性能。

1. 点火正时检查

点火正时检查步骤见表5-3。

表 5-3 点火正时检查步骤

1. 起动机预热至正常温度
2. 预热后,检查怠速是否在规定的范围内
3. 连接仪器

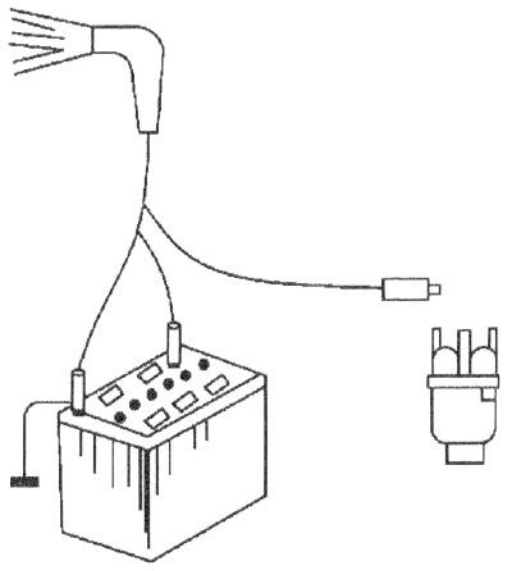

将正时灯红色线和黑色线分别连在蓄电池正、负极上,信号线连在第一缸分高压线上。

4. 检测点火正时

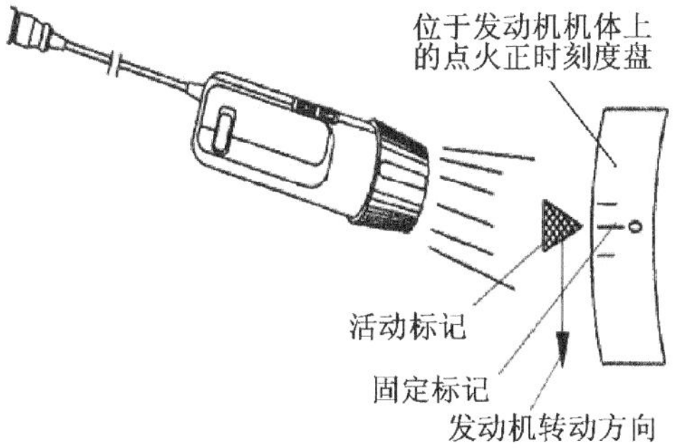

位于发动机机体上的点火正时刻度盘

活动标记
固定标记
发动机转动方向

使发动机在规定的转速运转,将正时灯对准规定的正时记号(桑塔纳、奥迪等轿车对准飞轮)。若指针出现在正时记号的前方,表明点火过早;若出现在正时记号之后,则表明点火过迟。

5. 点火正时不正确时需进行调整

2. 点火正时调整

某品牌 AFE 发动机采用的是分配式点火系统,点火线圈产生的高压电由凸轮轴顶端的分火头进行分配,且各缸上止点由霍尔传感器确定,因此霍尔传感器的安装十分重要。为保证点火正时,必须按照表5-4的步骤进行调整。

表 5-4 点火正时调整

1. 检查一缸活塞位置
转动曲轴,观察变速器壳体上的观察孔,使飞轮上的刻度线与壳体上的指针对齐,此时发动机一缸活塞置于正时位置。
2. 检查正时标记,安装分电器
转动凸轮轴,使凸轮轴上正时齿轮的标记与气门室罩底面平齐。将分电器安装到位,初步预紧固。
3. 调整分电器位置
使分电器上的分火头指向分电器壳体上的一缸标记,盖上分电器盖,以分火头所指的旁电极为第 1 缸,顺时针方向按 1—3—4—2 的顺序插好分缸线,插好中央高压线和霍尔发生器连接器,紧固分电器。
4. 检查点火正时
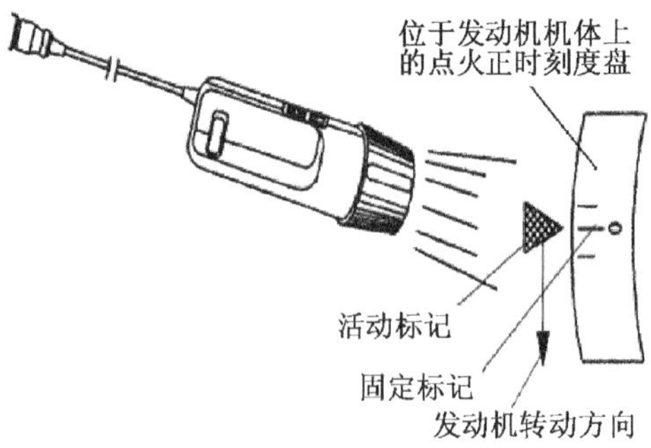 位于发动机机体上的点火正时刻度盘 活动标记 固定标记 发动机转动方向 装好正时传动带,起动发动机,检查点火正时。若不合要求,则需继续调整分电器位置。顺时针方向转动分电器壳体,则点火推迟;反之,则点火提前。
5. 调整完毕,再次检查点火提前角是否符合要求;如不符合要求需再调整、再检查,直至符合要求为止

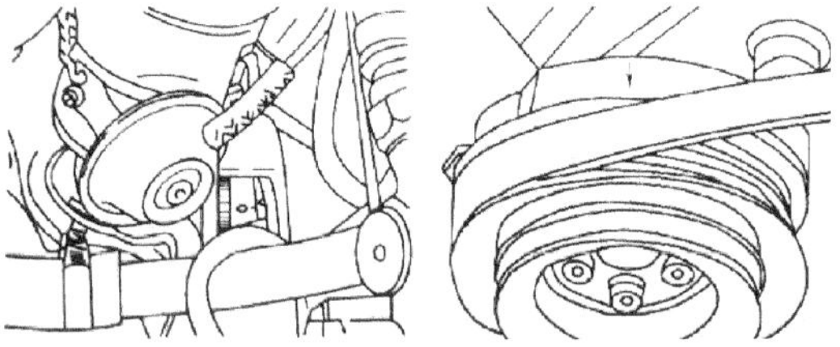

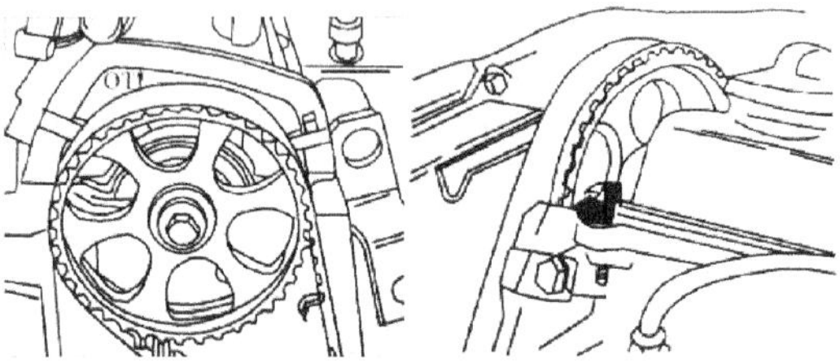

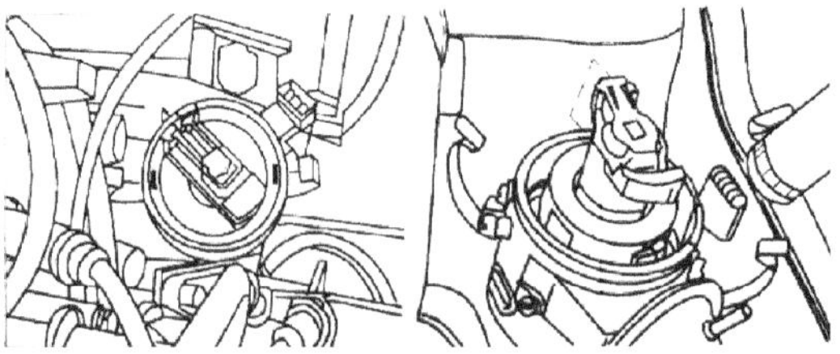

四、次级点火波形检查

触发点火时,次级线圈感应出很高的电压,当电压急速升高到峰值时,此电压即是点火电压。火花塞电极间击穿混合气产生火花,火焰呈蓝白色。此种火焰在气缸中能量高,传播速度快,气缸内混合气燃烧充分,工作压力高,发动机输出动力大。随后,电压迅速下降到某一电压值并持续一段时间,此电压即燃烧电压。燃烧时间就是燃烧电压维持的时间。在燃烧结束时,点火线圈中的能量基本耗尽,残余的能量在线圈上形成阻尼振荡,振荡波数量一般在 3~6 个。次级点火波形如图 5-18 所示。

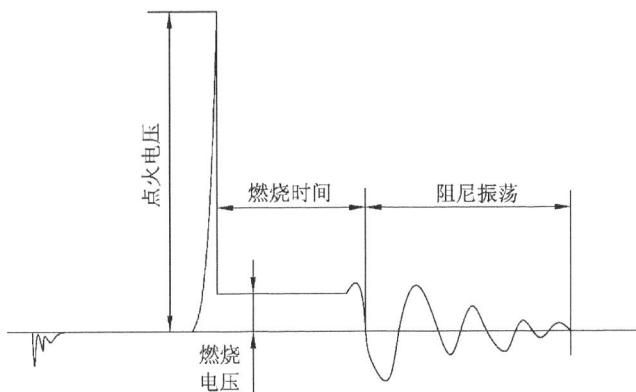

图 5-18 次级点火波形图

发动机运转至正常工作温度时,调整发动机转速到 2 000 r/min,在有分电器系统的点火系统中,正常标准燃烧时间为 1.5~2.4 ms,在无分电器系统的点火系统中,标准燃烧时间必须在 0.8~1.8 ms 以上。

各缸点火电压之间的差值应小于 3 kV。若某缸点火电压异常高,燃烧时间则较短。当燃烧时间小于 0.8 ms,一般表明在次级点火电路中电阻值过高,形成此种情况的原因有:① 高压线电阻太大;② 火花塞间隙太大;③ 分电盘与分火头间隙太大;④ 混合气过稀;⑤ 火花塞温度过冷;⑥ 点火正时太迟;⑦ 气缸压力太高;⑧ 气门弹簧太弱等。

若某缸点火电压过低,燃烧时间则较长。当燃烧时间大于 2.4 ms 时,一般表明在点火次级电路中电阻值低于正常值,形成此种情况的原因有:① 高压线电阻太小或漏电;② 混合气过浓;③ 火花塞过脏、有破裂或间隙太小;④ 点火正时太早;⑤ 火花塞温度过热;⑥ 气缸压力太低;⑦ 发动机耗机油等。

五、点火系统常见故障检修

1. 发动机不能起动

故障现象:起动发动机时,起动机运转正常,但发动机无着火征兆。

故障诊断步骤如图 5-19 所示。

拔下火花塞端的高压分线，使其距缸体7~9 mm，接通点火开关至ST挡，观察高压火

跳火正常 / 不跳火

拆检各缸火花塞 / 拔下分电器端的中央高压线重新试火

电极烧蚀严重、绝缘体破裂，应更换 / 正常

跳火正常 / 不跳火

检查调整点火正时

检查分火头 / 检查中央高压线

漏电或电阻过大，应更换 / 正常

击穿，应更换 / 正常

检查分电器盖上的电刷是否断裂、弹簧是否折断

检查点火线圈"15（＋）"接线柱是否有电

良好 / 损坏，应更换

有电 / 无电

检查各高压分线是否断路

断路，应更换 / 检查点火线圈

检查连接线路和中央控制板

良好

损坏，更换 / 检查霍尔发生器

良好，检查电子点火器

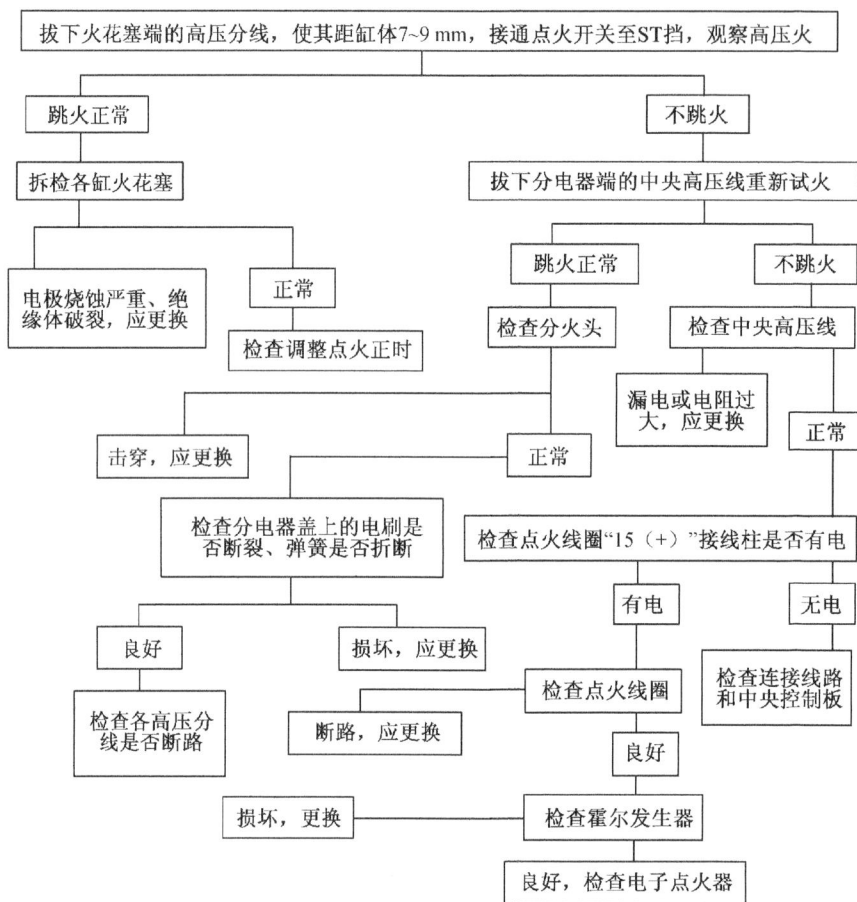

图 5-19　发动机不起动故障诊断

2. 高压断火

故障现象：发动机工作过程中有明显的抖动现象，排气管冒黑烟，并发出有节奏的"突突"声，甚至放炮；动力下降，燃油消耗高。

故障诊断步骤如图 5-20 所示。

发动机怠速运转时，依次拔下各缸高压分线使其断火，观察发动机转速变化情况

发动机转速更加不稳定 → 该缸工作良好

发动机转速无变化 → 该缸不工作 → 拔下各缸高压分线，使其距缸体7~9 mm 进行跳火

跳火正常 → 拆检火花塞：绝缘体破裂，更换；间隙不当，调整；有油污、积碳，清洁

电阻过大，更换

良好 → 分电器盖漏电，更换新件

跳火时断时续 → 检查高压分线 → 检查高压线是否有断路现象，点火线圈、点火控制器、信号发生器是否损坏

不跳火 → 拔下分电器盖端的高压总线，用同样方法试火

不跳火

正常 → 分电器盖有绝缘物，清洁更换；有油污、积碳，清洁；更换新件；高压分线断路，更换新件

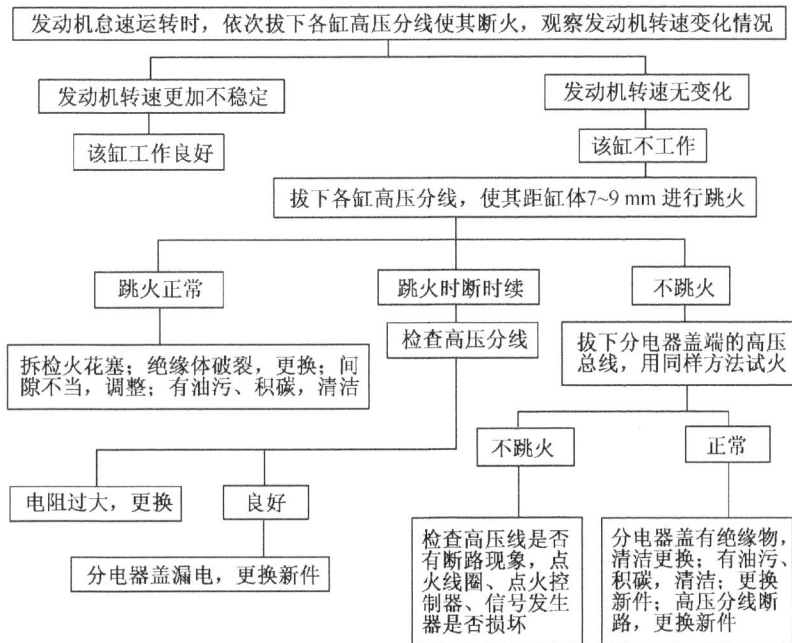

图 5-20　高压断火故障诊断

3. 高压火花弱

故障现象：发动机起动困难，起动后运转不稳，怠速难以维持；化油器有时"回火"；排气管有时有"突突"声，甚至"放炮"；发动机动力不足，易过热。

故障诊断步骤如图 5-21 所示。

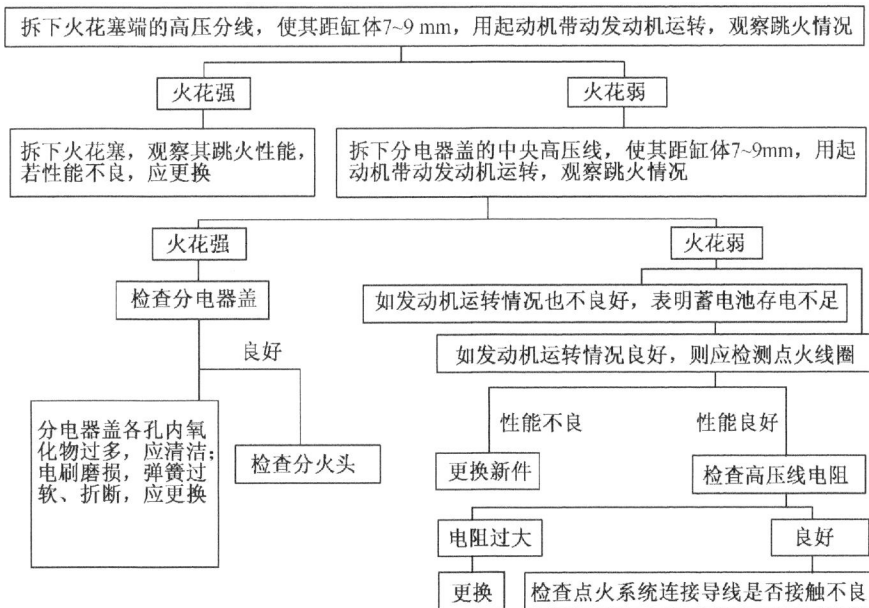

拆下火花塞端的高压分线，使其距缸体7~9 mm，用起动机带动发动机运转，观察跳火情况

火花强 → 拆下火花塞，观察其跳火性能，若性能不良，应更换

火花弱 → 拆下分电器盖的中央高压线，使其距缸体7~9mm，用起动机带动发动机运转，观察跳火情况

火花强 → 检查分电器盖

良好

分电器盖各孔内氧化物过多，应清洁；电刷磨损，弹簧过软、折断，应更换

检查分火头

火花弱 → 如发动机运转情况也不良好，表明蓄电池存电不足

如发动机运转情况良好，则应检测点火线圈

性能不良 → 更换新件

性能良好 → 检查高压线电阻

电阻过大 → 更换

良好 → 检查点火系统连接导线是否接触不良

图 5-21　高压火花弱故障诊断

思 考 题

1. 简述传统点火系统的基本组成及工作原理。
2. 什么是点火提前角？什么是最佳点火提前角？
3. 点火系统的要求有哪些？
4. 无触点电子点火系统中，信号发生器有哪几种类型？
5. 什么是霍尔效应原理？
6. 简述磁感应式电子点火系统的故障判断方法。
7. 微机控制点火系统是如何确定最佳点火提前角的？
8. 简述火花塞的检修内容。

模块六　照明与信号系统

模块任务

1. 掌握照明与信号装置的作用与类型；
2. 掌握照明与信号装置的结构与工作原理；
3. 掌握照明与信号装置的检修调整方法；
4. 掌握照明与信号装置的常见故障及诊断方法。

任务一　照明与信号系统概述

筑路机械照明与信号系统主要由灯具系统、组合仪表信号系统、声响信号系统等组成。

一、灯具系统

灯具系统由电源、灯具、控制开关及线路等组成。其主要作用是用于夜间施工照明、标识车辆宽度、车厢内部照明、夜间检修照明等，同时向环境（驾驶员、行人、维修人员、其他车辆）发出警告、示意信号（如转向信号指示灯、驻车制动指示灯等），以保证车辆的行驶安全。

1. 灯具系统的电源

筑路机械灯具系统的电源和其他用电设备的电源一样，都是来自蓄电池和硅整流交流发电机。

当发动机未起动时，由蓄电池为各灯具供电；当发动机起动后，由硅整流交流发电机为各灯具提供电源。

2. 灯具的种类

灯具按功能可分为照明灯和信号灯两大类，其中照明灯有前照灯、顶灯、工作灯，信号灯有示宽灯、倒车灯、制动灯、转向灯、驻车灯、警示灯。

（1）前照灯

前照灯的主要作用是为夜间或光线昏暗路面上车辆行驶或作业时照明,用于提醒机器周围的人员注意安全。前照灯应能保证车前有明亮而又均匀的照明,同时还应具有防眩目功能,以避免夜间两车相会时使对方驾驶员眩目而造成交通事故。前照灯的光学组件由灯泡、反射镜和配光镜三部分组成,结构如图 6-1 所示。

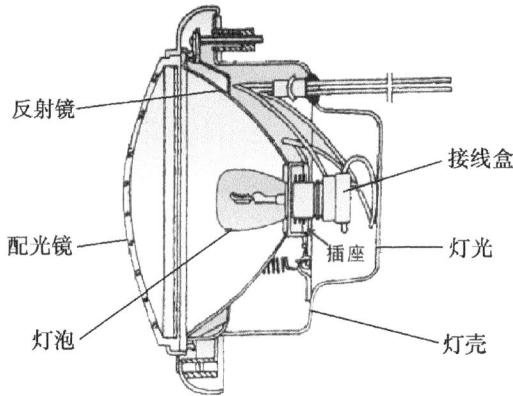

图 6-1　前照灯结构

目前前照灯的灯泡有 3 种,即充气灯泡、卤素灯泡和氙气灯泡。

充气灯泡(如图 6-2 所示)采用钨丝作灯丝,灯泡内充满氩和氮的混合惰性气体,由一根紧密盘卷的细钨丝装在一个充满惰性气体的灯泡中组成。当电流通过钨丝时,会使其燃烧并发出白热光;在高温作用下,钨丝中的钨原子会蒸发,随着时间的推移蒸发的钨原子会越来越多,钨丝会越烧越细,最终被烧断;钨原子则会沉积在相对较冷的灯泡玻璃上,日程月累形成一层阴影,遮住光线的照射,灯的亮度也就相应减弱。

卤素灯泡(如图 6-3 所示)就是在充入灯泡的气体中掺入某一卤族元素,如氟、氯、溴、碘等,从灯丝蒸发出来的钨原子与碘原子相遇会生成碘化钨化合物;当碘化钨化合物接触白热化的灯丝(温度超过 1 450 ℃)时又会分解还原为钨和碘,钨又重新回到灯丝中,碘则重新进入气体中。如此循环,灯丝几乎不会被烧断,灯泡也不会发黑。所以,卤素前照灯比传统的白炽前照灯寿命更长,亮度更大。现在卤素灯的玻璃是由石英制成,又称作石英卤素灯,可以承受很高的温度。

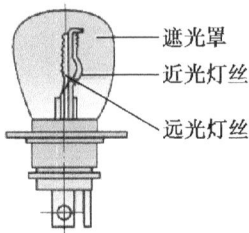

图 6-2　充气灯泡

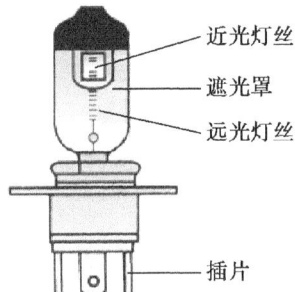

图 6-3　卤素灯泡

氙气灯由弧光灯组件、电子控制器和升压器三部件组成。氙气灯结构如图 6-4 所示，这种灯没有传统的灯丝，取而代之的是装在石英管内的两个电极，管内充有氙气及微量金属（或金属卤化物）。氙气大灯的全称是 HID（High Intensity Discharge Lamp，气体放电灯），氙灯没有灯丝，它利用配套电子镇流器，将汽车电池的 12 V 电压瞬间提升到 23 kV 以上的触发电压，将氙气大灯中的氙气电离形成电弧放电并使之稳定发光，这种光亮的色温与太阳光相似，但含较多的绿色与蓝色成分，因此呈现蓝白色光。这种蓝白色光大幅提高了道路标志和指示牌的亮度。氙灯发射的光通量是卤素灯的 2 倍以上，同时电能转化为光能的效率也比卤素灯提高了 70% 以上，所以氙灯具有比较高的能量密度和光照强度，而工作电流仅为卤素灯的一半。

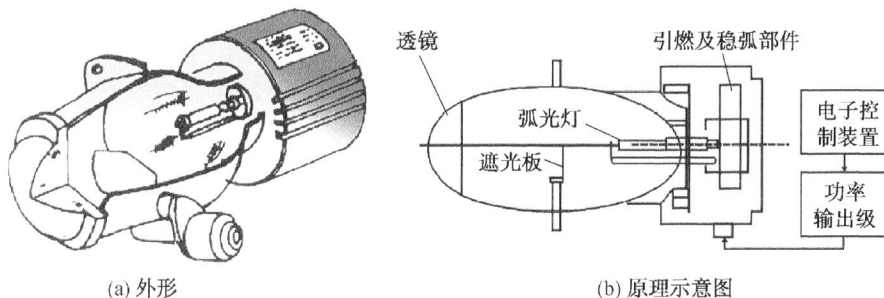

(a) 外形　　　　　　　　　　　(b) 原理示意图

图 6-4　氙气灯泡

反射镜的作用（如图 6-5 所示）就是将灯泡的光线聚合并导向前方。灯丝位于焦点 F 上，灯丝的绝大部分光线（ω 范围内）经反射镜反射后变成平行光束射向远方，只有少部分光线向两侧和上、下方散射，亮度增强几百倍甚至上千倍，使车前 150 m 甚至 400 m 内的路面照得足够清楚。

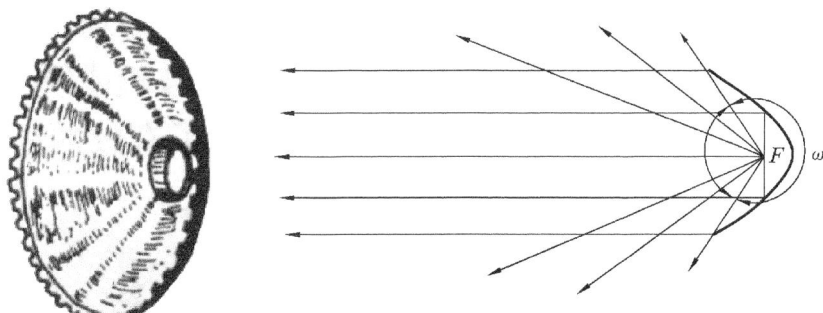

图 6-5　反光镜及其作用

配光镜又称散光玻璃，用透光玻璃压制而成，是很多特殊棱镜和透镜的组合体。外形一般为圆形或矩形，如图 6-6 所示。配光镜的作用是将反射镜反射出的平行光束进行折射，使汽车前路面和路缘都有良好而均匀的照明。

（2）示宽灯

示宽灯主要用来表示车辆的存在及大体的宽度，便于其他车辆在会车和超车时作出准确判断。

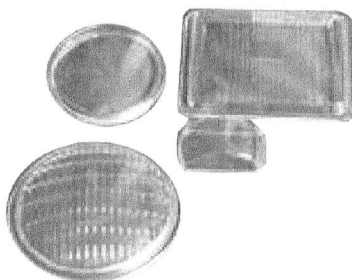

图 6-6　配光镜

（3）转向信号灯

转向信号灯，顾名思义就是在车辆转弯时，起到警示车前或车后的行人或车辆的作用。

转向信号灯按使用材料可分为气体转向灯和 LED 转向灯。按位置可分为前转向灯和后转向灯，前转向灯安装在汽车大灯旁边，用于在转弯时警示前方车辆；后转向灯安装在汽车尾部，用于在转弯时警示后方车辆。

（4）危险报警闪光灯

危险报警闪光灯，通常称为"双跳"，是一种提醒过往车辆与行人注意本车所发生特殊情况的信号灯，特别是后方行驶的车辆。

（5）制动灯

制动灯就是制动时亮起的灯。当驾车人踩下制动踏板时，制动灯即亮起，并发出红色光，以提醒后面的车辆注意；当驾车人松开制动踏板时，制动灯即熄灭。

（6）倒车灯

倒车灯就是车辆挂倒挡时亮起的灯，主要是向其他车辆和行人提示车辆正在倒车，同时在夜间为驾驶员倒车时提供照明。

3. 控制开关

各灯具的工作都受开关控制，灯具开关主要有车灯总开关、转向灯组合开关、危险报警闪光灯开关、制动灯开关、倒车灯开关、顶灯开关等。

（1）转向灯组合开关

转向灯组合开关（如图 6-7 所示）主要控制远光灯、远光灯瞬时接通、左右转向信号灯和驻车信号灯。图 6-7 中，当转向灯组合开关向前推时为远光灯 1，不动时为近光灯 2；向后为远光瞬时接通；打开点火开关往下为左转向信号灯 4，打开点火开关往上为右转向信号灯 5；关闭点火开关往下、往上分别为左、右驻车灯 6。

（2）危险报警闪光灯控制开关

图 6-8 中红色三角形开关就是危险报警闪光灯控制开关，这个开关很简单，就是一个按钮通断开关。

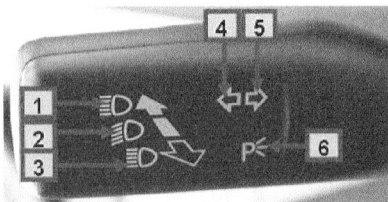

图 6-7　转向灯组合开关

图 6-8　危险报警闪光灯控制开关

（3）倒车灯开关

图 6-9 所示的是倒车灯开关，当车辆挂倒挡时，倒挡开关钢球 1 下移，推杆在弹簧 5 的作用下也下移，使触点 4 闭合，从而接通倒车灯电路；当换其他挡位时，钢球 1 上移，推动推杆上移，压缩弹簧 5，使触点 4 分开，从而断开倒车灯电路。

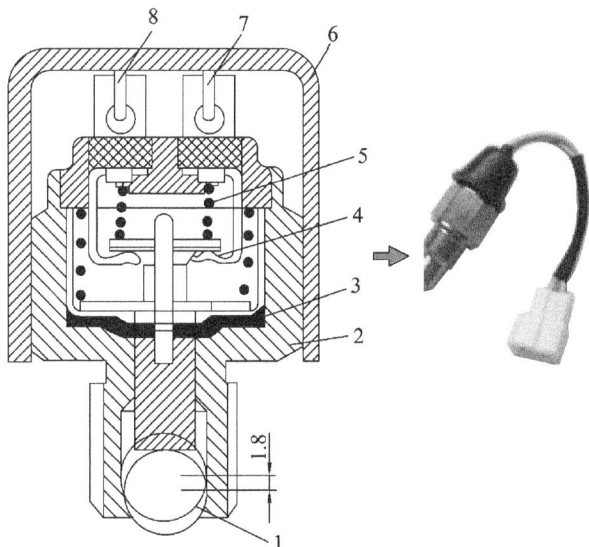

1—钢球；2—壳体；3—膜片；4—触点；5—弹簧；6—保护罩；
7—正极导线；8—负极导线

图 6-9　倒车灯控制开关

（4）制动灯开关

制动灯开关跟倒车灯开关一样，当踩下制动踏板时，开关触点闭合，接通制动灯电路；当松开制动踏板时，断开制动灯电路。

二、组合仪表信号系统

组合仪表由一些可以独立工作的仪表、指示灯组成，能及时为驾驶员提供车辆的运行情况，同时也可以帮助维修人员发现和排除故障。

目前，常见的独立工作的仪表有发动机转速表、燃油量表、冷却液温度表、车速表；常见的信号指示灯有机油压力、充电指示、燃油量、发动机故障指示灯等。

1. 常见独立工作的仪表

（1）发动机转速表

发动机转速表用来显示发动机运转速度。转速表按其结构不同可分为机械式和电子式，目前车辆上基本使用的都是电子式转速表。电子式转速表按转速信号的获取方式不同，可分为从点火系统获取信号的转速表、测取飞轮（或正时齿轮）转速的转速表和从发电机上获取转速信号的转速表。

从点火系统获取信号的转速表工作原理如图 6-10 所示，由 R_1，R_2，C_1 组成的积分电路（作用是给开闭脉冲信号整形）、充放电电容 C、放大管 T、稳压管 D_2（使电容 C 充电电压稳定，提高转速表的测量精度）及转速表 n 等组成。其转速信号取自于点火系统初级电路的脉冲信号。二极管 D_3 起保护作用，防止放大管 T 的集电极出现瞬间高电压被击穿。发动机工作使断电器触点 K 闭合时，放大管 T 的基极搭铁无偏压处于截止状态，经电源正极→R_3→C→D_2→搭铁→电源负极，给电容 C 充电；当触点断开时，放大管 T 的基极电位接近电源电压，T 由截止转为导通，此时电容 C 上充满的电荷→T→转

速表 $n \rightarrow$ 二极管 $D_1 \rightarrow C$ 构成放电回路,驱动转速表。触点重复开闭,电容 C 不断进行充、放电,使转速表 n 显示通过电流的平均值。断电器触点的开闭频率与发动机的转速成正比,通过转速表 n 的放电电流平均值也与发动机的转速成正比。

测取飞轮(或正时齿轮)转速信号的转速表工作原理如图 6-11 所示,它是采用传感器来测取飞轮的转速。发动机转速与曲轴位置传感器一体化,采用电磁感应式;传感器的信号齿上有一个畸变齿,传感器输出的信号既作为发动机转速信号,又作为曲轴位置信号;发动机转速信号输入到发动机 ECU,再由发动机 ECU 通过信号线输送给组合仪表,由组合仪表经过处理和计算后由发动机转速表显示出来。

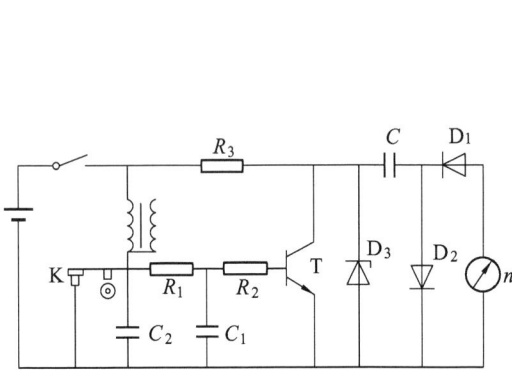

图 6-10 从点火系统获取信号的转速表工作原理

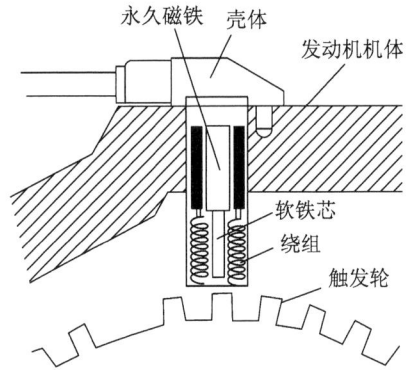

图 6-11 测取飞轮转速信号的转速表工作原理

（2）燃油量表

燃油量表用来显示燃油箱内燃油的多少,其主要由油表总成、油位传感器、仪表电脑和线束组成,如图 6-12 所示。当油箱燃油量变化时,滑动变阻器的滑片的位置也随之变化,使得电路中的电阻也发生变化;通过线束将这个变化的信号传输给仪表电脑,电脑通过内部程序的计算,给燃油表中的步进电机一定的电流,从而使得指针随着油量的变化而变化。

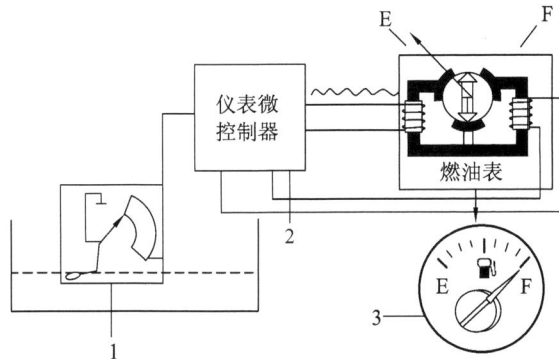

1—燃油油位传感器；2—仪表电脑；3—燃油表

图 6-12 燃油量表工作原理

　　燃油油位传感器的结构如图 6-13 所示,主要由浮子、浮子杆、电位计、滑片和线束组成。当油量变化时,浮子的高度就发生变化,从而带动电位计中的滑片发生偏转,使得电路中的电阻发生变化,这个电阻的变化可以反映油量变化的多少。燃油油位传感器一般和燃油泵构成一个总成安装在油箱内。图 6-14 所示为油浮子接线端子示意。

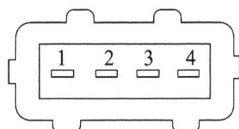

1—油泵正极;2—传感器信号;
3—传感器接地;4—油泵负极
图 6-14　油浮子接线端子

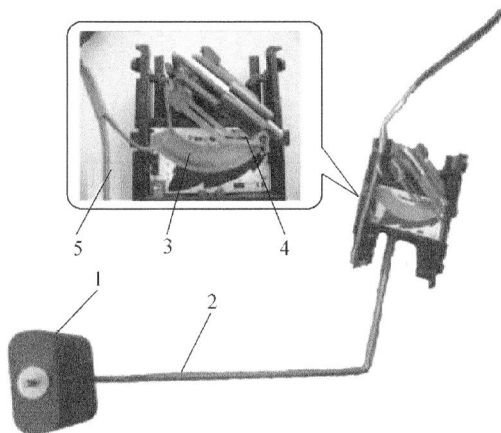

1—浮子;2—浮子杆;3—电位计;
4—滑片;5—线束
图 6-13　燃油油位传感器结构图

（3）冷却液温度表

　　冷却液温度表用来显示发动机冷却水的工作温度。其组成和燃油量表一样,其结构和原理如图 6-15 所示,由装在气缸盖水套中的热敏电阻传感器冷却液温度生成器和装在仪表板上的水温显示表、仪表电脑三部分组成。传感器如图 6-16 所示,由外壳、接线端子、负温度系数热敏电阻(有些车型采用正温度系数热敏电阻)组成;水温显示表由塑料支架、两个串联线圈 L_1,L_2 和带指针的衔铁等组成。

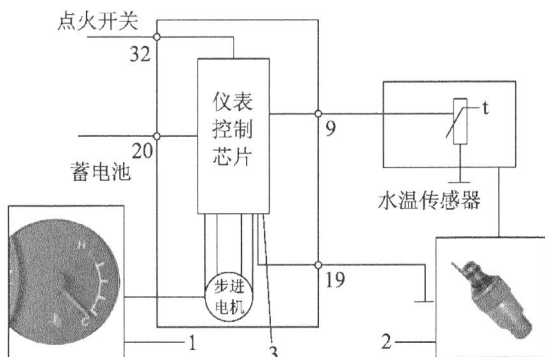

图 6-15　冷却液温度表工作原理

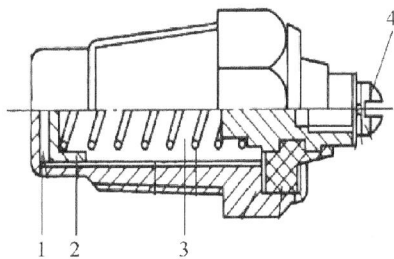

1—热敏电阻;2—导电套;
3—导电弹簧;4—端钮
图 6-16　冷却液温度传感器结构图

（4）车速表

　　车速表用来显示车辆行驶速度和行驶里程。车速传感器有电磁式、霍尔式、光电式三种。其结构原理和曲轴位置传感器相同,如图 6-17 所示。

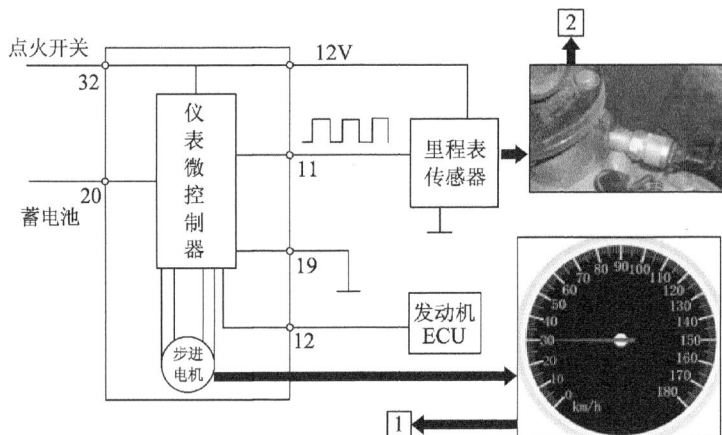

图 6-17　车速表工作原理

2. 仪表指示灯

仪表指示灯是用来向驾驶员反映车辆的技术状况,以便驾驶员及时发现车辆的潜在故障。汽车仪表指示灯有发动机故障指示灯、水温指示灯、机油指示灯、电瓶指示灯、油量指示灯、转向指示灯等。常用的仪表指示灯及各自的含义见表 6-1。

表 6-1　常用仪表指示灯的含义

名称	功能	名称	功能
电瓶指示灯	该指示灯用来显示电瓶使用状态。打开点火开关,车辆开始自检时,该指示灯点亮。起动后自动熄灭。如果起动后电瓶指示灯常亮,说明该电瓶出现了使用问题,需要更换	机油指示灯	该指示灯用来显示发动机内机油的压力状况。打开钥匙门,车辆开始自检时,指示灯点亮,起动后熄灭。该指示灯常亮,说明该车发动机机油压力低于规定标准,需要维修
油量指示灯	该指示灯用来显示车辆内储油量的多少。当钥匙门打开,车辆进行自检时,该油量指示灯会短时间点亮,随后熄灭。如起动后该指示灯点亮,则说明车内油量已不足	水温指示灯	该指示灯用来显示发动机内冷却液的温度。钥匙门打开,车辆自检时,该灯会点亮数秒,后熄灭。水温指示灯常亮,说明冷却液温度超过规定值,需立刻暂停行驶。水温正常后熄灭
发动机指示灯	该指示灯用来显示车辆发动机的工作状况。当打开钥匙门,车辆自检时,该指示灯点亮后自动熄灭,如常亮则说明车辆发动机出现了机械故障,需要维修	转向灯指示灯	该指示灯是用来显示车辆转向灯所在的位置。通常为熄灭状态。点亮转向灯时,该指示灯会同时点亮相应方向的转向指示灯,转向灯熄灭后,该指示灯自动熄灭
远光指示灯	该指示灯是用来显示车辆远光灯的状态。通常的情况下该指示灯为熄灭状态。点亮远光灯时,该指示灯会同时点亮,提示车辆的远光灯处于开启状态	示宽灯指示灯	该指示灯是用来显示车辆示宽灯的工作状态,平时为熄灭状态,当示宽灯打开时,该指示灯随即点亮。当示宽灯关闭或者关闭示宽灯打开大灯时,该指示灯自动熄灭

三、声响信号系统

声响信号系统是利用声音提示向驾驶员和其他环境示意。

喇叭是保证汽车安全行驶的重要声响提示系统,是车辆与车辆之间或者车辆与行人之间交通信息沟通的重要工具。《机动车安全管理条例》中明确规定,每辆机动车必须配备一只性能良好的喇叭。现在汽车上一般配备两只喇叭,即一只高音喇叭和一只低音喇叭,由两只喇叭共同发声来产生混响,对其他车辆或行人起到警示作用。

喇叭按其发音动力有电喇叭和气喇叭之分;按外形分有螺旋形、筒形和盆形三类;按声频可分为高音和低音喇叭;按接线方式可分为单线制和双线制喇叭;按有无触点可分为有触点式(普通式)电喇叭和无触点式(电子式)电喇叭。其中,气喇叭主要用于具有空气制动装置的重型载重车上,电喇叭具有结构简单、体积小、质量轻、声音悦耳且维修方便的特点,因而在中小型车辆中获得了广泛应用。

盆形电喇叭是靠金属膜片的振动而发出声音。汽车盆形电喇叭,如图6-18所示,由活动铁芯、电磁线圈、触点、铁芯、膜片等组成。按下喇叭开关时,电流经触点通过线圈,使线圈产生磁力吸下活动铁芯,从而强制膜片和衔铁移动使触点断开,电流中断,线圈磁力消失,膜片在自身弹性和弹簧片作用下同活动铁芯一起恢复原位,触点闭合电路再次接通,电流通过触点流经线圈

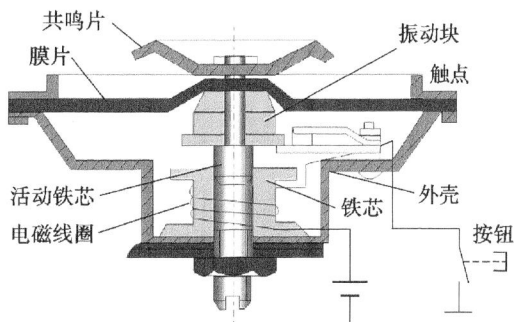

图6-18 盆型喇叭构造

产生磁力,重复上述动作。如此反复循环,膜片不断振动,使得振动块不断地撞击铁芯,从而发出音响。共鸣板与膜片刚性连接,可使振动平顺,发出声音更加悦耳。

螺旋形电喇叭、筒形电喇叭和盆形电喇叭工作原理一样。

电喇叭的电路如图6-19所示,由喇叭按钮、喇叭继电器(H\B\C三个端子)和电源组成。喇叭继电器主要用于保护喇叭开关,按下喇叭按钮后,就接通喇叭继电器的线圈电路,从而接通喇叭电路。

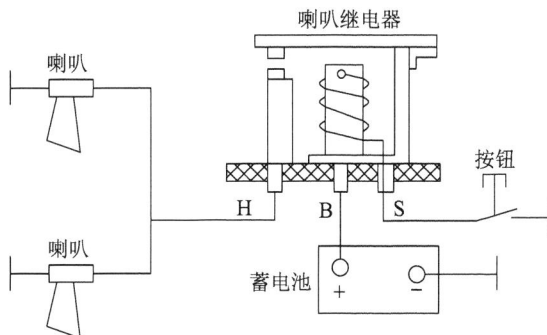

图6-19 双音电喇叭电路

任务二　灯具系统的检修

一、灯具系统各部件的检查

灯具系统中各灯具基本上都由电源、保险丝、继电器、灯光开关、搭铁点、电脑及线束等组成。当这些部件出现问题，都会导致灯具系统出现故障，因此必须能够正确检查灯具系统的各部件。

1. 保险丝的检查

灯具系统应用的保险丝很多，若电路中的电流过大，则保险丝会自动熔断，以防止电路中的电流过大而导致灯泡烧毁。保险丝的电阻值一般都用万用表的欧姆挡来测量，其电阻值应始终小于 $0.5\ \Omega$。

2. 继电器的检查

灯具系统中应用的继电器（A\B\C\D 四个端子）主要是前照灯继电器和闪光继电器等，其作用是以小电流控制大电流，防止开关触点烧蚀。其内部结构如图 6-20 所示。

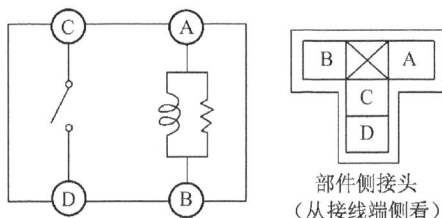

部件侧接头
（从接线端侧看）

图 6-20　继电器结构图

3. 灯泡的检查

灯泡常见的故障有灯丝烧断、灯泡发黑、触点磨损等，当灯泡出现上述现象时，都需要更换灯泡。

4. 电源的检查

要想电气系统正常工作，蓄电池电压应大于 $10.8\ \mathrm{V}$；若低于 $10.8\ \mathrm{V}$，就应先对蓄电池进行充电，用万用表的电压挡来检查。

5. 灯光控制开关的检查

车灯控制开关是控制各种灯具的，当灯光开关打到相应灯系挡位时，相应的端子就应该接通，用万用表测量两端子时，电阻值应小于 $1\ \Omega$。

6. 线束的检查

没有损坏的线束其电阻值应小于 $0.5\ \Omega$，可以用万用表欧姆挡直接测量，若电阻较大，说明线束断路。对于灯泡的电源线，还要测量其是否对地短路，若短路，需维修或更换线束。

二、灯具系统的常见故障及原因

1. 前照灯常见故障及原因

前照灯常见的故障现象及可能的故障部位见表 6-2。

表 6-2　前照灯故障现象及可能发生故障的部位表

故障现象	可能的故障部位
近光灯不亮（一侧不亮）	① 左近光灯保险或右近光灯保险 ② 灯泡 ③ 近光灯电路 ④ 继电器控制模块
近光灯不亮（两侧都不亮）	① 左近光灯保险和右近光灯保险 ② 灯泡 ③ 组合开关控制电路 ④ 近光灯电路 ⑤ 继电器控制模块
远光灯不亮（一侧不亮）	① 左远光灯保险或右远光灯保险 ② 灯泡 ③ 远光灯电路 ④ 继电器控制模块
远光灯不亮（两侧都不亮）	① 左远光灯保险和右远光灯保险 ② 灯泡 ③ 组合开关控制电路 ④ 远光灯电路 ⑤ 继电器控制模块
前灯灯光昏暗（亮度不够）	① 蓄电池电压 ② 近光灯灯泡 ③ 远光灯灯泡 ④ 线束
超车灯不工作（远光灯与近光灯正常）	① 组合开关控制电路 ② 继电器控制模块

2. 转向灯、危险警告灯常见故障及原因

转向灯、危险警告灯常见的故障现象及可能的故障部位见表 6-3。

表 6-3　转向灯、危险警告灯故障现象及可能发生故障的部位

故障现象	可能的故障部位
打左、右转向开关和按下紧急报警开关时，转向灯都不工作	① 转向灯/紧急告警灯保险 ② 闪光继电器 ③ 转向灯/紧急告警灯电路 ④ BCM（车身控制模块）
按紧急报警开关时不工作（转向时正常）	① 紧急报警开关电路 ② BCM
打左、右转向时，转向灯都不工作（危险报警工作正常）	① 组合开关控制电路 ② BCM
一侧转向灯全不亮	① 组合开关控制电路 ② 转向灯/紧急告警灯电路 ③ 闪光继电器 ④ BCM
只有一个或几个转向灯不亮	① 灯泡 ② 线束

3. 制动灯常见故障及原因

制动灯常见的故障及可能的故障部位见表 6-4。

表 6-4　制动灯故障现象及可能发生故障的部位

故障现象	可能的故障部位
制动灯不亮（高位和左、右制动灯都不亮）	① 喇叭/制动灯保险 ② 制动灯电路
只有一个制动灯不亮	① LED 灯 ② 线束

4. 倒车灯常见故障及原因

倒车灯常见的故障现象及可能的故障部位见表 6-5。

表 6-5　倒车灯故障现象及可能发生故障的部位

故障现象	可能的故障部位
倒挡时倒车灯都不亮	① 倒车灯开关电路 ② 倒车灯电路 ③ BCM
仅一个倒车灯不亮	① 灯泡 ② 线束

三、灯具系统故障的诊断步骤

1. 确认故障现象，检查明显的故障

确认故障的问题，目视检查有无机械或电器方面的明显故障，排除灯泡损坏的问题。如发现明显的故障，在进行下一步以前应将故障解决。注意：在更换灯泡前，必须确认已关闭灯开关，同时更换的新灯泡与旧灯泡的型号必须相同。

2. 故障检查

（1）检查与此对应的线束电源端电压是否在 12 V 左右。如果不是 12 V 左右的电压，则检查保险、继电器、线路及开关等部件；如果为 12 V 左右的电压，则进入下一步。

（2）检查搭铁端电阻阻值是否为 0.5 Ω 以下，如果不是，则维修搭铁线及搭铁点，若正常，更换灯泡（此处灯泡的损坏不易被发现）。

任务三　仪表系统的检修

一、组合仪表常见部件的检修

组合仪表主要由组合仪表控制单元、各种信号开关和传感器、仪表和指示灯、线束等组成。当这些部件出现故障时，组合仪表的工作就会出现异常。

1．开关及传感器的检修

（1）燃油存量传感器的检修

如图 6-21 所示，检查燃油存量传感器，端子 a 和 b 之间的电阻随着浮子位置的改变而变化。当浮子到达最低点 d 和最高点 c 时，分别用万用表测量燃油存量传感器端子"a"和"b"的电阻，如果测试结果不符合规定值（不同车型的燃油存量传感器阻值不一样，需根据车型查阅维修手册），则需更换输油泵总成。

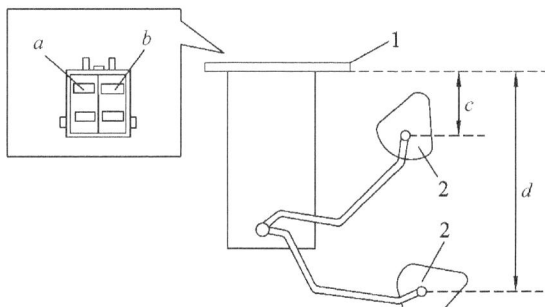

1—燃油泵；2—浮子

图 6-21　汽车燃油存量传感器检测图

（2）机油压力开关的检修

断开机油压力开关插头，如图 6-22 所示检查机油压力开关端子 2 和机体 3 之间的导通情况。发动机运转时应不导通，发动机停止运转时应导通，如果检查结果不符合要求，则更换机油压力开关。

（3）驻车制动开关的检修

断开驻车制动开关插头，如图 6-23 所示检查驻车制动开关端子 1 和发动机机体之间的导通情况。当驻车制动操纵杆拉起时应导通，当驻车制动操纵杆放下时不导通，如发现不良，则应更换驻车制动开关。

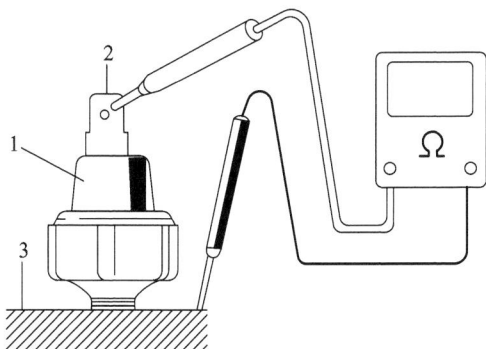

1—机油压力开关端子；2—机油压力开关；
3—发动机机体

图 6-22　机油压力开关检测图

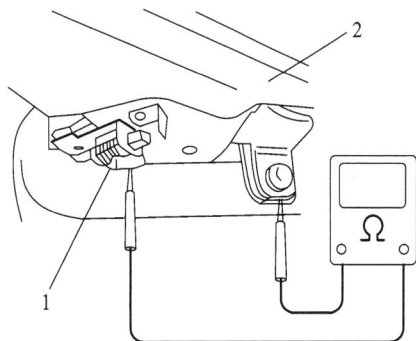

1—驻车制动开关端子；
2—发动机机体

图 6-23　驻车制动开关检测图

2. 各仪表和指示灯的检修

（1）组合仪表车速表的检修

如图 6-24 所示准备好维修配线、数字式万用表和举升车辆（确认车辆支撑可靠），将点火开关置于"ON"，并将车辆置于空挡，转动车轮，用万用表测量电压是否在 0～5 V 或更高的范围内波动（如没有信号，检查线束及车速传感器），同时对组合仪表车速表进行观察，若指针反应不正常，更换组合仪表。

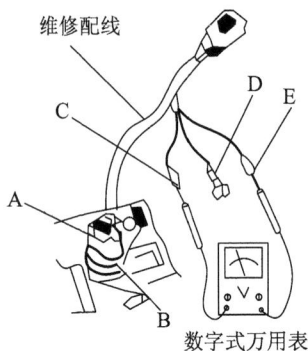

A—车速传感器维修配线插座；B—车速传感器；C—车速传感器信号串接口；D—车速传感器电源串接口；E—车速传感器接地串接口

图 6-24　车速传感器安装示意图

（2）组合仪表转速表的检修

当蓄电池电压为 13.5±0.5 V，环境温度为 25±5 ℃时，起动发动机，外接故障诊断仪测量转速，测试仪检测转速值与组合仪表反映转速值应符合表 6-6，若不在范围内，需要维修转速表。

表 6-6　转速表允许范围值

测试值（r/min）	组合仪表反映值（r/min）
1 000	900～1 100
3 000	2 800～3 200
5 000	4 800～5 200

（3）组合仪表、燃油表的检修

脱开燃油油位传感器线束连接器，将点火开关转至于"ON"，检查燃油表指针位置（指针应指在 E 位置）；如果不正常，说明线束间有短路或组合仪表有故障。

将燃油油位传感器配线侧连接器端子短接，将点火开关转至"ON"，检查燃油表指针位置（指针应指在 F 位置）；如果不正常，说明线束间有断路或组合仪表有故障。

（4）燃油油位警告灯的检修

脱开燃油油位传感器线束连接器，将点火开关转至"ON"，燃油表指针应指在 E 位置，燃油油位警告灯应点亮。

（5）组合仪表水温表的检修

脱开冷却液温度传感器线束连接器，将点火开关转至"ON"，检查水温表指针位置

(指针应指在 C 位置);将冷却液温度传感器配线侧连接器端子短接,检查水温表指针位置(指针应指在 H 位置)。

（6）驻车制动指示灯的检修

当驻车制动操纵杆拉起时,驻车制动灯应点亮;当驻车制动操纵杆放下时,驻车制动灯应熄灭。

二、组合仪表常见故障及原因

组合仪表主要包括组合仪表总成、发动机转速表、车速表、水温表、燃油量表、未锁警告蜂鸣器、手刹指示灯等,其常见故障及原因见表 6-7。

表 6-7　组合仪表常见故障及原因

故障现象	故障原因
组合仪表不工作	① 组合仪表保险丝有故障 ② 组合仪表电脑电源、搭铁的配线和连接器有故障 ③ 组合仪表电脑有故障
车速表故障	① 车速传感器有故障 ② 配线和连接器有故障 ③ 组合仪表有故障
转速表故障	① 发动机转速传感器及其线束有故障 ② 发动机电脑和组合仪表的通信线路有故障 ③ 发动机或 ECM(引擎控制模块)有故障 ④ 组合仪表有故障
燃油表故障	① 燃油油位传感器有故障 ② 配线和连接器有故障 ③ 组合仪表有故障
水温表故障	① 冷却液温度传感器有故障 ② 配线和连接器有故障 ③ 组合仪表有故障
其他指示灯工作不正常	① 对应指示灯开关有故障 ② 配线和连接器有故障 ③ 组合仪表有故障

任务四　声响系统的检修

一、喇叭系统部件的检修

喇叭系统由隐藏在方向盘中央安全气囊模块饰盖下方的喇叭开关起动。按下安全气囊模块饰盖的喇叭开关,即起动喇叭继电器,起动的喇叭继电器将所需电流导向喇叭。

1. 喇叭保险丝的检修

用万用表欧姆挡测量喇叭保险丝的电阻,其阻值应小于 $0.5\ \Omega$,否则应更换保险丝。

2．喇叭继电器的检修

（1）如图 6-25 所示，在不通电的情况下用万用表分别测量继电器 85♯ 和 86♯、30♯ 和 87♯ 之间的导通性，其中 85♯ 和 86♯ 导通，30♯ 和 87♯ 应不通，否则更换继电器。

（2）如图 6-25 所示，在对 85♯ 和 86♯ 之间通电的情况下，用万用表测量 30♯ 和 87♯ 之间时应导通，否则更换继电器。

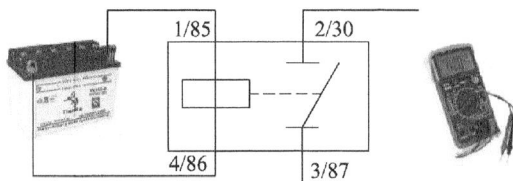

图 6-25　喇叭继电器的检修

3．喇叭的检测

（1）如图 6-26 所示，用万用表测量喇叭极桩之间的电阻，应在几欧姆左右，否则更换喇叭。

（2）如图 6-27 所示，对喇叭通电，观察喇叭响声是否正常，若不正常，应调整和更换喇叭。

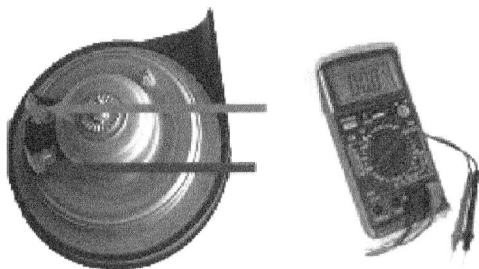

图 6-26　喇叭电阻的检测

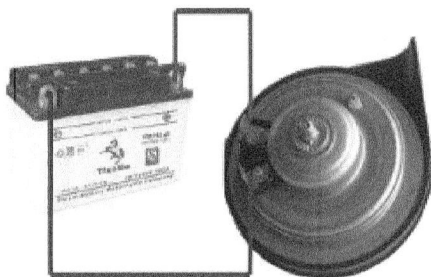

图 6-27　喇叭通电的检修

4．喇叭开关的检查

如图 6-28 所示，检查喇叭开关簧片有无损坏，接触是否良好。如果不正常，更换喇叭开关。

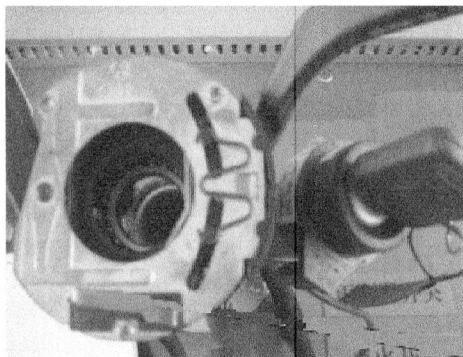

图 6-28　喇叭开关的检修

5．电喇叭系统线束的检修

喇叭的电源线和搭铁线阻值都必须小于 0.5 Ω，否则更换线束。

二、汽车喇叭常见故障及原因分析

汽车喇叭常见的故障现象有两个喇叭都不工作、喇叭持续鸣叫和单个喇叭不工作，其常见故障和原因见表6-8。

表6-8 喇叭常见故障及原因

故障现象	故障原因
两个喇叭都不工作	① 喇叭保险丝熔断 ② 喇叭继电器失效 ③ 喇叭开关失效 ④ 喇叭失效 ⑤ 时钟弹簧有故障 ⑥ 线束有故障
两个喇叭持续鸣叫	① 喇叭继电器失效 ② 喇叭开关失效 ③ 线束有故障
单个喇叭不工作	① 喇叭失效 ② 线束有故障

思考题

1. 前照灯的光学系统主要由哪几部分组成？各起什么作用？
2. 试述转向信号系统电路的组成和工作过程。
3. 电子组合仪表一般有哪些常见仪表？
4. 车辆上常见的外部灯具有哪些？
5. 灯具出现故障时需要进行哪些检查？
6. 简述车辆声响系统的作用。
7. 下图为转向、报警灯电路，请分析当报警信号及后右转向灯工作正常，但前右转向灯不亮时的可能原因。

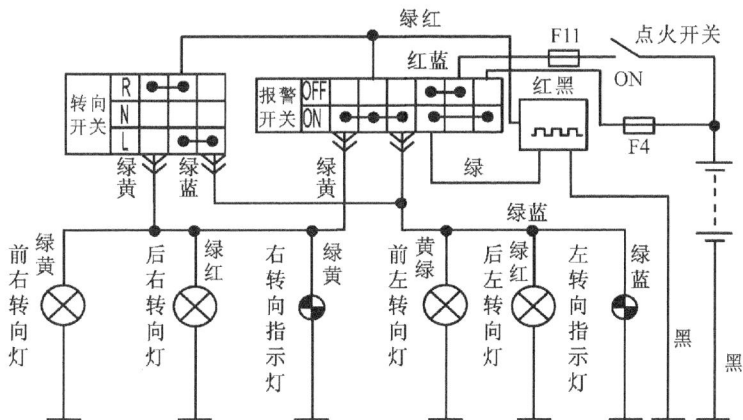

转向、报警灯电路

8. 如下图所示的燃油量警报装置,当燃油量不足时,报警灯不亮,请说明此燃油报警装置的工作过程,并分析可能的原因。

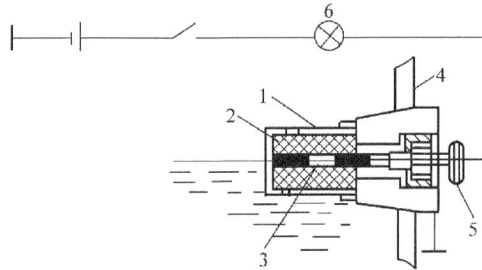

1—外壳;2—防爆用金属片;3—负温度系数热敏电阻元件;
4—油箱外壳;5—接线柱;6—警告灯

燃油量报警装置

模块七　电气辅助设备

模块任务

1. 了解制冷系统的组成及原理；
2. 掌握制冷系统中元器件的结构和功用；
3. 了解暖风系统的组成及工作原理；
4. 掌握空调系统常见故障的检查与排除。

任务一　空调系统概述

一、空调系统的功用及组成

车用空调装置能对车内空气进行调节,使车内空气的温度、湿度、流速和洁净度达到人体所需要的范围。目前,越来越多的工程建设机械装备了空调系统。空调系统一般包括制冷系统、暖风系统和通风换气系统等。其中,制冷系统用于气温炎热时车内空气的降温与除湿;暖风系统用于天气严寒时车内的供暖与驾驶室风窗玻璃的除霜;通风换气系统进行强制性换气,保持车内空气新鲜、清洁。

二、制冷系统的组成及原理

车用空调制冷系统由制冷剂与压缩机油、压缩机、冷凝器、膨胀阀、贮液干燥器、蒸发器、冷凝器风扇、鼓风机等组成。各部分用耐压金属铜管或耐压、耐氟橡胶软管依次连接,图 7-1 所示为空调制冷系统的组成,图 7-2 所示为制冷装置工作原理图。

制冷系统每个工作循环有 4 个基本过程,分别是:

(1)压缩过程(在压缩机内完成):发动机用皮带驱动压缩机,吸入蒸发器中吸收热量而汽化的温度(约 5 ℃)和低压(约 0.15 MPa)制冷剂蒸汽,将其压缩成高温(70～80 ℃)高压(1.3～1.5 MPa)的气体,经高压管路送入冷凝器中。

(2)放热过程(在冷凝器上完成):高温高压的过热制冷剂气体进入冷凝器后,冷凝器风扇使流过冷凝器的空气带走制冷剂大量的热量,制冷剂由气体冷凝成液体(约50 ℃,压力仍为 1.3～1.5 MPa),从冷凝器流通管道流出的制冷剂温度大大降低。

（3）节流过程：从冷凝器流出的液态制冷剂进入储液干燥器，除去水分和杂质后经高压管送至膨胀阀。由于膨胀阀的节流作用，压力和温度急剧下降，制冷剂以雾状（细小液滴）形式排出到蒸发器内。

（4）吸热过程（在蒸发器上完成）：进入蒸发器后的雾状制冷剂，其温度（约 $-5\ ℃$、压力约 0.15 MPa）远低于蒸发器周围的温度。随着鼓风机抽入车内的热空气吹过蒸发器散热片，制冷剂液体吸收流过蒸发器散热片的热量后蒸发成气体，同时从蒸发器出风口流出的风得到冷却，变成低温低压的制冷剂气体，又被吸入压缩机，进入下一个工作循环。上述过程周而复始地进行下去，即可降低汽车车厢内部空气的温度和湿度。

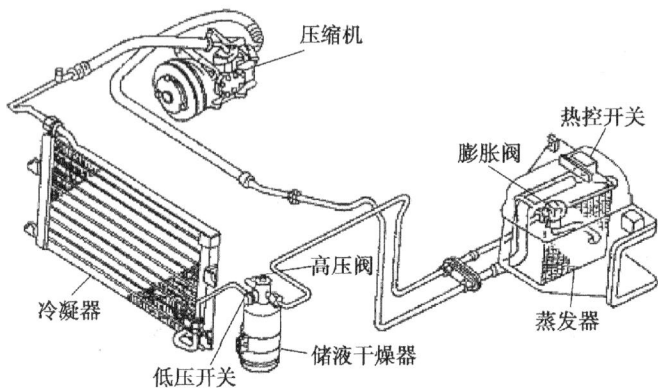

图 7-1　空调制冷系统的组成

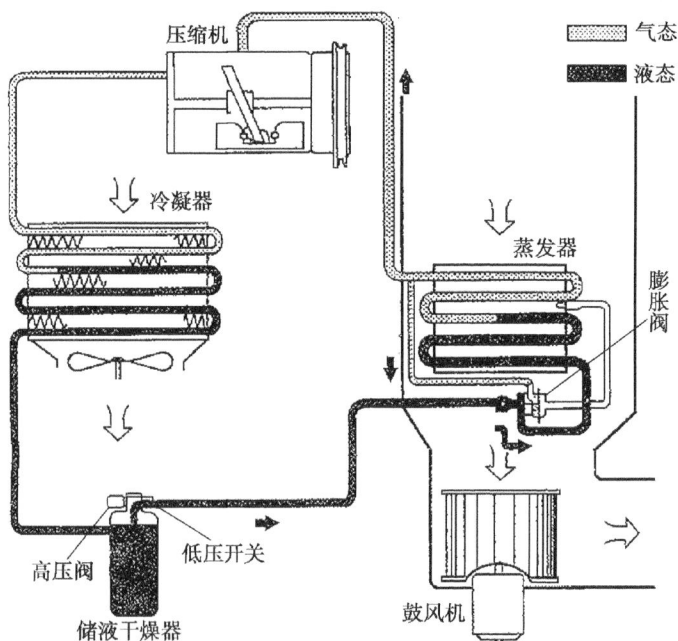

图 7-2　空调制冷装置工作原理图

三、制冷系统主要组成部件及工作原理

制冷系统所使用的部件主要包括:空调压缩机、冷凝器、储液干燥器、蒸发器、膨胀阀等。

（1）空调压缩机

空调压缩机是制冷装置的核心部件,其作用是把蒸发器中吸收热量后的低温低压制冷剂蒸气吸入并压缩成高温高压的气体,然后送往冷凝器,以保证制冷剂在制冷装置中不断循环。

车用空调制冷装置广泛采用容积式压缩机,即制冷剂蒸气的压力提高是靠原有的容积被强制缩小,使单位容积内气体分子数目增加来实现的,其分类如下:

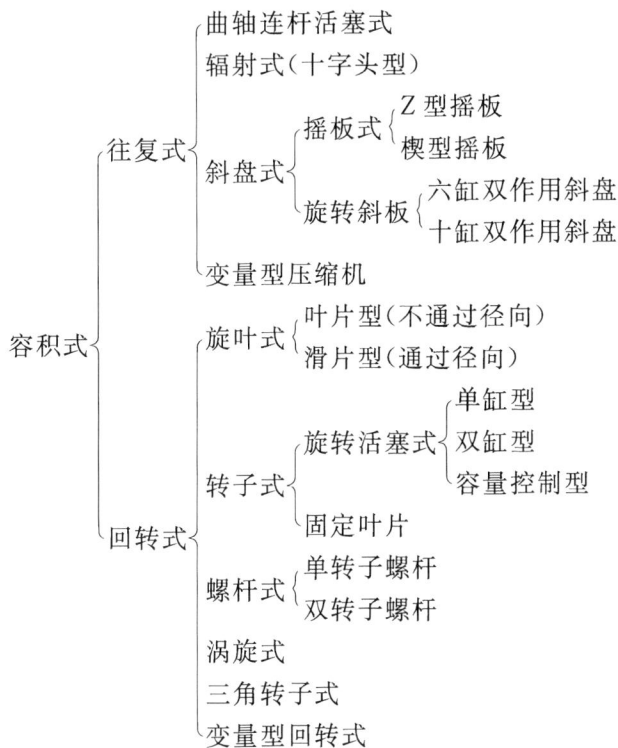

```
            ┌ 往复式 ┬ 曲轴连杆活塞式
            │        ├ 辐射式（十字头型）
            │        │                    ┌ Z 型摇板
            │        ├ 斜盘式 ┬ 摇板式 ┤
            │        │        │           └ 楔型摇板
            │        │        │           ┌ 六缸双作用斜盘
            │        │        └ 旋转斜板 ┤
            │        │                    └ 十缸双作用斜盘
            │        └ 变量型压缩机
   容积式 ┤                               ┌ 叶片型（不通过径向）
            │                   ┌ 旋叶式 ┤
            │                   │        └ 滑片型（通过径向）
            │                   │                       ┌ 单缸型
            │                   ├ 转子式 ┬ 旋转活塞式 ┼ 双缸型
            │                   │        │              └ 容量控制型
            └ 回转式 ┤         │        └ 固定叶片
                                │                ┌ 单转子螺杆
                                ├ 螺杆式 ┤
                                │                └ 双转子螺杆
                                ├ 涡旋式
                                ├ 三角转子式
                                └ 变量型回转式
```

空调压缩机由电磁离合器和压缩机两部分组成。

① 电磁离合器。电磁离合器由压板、皮带轮和定子组成,如图 7-3 所示。

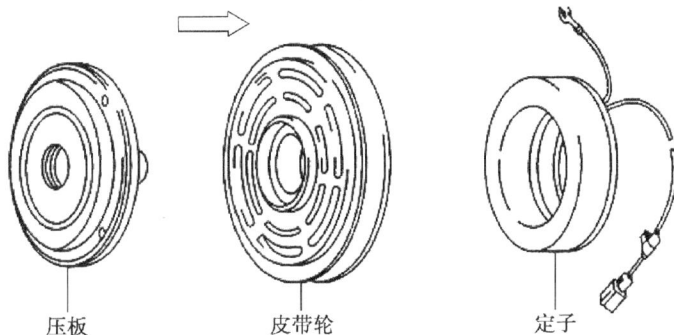

压板　　　　　　皮带轮　　　　　　定子

图 7-3　电磁离合器

电磁离合器的工作原理:当电磁绕组断电时,压板与皮带轮端面有一定的间隙(具体间隙值参见维修手册)。由于主轴与压板相连,所以当发动机运转时,皮带轮空转。而当电磁绕组通电时,利用电磁吸力将压板与皮带轮紧紧吸合在一起,从而主轴被驱动,即压缩机开始工作。

② 空调压缩机。汽车用的空调压缩机结构形式有多种。图 7-4 所示的是斜盘式压缩机结构示意图。

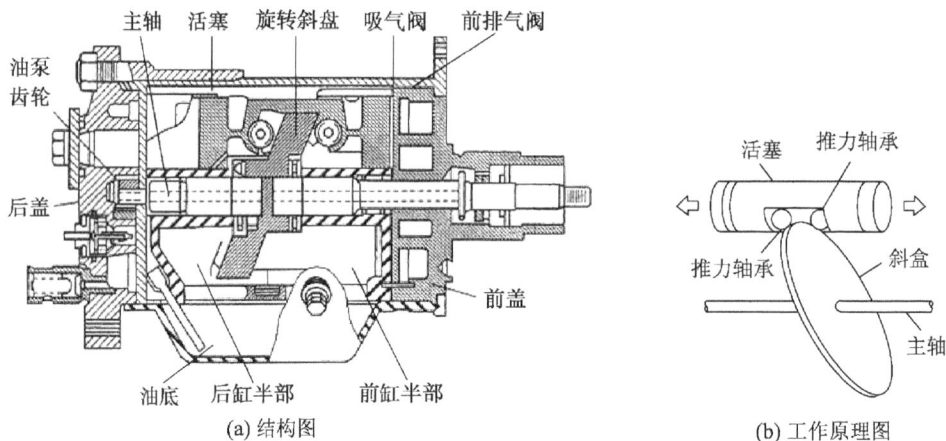

(a) 结构图　　　　　　　　　　　　(b) 工作原理图

图 7-4　斜盘式压缩机

斜盘式压缩机是一种轴向活塞式压缩机,活塞制成双头活塞,双头活塞的两活塞各自在相对的气缸(一前一后)中滑动,活塞的一头在前缸中压缩制冷剂蒸气时,活塞的另一头就在后缸中吸入制冷剂,反向时互相对调。各缸均备有高、低压气阀,另有一根高压管,用于连接前、后高压腔。斜盘与压缩机主轴固定在一起,当主轴旋转时,斜盘也随着旋转,斜盘边缘推动活塞做轴向往复运动。如果斜盘转动一周,前、后两个活塞各完成压缩、排气、膨胀、吸气一个工作循环。

(2) 冷凝器

① 作用。冷凝器是一种散热器,其作用是将压缩机排出的高温、高压制冷剂蒸气进行冷却,使其凝结为高压的液体制冷剂。制冷剂蒸发所放出的热量,被流动的空气带走,排到大气中。

② 结构。冷凝器结构在形式上主要有管片式、管带式和片式三种。它主要由冷凝器制冷剂流通管道和散热片组成,散热片的作用是增大整个散热器的热量交换面积。图 7-5 所示是管带式冷凝器结构示意图。

③ 原理。冷凝器风扇将外界空气强制吹过冷凝器的散热片,将高温的制冷剂蒸发的热量带走,使之成为液态制冷剂。

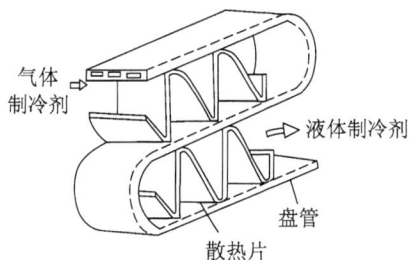

图 7-5　管带式冷凝器的结构示意图

(3) 蒸发器

① 作用。蒸发器是空调制冷系统中获得冷气的直接器件,其作用是将来自热力膨

胀阀的低温低压液态制冷剂在其管道中蒸发,使蒸发器和周围空气的温度降低,同时对空气起除湿作用。

蒸发器的结构主要由蒸发器制冷剂流通管道和散热片组成,如图 7-6 所示。

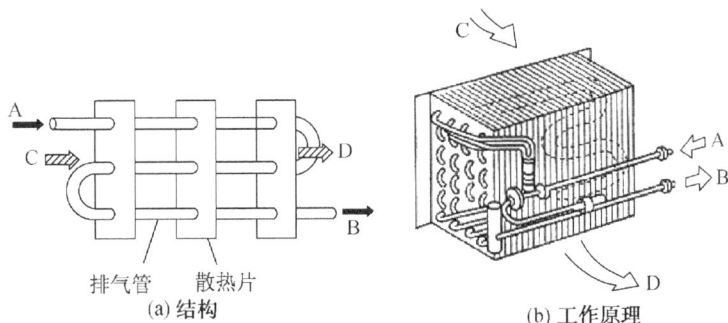

A—来自膨胀阀的液态制冷剂；B—气态制冷剂；C—车室内热空气；D—从蒸发器吹出

图 7-6　蒸发器的结构与原理

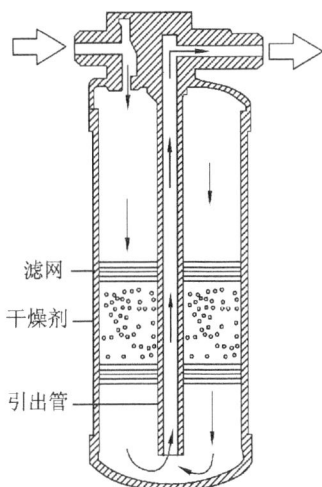

图 7-7　贮液干燥器构造

② 原理。进入蒸发器排管内的低温低压液态制冷剂,通过管壁吸收穿过蒸发器传热表面空气的热量,使之降温。与此同时,空气中所含的水分由于冷却而凝结在蒸发器表面,经收集排出,使空气除湿,被降温除湿后的空气由鼓风机吹进车室内,就可使车内获得冷气。

(4) 贮液干燥器

贮液干燥器的结构通常由贮液干燥器体、过滤器、干燥剂、引出管和玻璃观察窗等构成,如图 7-7 所示。

贮液干燥器安装在冷凝器和膨胀阀之间,其作用是:临时贮存液态制冷剂,滤除制冷剂中的杂质,吸收制冷剂中的水分;玻璃观察窗能用于观察系统制冷剂循环流动的具体情况。

(5) 膨胀阀

① 作用。膨胀阀又称节流阀,安装在蒸发器的入口处,其作用是将来自贮液干燥器的高压液体制冷剂节流降压、降温,并自动调节和控制蒸发器的液体制冷剂量以适应制冷负荷的变化。

典型的膨胀阀有内、外平衡式热力膨胀阀,如图 7-8 所示。

② 原理。以外平衡式热力膨胀阀为例,膨胀阀主要由调节和感温两部分构成。感温包固定在蒸发器出口处或尾管处,其感应出尾管处的温度后,通过毛细管对膨胀阀中的膜片产生压力 P_f。当该压力大于蒸发器的制冷内压力 P_c 与弹簧力的合力时,针阀从阀座移开,此时流入蒸发器的制冷剂的流量由少变多。随着进入蒸发器的制冷剂的增加,蒸发器制冷剂与蒸发器周围交换的热量增多,尾管处的气体压力 P_c 升高而变化明显,所以针阀上移,关小节流口的开度,允许通过的制冷剂量减少,直至膜片上下的合力重新平衡为止,膨胀阀就是如此反复地调节进入蒸发器制冷剂的量,使其与制冷强度相匹配。

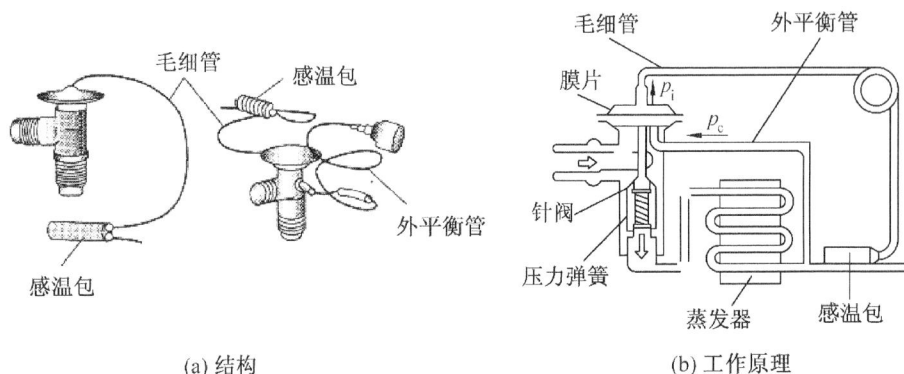

(a) 结构   (b) 工作原理

图 7-8　膨胀阀的结构与工作原理

四、暖风系统的组成及工作原理

（1）暖风系统的组成

暖风系统是一种将空气送入热交换器，吸入来自热源的热量，从而提高空气温度的装置。暖风系统由暖风分配箱总成、风道及风门等组成，如图 7-9 所示。

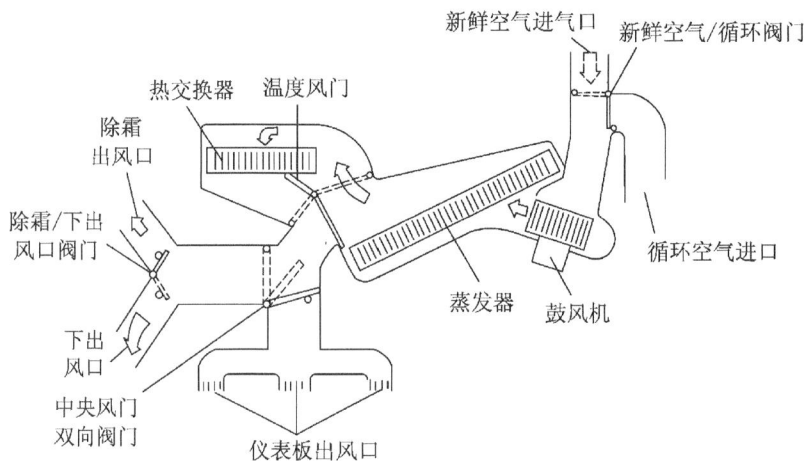

图 7-9　暖风系统组成示意图

暖风系统的工作过程是通过操纵暖风控制面板上各种控制开关来配制适宜温度、湿度及流量的空气。

暖风控制面板（如图 7-10 所示）上一般设有功能选择开关、温度开关、调风开关、后窗除霜开关、空调开关和再循环控制开关。功能选择开关用于气流模式选择；温度开关用于温度风门（又称空气混合门）开度调节；调风开关用于调节鼓风机的转速；后窗除霜开关用于接通后挡风玻璃上的除霜电路；空调开关用于接通制冷电路或向空调电脑发出制冷请求；再循环控制开关用于控制进入车内的新鲜空气量。

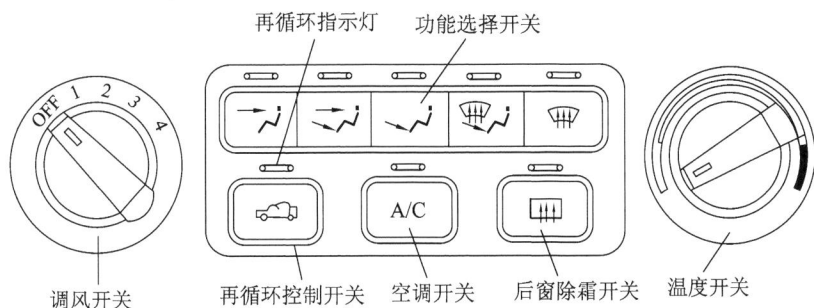

图 7-10 暖风系统的控制面板

（2）暖风系统的分类及工作原理

根据热源的不同,车用暖风系统分为非独立式和独立式两种。

① 非独立式(又称发动机热源式)暖风系统是以发动机运转时的冷却水(80～95 ℃)为热源,通过一个热交换器和离心风机组成的暖风机,使流经暖风机的空气被加热,从而使驾驶室及车厢内的温度上升。非独立式暖风系统的制热量较小,并且采暖量受发动机工况的影响较大,但它结构简单、成本低、耗能少,因此被较多的工程建设机械采用。

② 独立式(即独立热源式)暖风系统是由安装在底盘上的采暖器向驾驶室及车厢供热。

独立式暖风系统的采暖器有直接式和间接式两种,其中,直接式采暖器是燃料燃烧后由换热器直接加热来自驾驶室及车厢的空气,然后由风机和地板通道将暖风均匀地送入驾驶室及车厢内。这种型式的采暖器结构简单、价格低,但存在密封不好时会使燃气进入驾驶室及车厢内而造成污染的可能。间接式采暖器是将燃料燃烧而加热的水送至换热器中,进而使驾驶室及车厢内的空气温度升高,空气循环也是靠风机来完成。这种型式的采暖器结构较复杂、价格高,但能保证驾驶室及车厢内的空气清新。此外,它的制热量大且不受发动机工况的影响,所以适用于大、中型客车,而工程建设机械很少采用。

现代车用空调系统已发展为冷暖一体化,不仅能制冷或制热,而且能全年性地实现空气调节,包括夏季制冷、冬季制热和送温风的调节。所谓送温风是指冷、热风的混合,冷热风的比例可人为设定,通过调节风门以达到舒适性的要求和去霜、去雾的功能。

任务二　空调系统常见故障及检修

空调系统常见故障有:风量不足或无风、系统不制冷、制冷效果差、系统噪声太大等。

一、空调系统风量不足或无风

1. 故障现象

接通点火开关,将鼓风机开关置于所有挡位或某一挡位时,出风口不出风或出风量小。

2. 故障原因

（1）熔断器断路。

（2）鼓风机开关继电器接触不良或损坏。

（3）鼓风机损坏或分挡电阻断路。

（4）连接线路断路或接触不良。

（5）通风管道不畅或风门不能打开。

3. 故障检查与排除

如果鼓风机开关置于任何挡位,出风口均不出风,应首先检查熔断器是否断路;若熔断器断路,应核对熔断器容量是否符合要求,检查线路及鼓风机电动机电枢绕组是否搭铁,查明原因并修复或更换。若熔断器良好,则应检查鼓风机开关电源线上的电压,电压为零时,应检查空调继电器的线圈是否断路、触点能否闭合及连接线路是否断路;电压正常时,应检查鼓风机开关是否损坏,鼓风机搭铁是否良好。若上述检查均正常,则应检修鼓风机电动机。

如果鼓风机电动机仅在某一挡位不能转动,应检查鼓风机开关在该挡位的触点是否导通,该挡至分挡电阻间的连接导线及分挡电阻是否断路,并视情况予以修复。

如果鼓风机开关置于任何挡位时,鼓风机电动机转动缓慢,各出风口风量均较少,一般是鼓风机电动机损坏或鼓风机开关及连接导线接触不良。应检查连接导线各插接件是否松动,鼓风机电动机搭铁是否良好,鼓风机开关各接触点接触是否良好。最后,对鼓风机电动机进行检修。

如果鼓风机电动机运转正常,但个别出风口无风或风量过小,应检查该风口出风管道中有无异物堵塞,风门能否打开,各连接管道密封是否完好,并视情况予以修复。

二、制冷系统不制冷

1. 故障现象

接通制冷开关与鼓风机开关后,出风口无冷风吹出。

2. 故障原因

（1）电磁离合器线圈或线路断路。

（2）压缩机损坏。

（3）控制线路中温控开关、低压开关等损坏。

（4）系统内制冷剂泄漏。

（5）贮液干燥器或膨胀阀堵塞。

3. 故障检查与排除

起动发动机并正常运转,接通制冷开关,检查电磁离合器能否吸合。

若电磁离合器吸合,而压缩机不转,应检查离合器线圈的电阻值。若电阻小于规定值,说明线圈匝间短路,应更换线圈;若电阻符合规定值,说明压缩机内部卡死,应检修或更换压缩机。如果压缩机运转正常,则应检查贮液干燥器或膨胀阀是否堵塞。

若电磁离合器不吸合,应检查低压开关处电源线上的电压。若电压为零,则分别检查温控开关及线路连接是否正常;若电压正常,可短接低压开关,此时若电磁离合器仍不吸合,应检查电磁离合器线圈或连接线路是否断路,电磁离合器若能吸合,应检查系统内制冷剂是否适量,测试压缩机工作是否正常。

三、制冷效果差

1. 故障现象

接通制冷开关和鼓风机开关后，出风口有冷风，但温度偏高而无凉爽感，车内温度下降缓慢。

2. 故障原因

（1）系统内制冷剂剂量不足。

（2）贮液干燥器、膨胀阀滤网、蒸发器等不畅或堵塞。

（3）膨胀阀感温包失效。

（4）冷凝器或蒸发器表面过分脏污，影响热交换。

（5）压缩机传动带、离合器打滑或压缩机内部工作不良；

（6）鼓风机开关接触电阻过大或鼓风机功率不足。

3. 故障检查与排除

（1）检查压缩机传动带是否损坏、打滑，传动带损坏应予更换，传动带过松应予调整。

（2）起动发动机后，接通制冷开关，若听到刺耳的金属摩擦声，一般是电磁离合器打滑，应检修电磁离合器，若无明显异常响声，可用手触摸系统管路和各部件，根据温度进行判断。

正常情况下，高压端管路温度为 55～65 ℃，手感热而不烫手；低压端管路为低温状态，其部件及连接管路应有水珠。

如果高压端有烫手感觉，应检查冷凝器表面是否清洁，冷却风扇转动是否缓慢，风扇护罩是否损坏。如果无异常，则可能是制冷剂过多。

如果高压端手感热度不够，则可能是制冷剂剂量不足或压缩机工作不良。

如果贮液干燥器上出现霜冻或水珠，则说明干燥器破碎堵住制冷剂流入进口管道，此时应检修。

膨胀阀正常工作时，进口连接处是热的，而出口连接处是凉的且有水珠。若膨胀阀出口处有霜冻现象，说明膨胀阀的阀口可能被堵塞，需马上处理。低压管手感冰凉，有水珠，但不应有霜冻，若出现霜冻，则可能是膨胀阀的感温包内传感液体泄漏，需更换新件。

经上述直观检查，若不能准确判断故障所在，可借助歧管压力表总成检测系统高、低压侧的压力值，作为判断故障的依据。

四、系统噪声太大

1. 故障现象

空调系统工作时，发出异常的响声或出现明显的振动。

2. 故障原因

（1）压缩机传动带松紧度调整不当。

（2）电磁离合器间隙调整不当或摩擦片不平、粘有油污。

（3）压缩机传动带轮或张紧轴承损坏。

（4）压缩机内部部件磨损严重、配合松旷。

（5）制冷剂过量引起高压管振动、压缩机敲击。

（6）鼓风机有故障。

3. 故障检查与排除

如果无论制冷系统是否工作，系统都有噪声，一般是鼓风机有故障或压缩机固定螺栓松动或传动带轮、张紧轮轴承损坏。应首先检查鼓风机工作是否正常，然后检查紧固压缩机的固定螺栓，最后检修传动带轮轴承和鼓风机电动机。

若接通制冷开关响声出现，可先检查压缩机传动带是否松弛，并视情况予以调整或更换。若传动带工作正常，可直观检查制冷系统制冷剂剂量是否合适。

若上述检查正常，应进一步检查电磁线圈安装是否正常、传动带轮是否倾斜；若无异常，应检修或更换电磁离合器和压缩机。

对于自动空调系统，有故障自诊断功能时，应首先按规定的方法进行自诊断。

任务三 刮水器及车窗清洗系统概述

一、电动刮水器的作用

刮水器也称雨刮，其作用是刮除挡风玻璃上的雨水、雪或灰尘，以确保驾驶员有良好的视线。刮水器与清洗装置是汽车的必备设备，为行车安全提供保证。

目前车辆广泛采用的电动刮水器，一般安装在前挡风玻璃上，部分车辆后挡风玻璃也装有刮水器。电动刮水器一般有高速、低速及间歇三个工作挡位，除了速度选择之外，还有自动回位的功能。

二、刮水器及车窗清洗系统的组成

电动刮水器主要由刮水电机、刮水器支架、联动机构和刮水片组成，如图 7-11 所示。

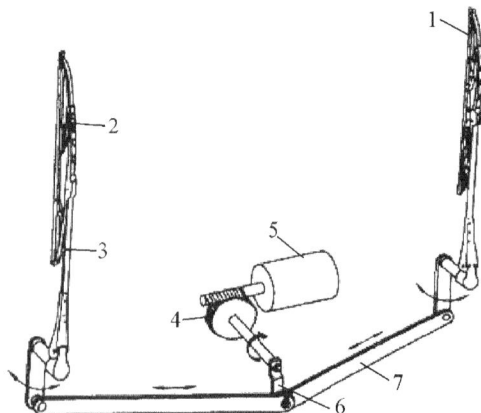

1—刮水片；2—刮水片架；3—雨刮臂；4—蜗轮；5—电动机；
6—摇臂；7—拉杆

图 7-11 电动刮水器的组成

刮水电机:是直流变速电机(三刷电动机),内有快、慢两个线圈,电动机输出经蜗轮减速器减速,并改变输出方向。刮水电机一般有永磁式和励磁式两种,其中永磁式电动机结构简单、体积小、可靠性好,被广泛采用。

刮水器支架:用于将刮水器安装在汽车挡风玻璃前,以便于刮水器系统各部件的安装。

联动机构:将电动机的旋转输出运动传递至刮水臂,并转化为摆动。

刮水片:完成刮水作用的橡胶片。

车窗清洗系统由洗涤液泵、洗涤液缸、洗涤液喷嘴、三通接头、连接软管等组成。当风窗玻璃需要洗涤时,先起动洗涤液泵,使洗涤液从喷嘴喷到风窗上,浸润尘土和污物后,再开启刮水器,把玻璃上的尘土、污物及洗涤液一起刮干净。

三、刮水电机

图 7-12 所示为永磁式直流刮水电机实物图。图 7-13 为永磁式直流刮水电机内部结构图,电机输出轴蜗杆带动蜗轮旋转,减速输出动力,在蜗轮上覆盖有一层带有缺口的导电盘,导电盘随着蜗轮一起旋转。两个通电的弹片压在导电盘上,当弹片位于导电盘没有缺口处时,两个弹片导通;当弹片位于导电盘缺口处时,两个弹片断路。利用导电盘的缺口,可以使电机在某个固定位置停下来,这样刮水片会一直停止在不遮挡视线的固定位置,即实现刮水器的自动复位功能。

刮水电机有 5 根接线:一根高速线、一根低速线、一根地线、两根弹片输出线。

图 7-12 永磁式刮水电机实物图

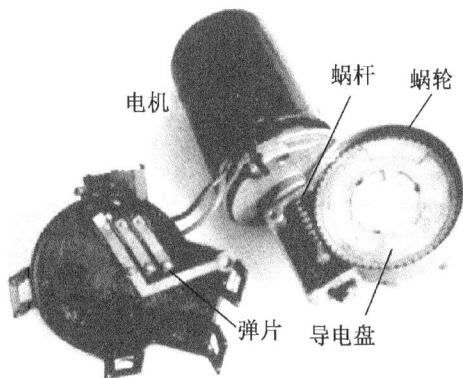

图 7-13 永磁式刮水电机内部结构图

四、雨刮继电器

在刮水器系统中,如果没有间歇挡,电路就用普通继电器;如果有间歇挡,电路中需要用专用间歇继电器,如图 7-14 所示。继电器外壳上标注了继电器的相关参数和电路实物图,此继电器电压为 12 V,电流为 10 A。刮水器专用间歇继电器有 6 个引脚:端子 15,端子 1,端子 53c,端子 53e,端子 31,端子 31b,其内部电路如图 7-15 所示。端子 53c 和端子 31 之间是控制线圈,端子 53e 和端子 31b 之间是常闭触点,端子 15 和端子 31b 之间是常开触点,端子 1 是间歇触发端。

刮水器专用间歇继电器内部电路如图 7-15 所示。

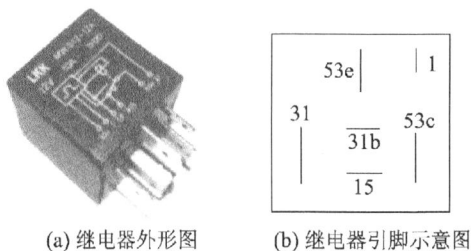

(a) 继电器外形图　　(b) 继电器引脚示意图

图 7-14　刮水器专用间歇继电器

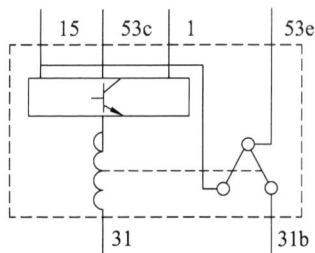

图 7-15　间歇继电器内部电路

五、雨刮控制电路

雨刮控制开关装在组合开关右手边的操作杆上,如图 7-16 所示。雨刮一般有"OFF"挡(停止挡)、"LO"挡(低速挡)、"HI"挡(高速挡)、"INT"挡(间歇挡)、"1×"挡(点动挡)、喷水挡等挡位。

雨刮控制电路如图 7-17 所示,各挡位电路分析如下:

(1)"LO"挡(低速挡):当开关拨在"LO"挡(低速挡)时,电源直接通过开关进

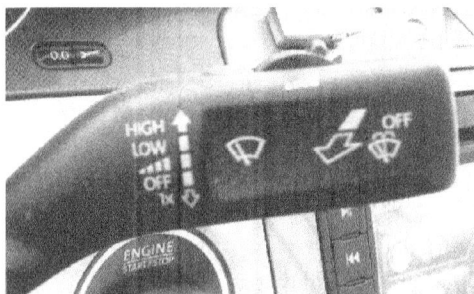

图 7-16　雨刮操作杆

入电机低速线圈,使电机低速转动。电流走向:蓄电池正极→电源开关→熔丝→刮水组合开关"LO"挡→电刷 B3→电枢绕组→电刷 B1→搭铁。

(2)"HI"挡(高速挡):当开关拨在"HI"挡(快速挡)时,电源直接通过开关进入电机高速线圈,使电机高速转动。电流走向:蓄电池正极→电源开关→熔丝→刮水组合开关"HI"挡→电刷 B2→电枢绕组→电刷 B1→搭铁。

(3)"INT"挡(间歇挡):当开关拨在"INT"挡(间歇挡)时,电源通过开关进入雨刮间歇继电器 1 号端子,雨刮继电器的内部电路定时触发一下端子 53c 与端子 31 之间的控制线圈,使端子 53e 与端子 15 短暂接通一下,电动机低速运转直至断电停止;隔一定时间,继电器又触发一次,电机重复上面动作。电流走向:蓄电池正极→电源开关→熔丝→刮水组合开关"INT"挡→雨刮继电器端子 1→雨刮继电器内部电路→雨刮继电器端子 31→搭铁,此时端子 53c 与端子 31 之间的控制线圈导通,端子 53e 与端子 15 接通,蓄电池正极→电源开关→熔丝→雨刮继电器端子 15→雨刮继电器端子 53e→刮水组合开关"INT"挡→电刷 B3→电枢绕组→电刷 B1→搭铁。

(4)"OFF"挡(停止挡):当开关由其他挡位拨回到"OFF"挡时,电源通过雨刮电机内部蜗轮上的两个弹片,再通过雨刮继电器端子 53e 和端子 31b 将电送至开关,使电机低速运转直至蜗轮上的导电环运行到缺口处,两个弹片断路,雨刮电机断电停止运转,此时雨刮片停在规定位置。电流走向:蓄电池正极→电源开关→熔丝→雨刮电机两弹片→雨刮继电器端子 31b→雨刮继电器端子 53e→刮水组合开关"OFF"挡→电刷 B3→电枢绕组→电刷 B1→搭铁。

（5）"1×"挡（点动挡）：此挡是一个触发挡，开关拨过去后松手就自动回位。此挡接通后，电源通过组合开关进入电机低速线圈，使电机低速转动，开关回位后，电机利用蜗轮上的导电盘缺口自动停止。电流走向：蓄电池正极→电源开关→熔丝→刮水组合开关"1×"挡→电刷 B3→电枢绕组→电刷 B1→搭铁。

（6）喷水挡：当开关拨到喷水挡时，电源通过开关给喷水电机供电使其喷水，同时电源进入雨刮继电器端子 53c，触发端子 53c 与端子 31 之间的控制线圈导通，使端子 53e 与端子 15 短暂接通，电动机低速运转。当松开喷水开关时，喷水电机停转，雨刮继电器延时一定时间后也使雨刮电机停转。喷水电机电流走向：蓄电池正极→电源开关→熔丝→刮水组合开关喷水挡→喷水电机→搭铁。雨刮电机电流走向与间歇挡类似。

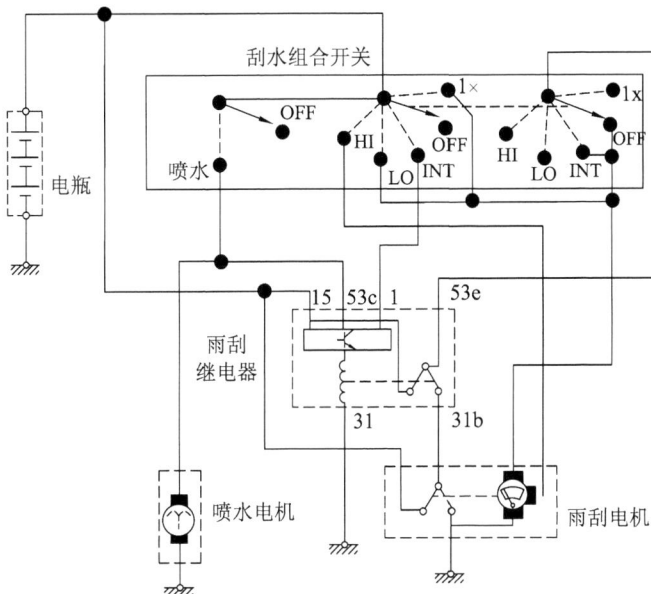

图 7-17　雨刮控制电路

任务四　刮水器系统的检修

一、雨刮电机检测

如图 7-18 所示，雨刮电机有 5 根线，将其编号：接外壳的为地线 1 号；进入电机内部的为低速线 2 号和高速线 3 号（先编号，再根据检测结果调整）；进入蜗轮盘内部的两根线接弹片，内圈为 4 号，外圈为 5 号。

将蓄电池负极接电机外壳，正极分别连接 2 号线和 3 号线，观察电机是否运转及运转速度，判别两根线中的低速线和高速线并调整编号，观察结果填入表 7-1 中。

图 7-18　雨刮电机接脚线图

表 7-1　雨刮电机检测

	进入电机内部的两根线		地线	电机是否转动	旋转速度（快/慢）	如不转,解释原因
编号	2	3	1			
线的颜色						
蓄电池	正极					
			负极			
蓄电池		正极				
			负极			

二、雨刮继电器检测

参照雨刮继电器实物图 7-14 完成表 7-2,并根据雨刮继电器内部电路图 7-5 及检测结果判断雨刮继电器是否正常。

表 7-2　雨刮继电器检测

蓄电池		万用表				意义(选择)	通电后现象	结论
正极	负极	红表笔	黑表笔	挡位	读数			
		31	53c			线圈/开关	—	
		53e	31b			常闭/常开	—	
		53e	15			常闭/常开	—	
53c	31	53e	31b			—		
53c	31	53e	15			—		
1	31	53e	15			—		

三、刮水器组合开关检测

根据刮水器原理及电路图检测雨刮器组合开关(如图 7-19 所示),将检测结果填入表 7-3 中。

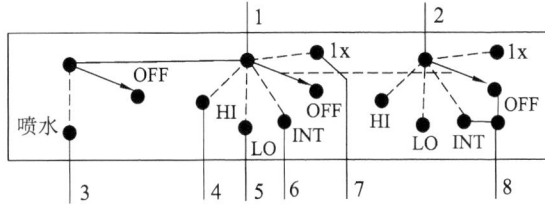

图 7-19 雨刮器组合开关

表 7-3 刮水器组合开关检测

	万用表				是否正常	若不正常,查找原因并记录过程
开关挡位	红表笔	黑表笔	挡位	读数		
OFF	2	8				
INT	2	8				
	1	6				
LO	1	5				
HI	1	4				
1×	1	7				
喷水	1	3				

四、喷水电机检测

在喷水电机接线插口标有"＋""－"标记,用万用表检测接线间电阻。把蓄电池正极接"＋",负极接"－",观察电机是否转动。用管子把水送进进水端,电机通电,观察出水端是否喷水(如图 7-20 所示)。将检测结果填入表 7-4 中。

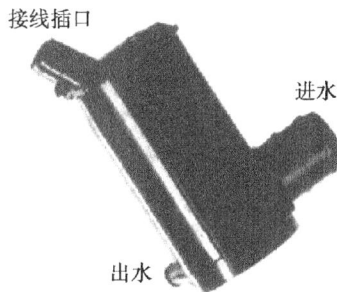

图 7-20 喷水电机外形图

表 7-4 喷水电机检测

蓄电池		万用表		检测结果	
正极	负极	红表笔	黑表笔	挡位	读数
		＋	－		
＋	－	电机是否运转			
＋	－	把水送进进水端,观察出水端			
如电机不转或不喷水,查找原因并记录过程。					

思 考 题

1. 简述空调系统的组成及各系统的功用。

2. 制冷系统工作的部件主要包括哪些？制冷系统的工作原理是什么？

3. 简述空调压缩机的组成及作用。

4. 简述冷凝器的作用及原理。

5. 简述暖风系统的作用、组成及工作过程。

6. 空调不制冷的原因有哪些？如何排除故障？

7. 简述刮水器及车窗清洗系统的组成及工作原理。

8. 除了教材中提到的，筑路机械中还有哪些辅助电器设备？

模块八　柴油机电控喷油系统

模块任务

1. 了解柴油机电控喷油系统的发展历程;
2. 掌握柴油机电控系统的基本理论;
3. 了解柴油机电控喷油系统的组成;
4. 了解电控直列泵的结构和工作原理;
5. 了解电控分配泵的结构和工作原理;
6. 了解电控泵喷嘴的结构和工作原理;
7. 了解电控共轨系统的工作原理;
8. 了解电控共轨柴油机的特点。

任务一　电控喷油系统概述

柴油机电子控制(下称"电控")喷油技术从诞生以来,时间不长,但已经取得了巨大的进步。为了达到节省能源、降低排放的目标,电子控制技术在柴油机中发挥了越来越重要的作用。今后,为了满足各种社会需求,电子控制的功能还将不断扩大,机构也会越来越复杂。

一、电控喷油系统的原理和实践

在传统的概念中,柴油机依靠自身吸气、压缩、着火、燃烧而作功。一台性能优良的柴油机,其基本标志就是油耗低、具有良好的可靠性和耐久性,而与电气系统没有多大关系。但是,随着时代的发展,对柴油机的噪声、排放和性能的要求越来越高,将电子技术应用于柴油机已成必由之路。

在柴油机燃油系统电子化的道路上,与汽油机相比有着很大的差异:在汽油机中采用喷油器代替化油器,导致燃油系统发生巨大的变化,这个转型比较顺利,所用的时间也比较短。但在柴油机中要求高精度控制高压燃油喷射是非常困难的,而且由于传统的机械式柴油机燃油喷射系统具有非常优越的控制性能,所以,像汽油机那样在柴油机中采用电子控制喷射系统直到 20 世纪 90 年代才得到发展。

1. 模拟电路控制的喷油系统

最初投入使用的柴油机电控系统始于 20 世纪 70 年代。采用模拟式电控回路、传感器和执行器代替控制喷油量的调速器如图 8-1 所示。

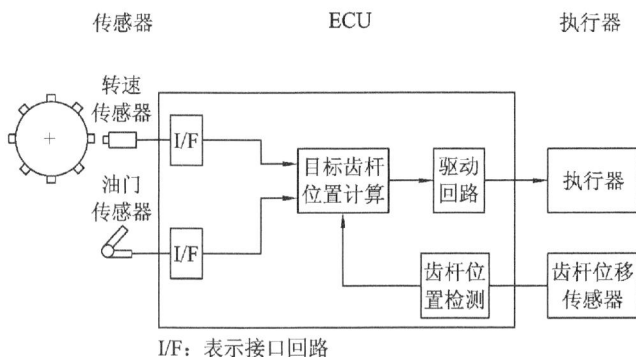

图 8-1　模拟电子调速器框图

该系统是为特殊用途的柴油机设计的。例如：消防汽车的送水控制、固定发电用柴油机的控制等。采用电子控制系统代替机械式调速器控制机构，可以更加精密地控制柴油机的转速。

模拟伺服式控制系统的机构基本构成：采用电磁执行器控制喷油泵的调节齿杆，由传感器检出调节齿杆的位移，通过反馈系统把调节齿杆的位移当作目标喷油量进行控制。在电子回路中，作为控制发动机的基本信号有油门位置（输入目标控制转速）和实际发动机转速（如图 8-2 所示）。

根据目标控制特性，由电子控制回路计算出调节齿杆的目标位移，输入了目标齿杆位移电压的电子伺服机构可以将调节齿杆的位移精确地控制在目标位置上，从而可以得到目标转速特性。但是，即使是采用复杂

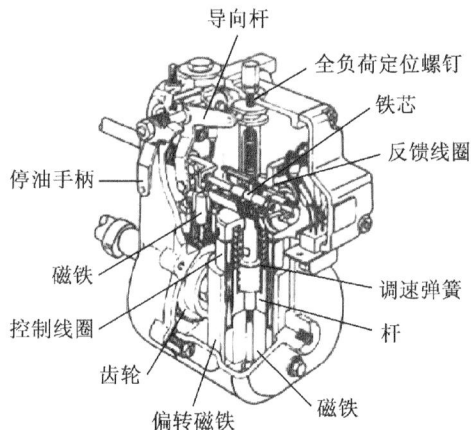

图 8-2　电子调速器的执行机构

的模拟电路，要想得到理想的控制特性也绝非易事，设计的自由度也有一定的局限性。

2. 计算机控制的喷油系统

20 世纪 80 年代以后，微型计算机被应用到各种各样的控制机构中，柴油机的控制技术也迎来了其革命性时代。

通过编写软件可以实现各种控制功能，因此，采用微型计算机代替模拟控制电路，在模拟电路中设计自由度低的问题得以大大改善。采用计算机的柴油机电子控制系统已经可以圆满解决 20 世纪 80 年代提出的降低噪声和排气净化的要求。

图 8-3 是柴油机的采用计算机电控喷油系统的构成框图，图 8-4 是采用计算机控制的电子调速器的执行机构。

传感器　　　　　　　　ECU　　　　　　　　执行器

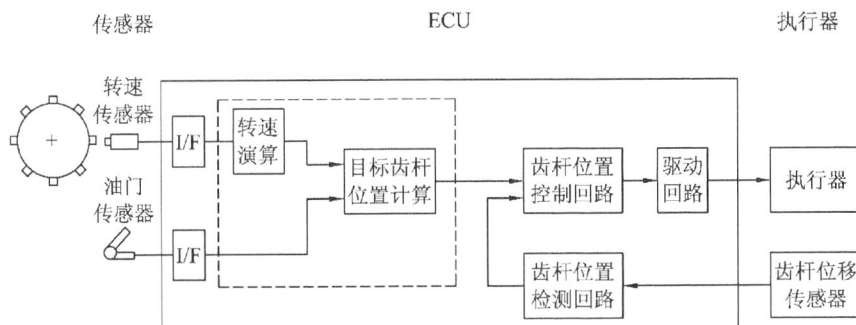

图 8-3　计算机控制的电子调速器系统框图

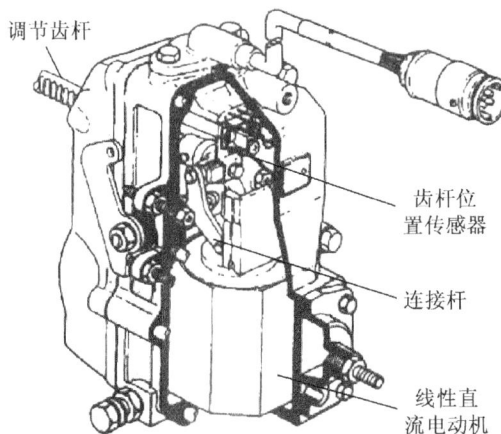

图 8-4　计算机控制的电子调速器的执行机构

　　采用伺服机构控制调节齿杆的模拟控制电路与计算机控制系统的基本构成没有太大的不同，但是，利用计算机的软件可以对目标伺服位置进行非常精确细致的计算处理，之前不可能实现的精确控制特性变成实用化的产品。图 8-5 所示是计算机控制的电子调速器的演算原理图。

　　计算机控制的喷油系统的演算原理的核心是两大部分：计算软件和数据 MAP。所谓数据 MAP，就是将控制特性用适当的数组记录下来，并预先存储在计算机的存储器内，根据油门开度和发动机转速从 MAP 数组中计算出目标位置。也就是说，将发动机性能能够达到最佳的调速器特性曲线图预先输入计算机的存储器中。但是计算机的存储容量是有限制的，所以，不能无限制地将特性数据输入到计算机中，只能将具有代表性的特征点的数据输入到计算机的存储器内。对于数据和数据之间的工况，采用内插法计算求取。也就是说，采用折线近似地代替复杂的调速器特性曲线。

　　数据 MAP 法在最新的喷油控制系统中也有使用，几乎没有什么变化，这是一种最基本也是最有效的技术方法。

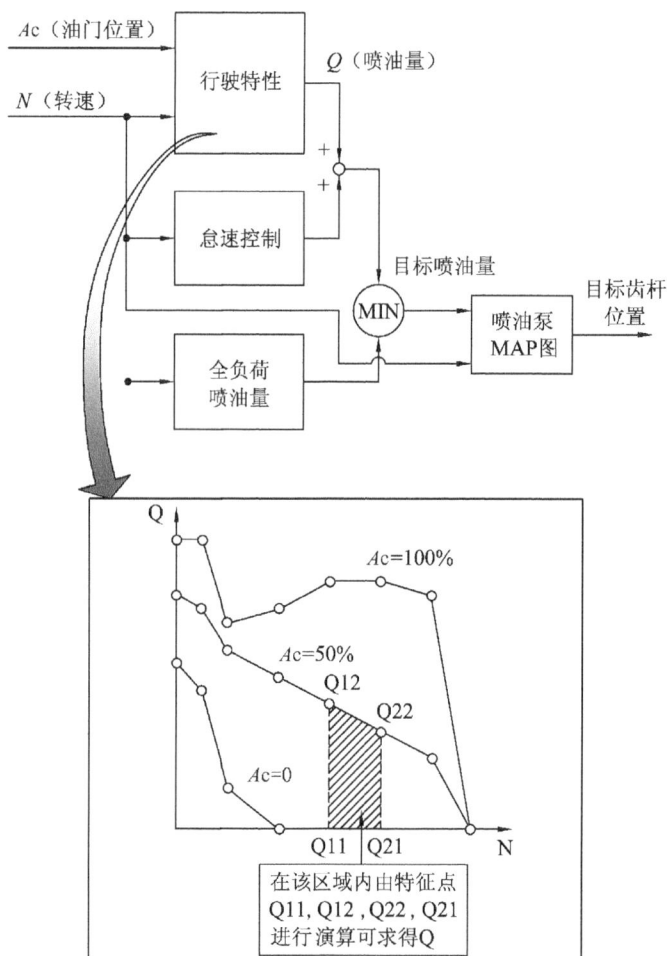

图 8-5　计算机控制的电子调速器演算原理图

3. 喷油定时的电控系统

为了做到最佳控制发动机的噪声和排放,必须根据发动机的实际运行工况控制喷油定时。在柴油机的机械式喷油系统中,利用机械式或油压式提前器使发动机的驱动轴和喷油泵的凸轮轴之间产生相位差,从而控制喷油定时。机械式提前器中,主要是利用飞块的离心力控制喷油定时。所以,喷油定时只是根据转速的变化而改变,与其他参数无关,这和电子调速器的控制功能一样,即利用电子油压、伺服机构代替机械系统中的飞块,通过计算机的计算结果控制喷油定时,即可以使发动机的排放、噪声达到最佳化。

图 8-6 是电子提前器的系统框图,图 8-7 是电子提前器执行机构的结构图。该系统的动作原理如下:由传感器检测出发动机转速和喷油泵调节齿杆的位移,根据当前的状态,从数据 MAP 中求出目标提前器相位,通过油压回路送来的油压使提前器活塞动作,经过大凸轮的偏心凸轮的传递,使喷油泵的凸轮轴产生相应的提前角。电子提前器可以得到比较理想的喷油定时控制特性,如果将冷却液温度等其他环境条件作为初始条件输入,则可以进一步提高喷油定时的控制精度。

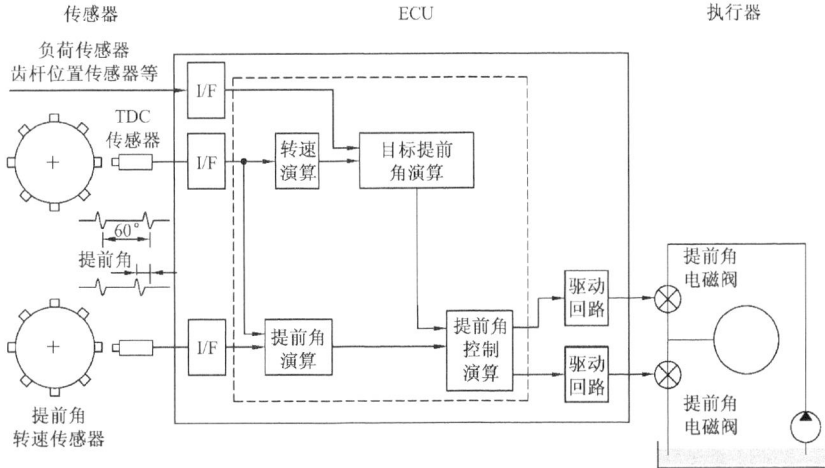

图 8-6 电子提前器的系统框图

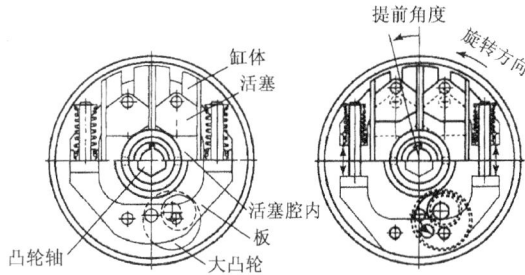

图 8-7 电子提前器执行机构的结构图

4. 综合电控系统

在分别实现了喷油量和喷油定时的电子控制之后,就会考虑用一个电控系统同时控制两个参数。图 8-8 正是基于上述考虑而设计的综合电控系统的框图,图 8-9 所示即为一电控分配泵的结构。

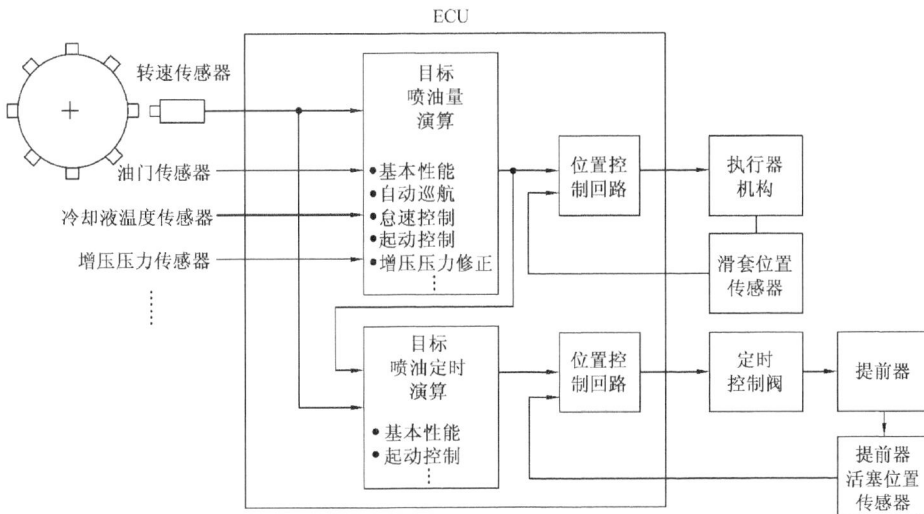

图 8-8 综合电控系统的系统框图

171

图 8-9 所示的综合电控系统中，不仅传感器和电子回路公有化，而且将调速器控制和喷油定时控制有机地结合起来，控制精度更高，控制自由度更大。根据油门开度和发动机转速确定最佳喷油量的同时，还考虑到喷油量和冷却液温度、转速等参数的相互关系，然后计算出使排放值达到最好的喷油定时，并加以控制。另外，在该系统中还可以加上 EGR（废气再循环系统）和增压器等附加装置的控制怠速工况的定速控制、自动巡航控制等附加功能，使之逐步发展成发动机综合控制系统。

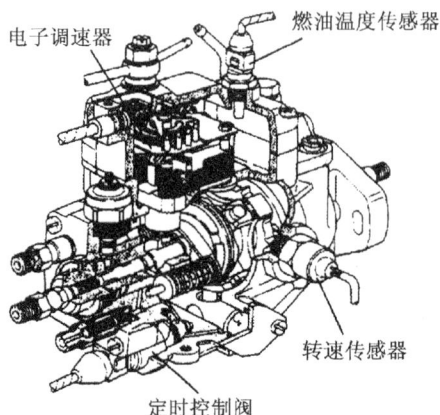

图 8-9 综合电控系统的喷油泵

5. 电磁阀控制喷油系统

上述介绍的电子控制式喷油系统应该称之为黎明时期的电控喷油系统，基本特点是通过电子伺服机构对调节齿杆或调速器滑套进行位置控制；该类系统的主要组成是电磁阀式执行器、位置传感器和伺服回路，相对来说机构是比较复杂的。为此，电子技术又向前发展了一步，采用更加简单的机构——电磁阀控制喷油系统。所谓电磁阀就是根据电流是否通电使油压回路接通或切断。其原理是非常简单的：将电磁阀的基本功能应用于燃油压送回路，则计算机可以直接控制燃油喷射。即柱塞升起，在关闭进油孔时，压油开始；在打开进油孔时，压油结束。因此，电磁阀完全可以用来控制喷油量和喷油定时。但是，柴油机的喷油压力很高，若要采用电磁阀直接控制该压力，则要求电磁阀具有足够大的控制作用力；在控制喷油量和喷油定时的精度方面，则要求电磁阀具有几个微秒（μs）的响应特性。在 20 世纪 80 年代，该原理被用于分配泵控制，开发了高速电磁阀及其电子控制回路。但是，并没有达到采用电磁阀完全同时控制喷油量和喷油定时的目的。

在电控分配泵产品中，喷油定时的控制部分采用传统的油压伺服机构，电磁阀开启只控制喷油结束（即电磁阀开启，表示喷油结束），从而控制喷油量（如图 8-10 所示）。

对于电磁阀，切断电流时的响应是非常快的，利用这一特性，在压油开始前油压比较低时，使阀开启，柱塞升起的过程之中对燃油加压，当达到目标喷油量时切断电流，使阀打开。这个过程实质是将控制滑套所担当的作用置换成电磁阀，对电磁阀性能的要求并不高。此外，该系统有一个特点，即计算机控制的对象只是 ON/OFF 电磁阀，控制方式从位置控制变成了时间控制。

在计算机中，按照水晶振荡器产生的时钟频率作为基本信号而动

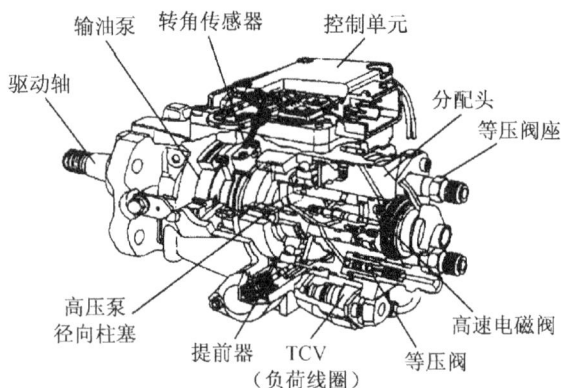

图 8-10 时间控制式分配泵结构图

作。因此,准确控制定时的时间控制方式比起位置控制方式要容易得多。从这种意义上来讲,计算机控制就是时间控制方式(如图 8-11 所示)。但是,计算机控制也存在若干问题:电磁阀控制喷油定时必须以凸轮转角为基准,如果只单纯控制时间,计算机以时钟为基准可以达到的控制精度是 10^{-8} s。但是凸轮转角是以发动机转速的函数经计算求得的,因此必须由传感器检出基准凸轮位置和转速,由凸轮的基准位置确定电磁阀的 ON/OFF,即凸轮的角度定时,用转速经计算而求得。因此,时间控制系统的特征是:控制精度不仅仅决定于电磁阀的响应特性,而且与基准凸轮位置的检测精度、转速的检测精度和速度、计算机的演算精度和速度等都有很大的关系。

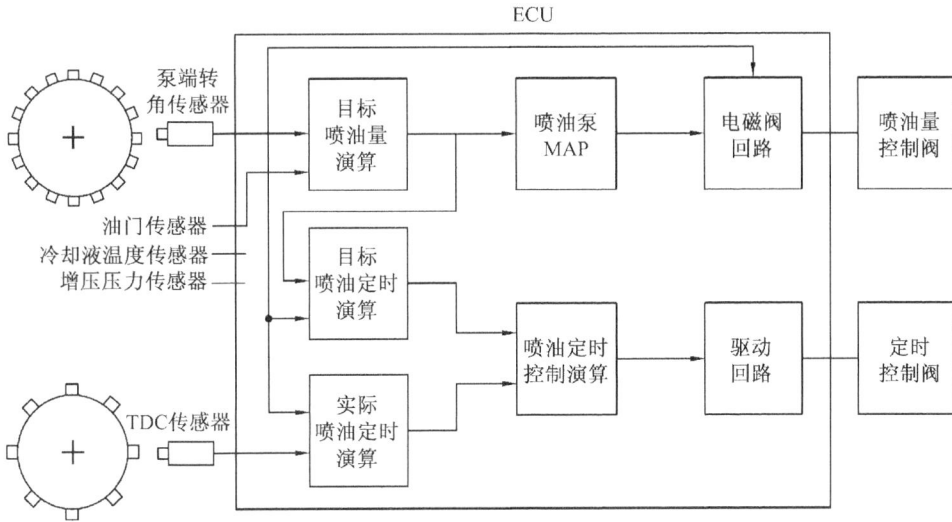

图 8-11 时间控制系统的时间控制框图

6. 共轨式喷油系统

上面介绍的所有的喷油系统都是直接采用传统的机械式喷油泵的压油、喷油机构而工作的,其基本原理都是在 1926 年由 Robert Bosch 开发成功的喷油泵的技术延长线上,没有大的技术进步。

为了满足日益严格的排放、噪声法规,降低燃油消耗,必须提高喷油量、喷油定时的控制精度,同时还要控制喷油率,对各个汽缸进行精细控制,采用高压喷射使燃油更好的雾化。能够满足上述要求的燃油系统是高压共轨喷油系统。

从原理上看,共轨式喷油系统非常简单,但是,它的优越性一直被人们所重视。为了采用共轨系统实现直接控制柴油机的高压喷油,必须要有高速而且具有良好控制力的电磁阀技术、能够准确检测高压的传感器等,总而言之,必须具有综合的高新技术作为前提。

电控共轨式喷油系统于 20 世纪 90 年代中后期才正式进入实用化阶段。图 8-12 是电控共轨系统的控制框图。由发动机驱动的高压供油泵将燃油加压后供入共轨内,到目前为止,共轨内的燃油压力可以维持在 130～160 MPa 范围内。变成了高压的燃油经喷油嘴喷射到相应的汽缸内。喷油器是由计算机单独控制的。共轨系统的特征是:与传统的喷油泵系统不同,高压的产生和喷油控制是分别独立进行的。由此,可以根据发动机的负荷及转速等各种各样的运行工况,在 20～140 MPa 的范围内改变喷油压力,以实现预喷油、主喷油及多次喷油等,根据需要还可改变喷油率。

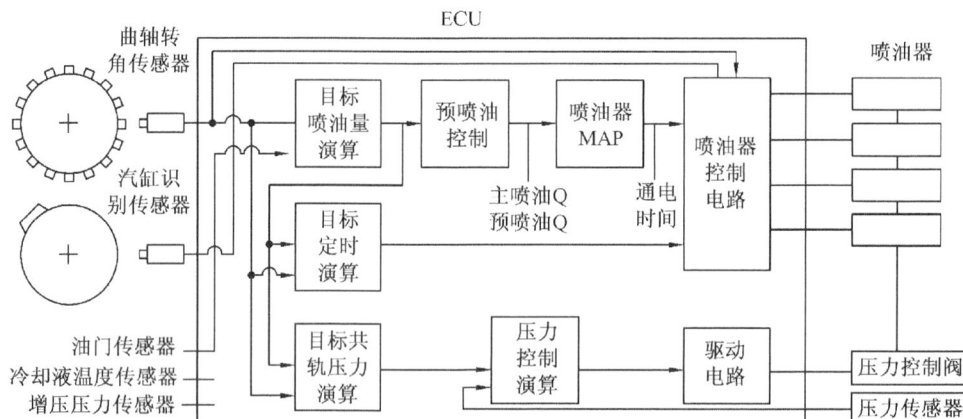

图 8-12　共轨式喷油系统的控制框图

二、电控喷油系统的发展历史

到目前为止,柴油机电子控制喷油系统已经经历了三代变化,见表 8-1。

表 8-1　柴油机电控喷油系统的开发与应用

	控制特点	喷油量	喷油时间	喷油压力	喷油率	代表产品	1980年	1985年	1990年	1995年	2000年	2005年	2010年	2015年	2020年
第一代	凸轮压油＋位置控制	可	可	不可	不可	COVEC-F									
		不可	可	不可	不可	ECD-P1									
		可	可			TICS									
第二代	凸轮压油＋电磁阀时间控制	可	可	不可	不可	ECD-V3									
		可	可			EUI									
第三代	燃油蓄压＋电磁阀时间控制	可	可	可	可	ECD-U2									

1. 第一代：凸轮压油＋执行机构位置控制

第一代电子控制式燃油喷射装置中,将机械式调速器和提前器换成电子控制的机构,燃油的压送机构和机械式喷油系统相同。

在第一代电控喷油系统中,喷油量的控制:根据 ECU 的指令由齿杆或溢油环的位置进行控制;喷油时间的控制是根据 ECU 的指令由发动机驱动轴和凸轮轴的相位差进行控制。ECU 是根据通过各种传感器检出的发动机状态及环境条件等,计算出适合于发动机状态的最佳控制量,并向执行机构发出相应的指令。

第一代电控喷油系统的代表产品有:电控分配泵系统——位置控制式,如图 8-13 所示;电控直列泵系统——位置控制式、电子调速器式,如图 8-14 所示;电控直列泵系统——位置控制、可变预行程式,如图 8-15 所示。

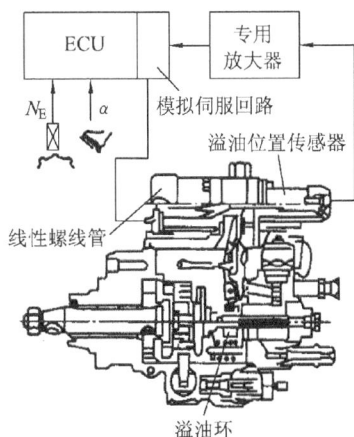

图 8-13　电控分配泵系统——位置控制式

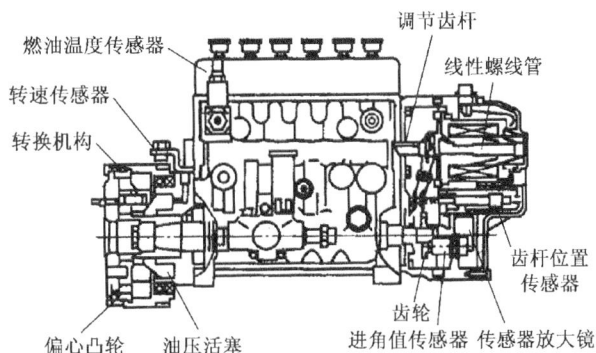

图 8-14　电控直列泵系统——位置控制式

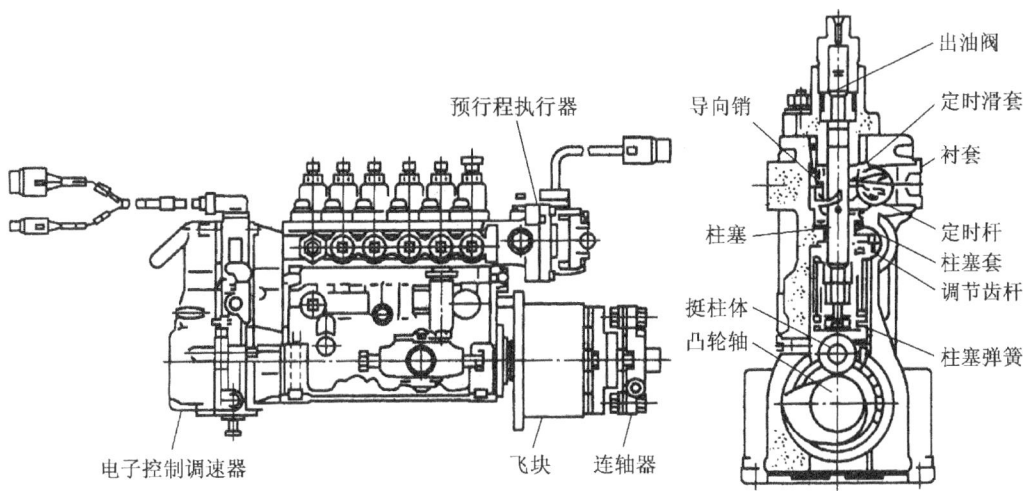

图 8-15　电控直列泵系统——位置控制、可变预行程

2. 第二代: 凸轮压油 + 电磁阀时间控制

第二代电控喷油装置是在第一代位置控制式的基础上发展起来的,它采用高速电磁阀对喷油量和喷油时间进行时间控制。由于采用了高速电磁阀,其控制自由度较第一代有了阶跃式的提高。

第二代电控喷油装置的代表产品有:电控分配泵系统——时间控制式(如图 8-16 所示);电控泵喷嘴系统——时间控制式(如图 8-17 所示)。

第二代电控喷油装置的特征是:燃油升压是通过喷油泵或发动机的凸轮来实现的。升压开始的时间(与喷油时间对应)及升压终了时间(从升压开始到升压终了的时间与喷油量相当)是由电磁阀的 ON/OFF 控制的,也就是说,喷油量和喷油时间是由电磁阀直接控制的。因为每一次喷油都要调节电磁阀,所以就有可能实现逐缸控制,使每一次喷油参数都能达到最佳。

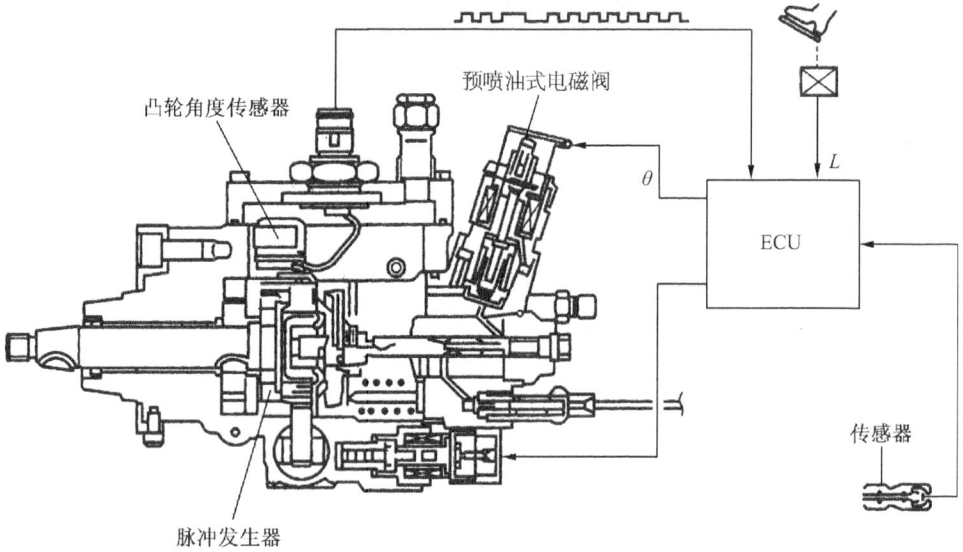

图 8-16　电控分配泵系统——时间控制式

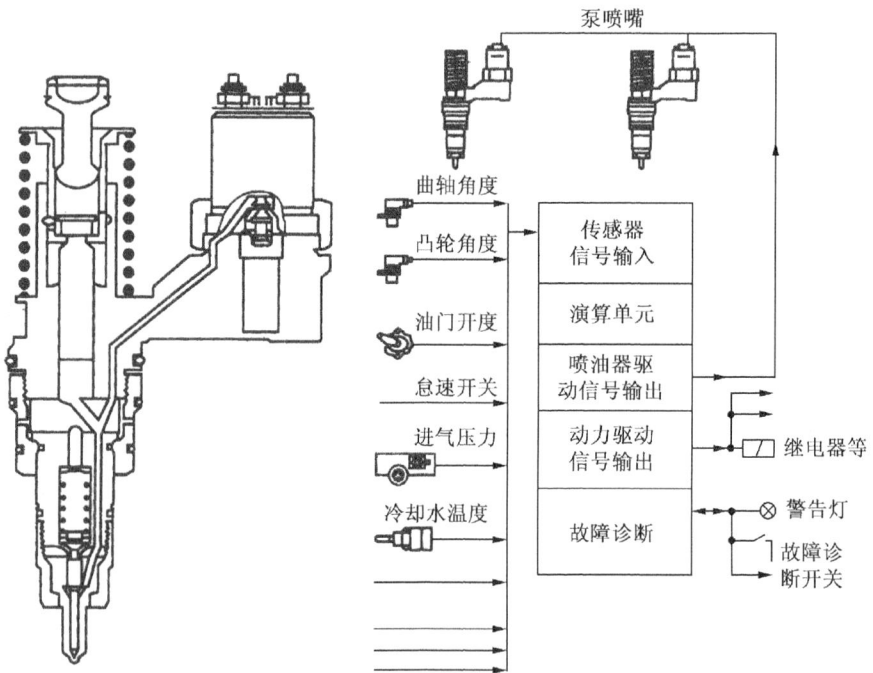

图 8-17　电控泵喷嘴系统——时间控制式

3. 第三代：燃油蓄压＋执行电磁阀时间控制

第三代柴油机电控喷油系统是第二代的进一步发展，将喷油量和喷油时间控制融为一体，使燃油的升压机构独立，亦即燃油压力与发动机转速、负荷无关，具有可以独立控制压力的蓄压器——共轨。这样，以前一直难以控制的燃油喷射压力可以按照人们的意愿进行自由控制。喷油量、喷油时间等参数直接由装在各个汽缸上的喷油器控制，具体实施方法与第二代相同，采用高速电磁阀。

图 8-18 是第三代柴油机电控喷油系统——电控共轨式喷油系统的控制原理框图。

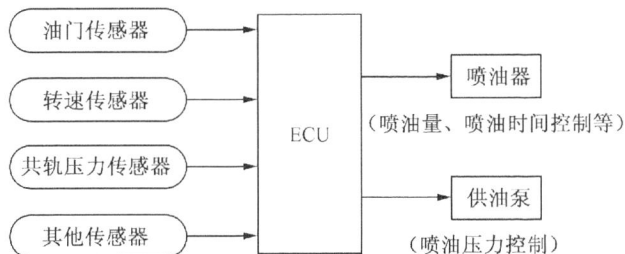

图 8-18 电控共轨系统的控制框图

第三代电控共轨式喷油系统是全新的一代喷油系统,在 21 世纪将会发挥巨大的作用,特别是在降低柴油机的排放、保护地球环境方面将会起到不可替代的作用。

任务二 电控喷油系统的基本理论

采用灵活的电子控制功能可使燃油系统控制自由度大大增加,电子控制系统的功能可以归纳为表 8-2。

表 8-2 电控喷油系统的主要功能

控制项目	具体内容	控制项目	具体内容
喷油量控制	基本喷油量控制	喷油时间控制	基本喷油压力控制
	怠速转速控制	喷油率控制	预喷油量控制
	起动喷油量控制		预行程控制
	加速时喷油量控制	附加功能	自我故障诊断
	不均匀油量补偿控制		故障应急系统
	定车速控制		数据通信
喷油时间控制	基本喷油时间控制		变速器控制
	起动喷油时间控制		EGR 控制
	低温时喷油时间控制		进气量控制

一、喷油量控制

电控系统的喷油量控制方法如图 8-19 所示。根据各种传感器的信息,ECU 计算出目标喷油量;为了得到目标喷油量,计算出喷油装置需要的供油时间,并向驱动单元发送驱动信号;根据 ECU 送来的驱动信号,喷油装置中的电磁阀开启或关闭,控制喷油装置供油开始、供油结束的时间,或只控制供油结束时间,从而控制喷油量。

在电控燃油喷射系统中,目标喷油量特性已经被数值化且将其绘成三维图形(即 MAP 图),所以可以得到喷油量特性。

1. 基本喷油量控制

不同的发动机要求不同的转矩特性,为了得到不同的转矩特性,通常是通过控制喷油量来实现的,代表的特性如图 8-20 所示。特别是等速特性,与发动机负荷无关,始终保持恒定的转速。在机械式调速系统中调速率约为 3%,负荷变化,转速随之变化。但在电控喷油系统中,通过发动机转速的反馈控制,可以得到恒定不变的转速。

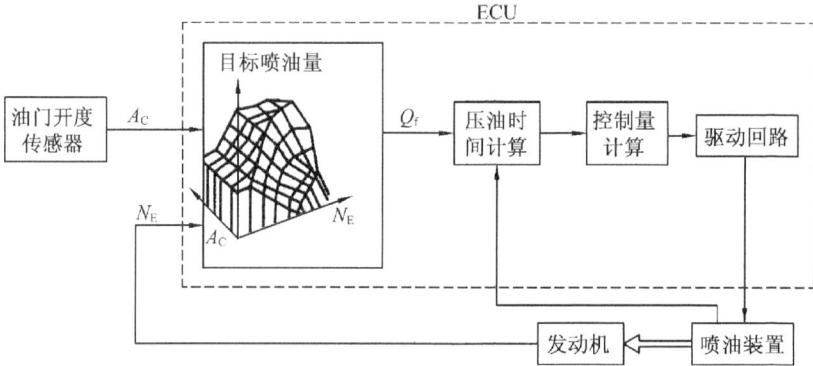

图 8-19   目标喷油量控制框图

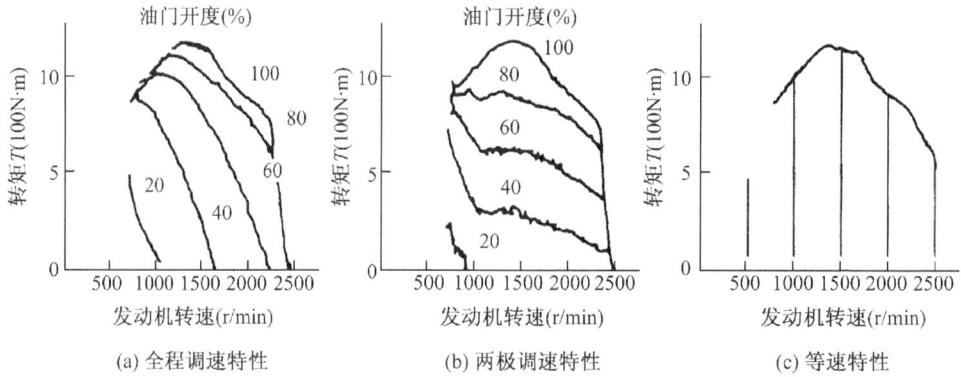

(a) 全程调速特性   (b) 两极调速特性   (c) 等速特性

图 8-20   基本喷油量特性图

2. 怠速转速控制

在怠速工况下,发动机产生的转矩和发动机自身的摩擦转矩平衡,维持稳定的转速,如图 8-21 所示。如果在低温下工作,润滑油的黏度大,发动机的摩擦阻力大,怠速工况下发动机转速不稳,乘车者感到不舒服,而且发动机起动时容易失速。相反,如果发动机怠速转速高,则发动机噪声大,燃油消耗率高。为了克服上述问题,即使发动机负荷转矩发生了变化,也要保证维持目标转速所需要的喷油量,这就是怠速转速自动控制功能。

怠速转速的控制框图如图 8-22 所示。发动机的实际转速和发动机的目标转速(由发动机的冷却液的温度、空调压缩机的负荷状态决定)进行比较,根据两者的

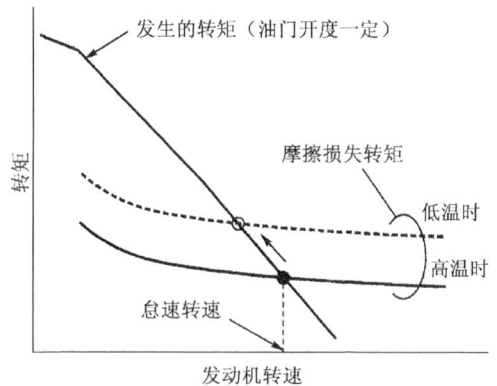

图 8-21   怠速转速下的转矩平衡

差值求得恢复到目标转速时所必须的喷油量,从而进行反馈控制。

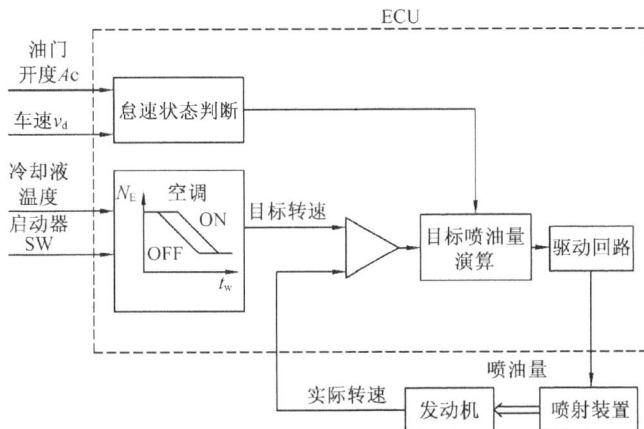

图 8-22　怠速转速的控制框图

3. 起动油量控制

车辆加速踏板和发动机转速决定基本喷油量,冷却液温度等决定补偿喷油量,比较两者的关系,控制起动喷油量。控制框图如图 8-23 所示。

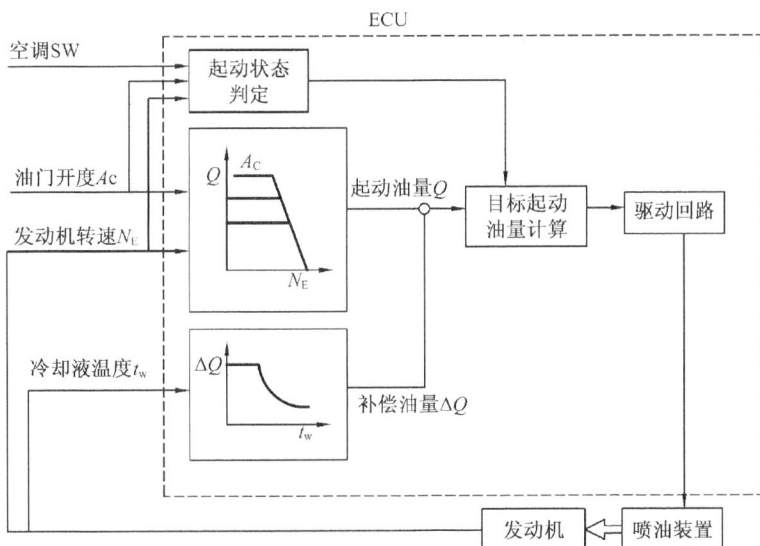

图 8-23　起动喷油量的控制框图

4. 不均匀油量补偿控制

在发动机中,由于各缸爆发压力不均匀,曲轴旋转速度变化会引起发动机振动,特别是在低转速的怠速状态下,乘车者会感到不舒服。各缸喷油量不均匀、各缸内燃烧的差异等引起各缸间的转速不均匀。因此,为了减少转速波动,需要检出各个汽缸的转速波动情况。为了使转速均匀平稳,需要逐缸调节喷油量,使喷到每一个汽缸内的燃油量达到最佳。这就是不均匀油量补偿控制,控制框图如图 8-24 所示。检出各缸每次爆发燃烧时转速的波动,再和所有汽缸的平均转速比较,根据比较结果,分别给出各个气缸所要补偿的相应的喷油量。

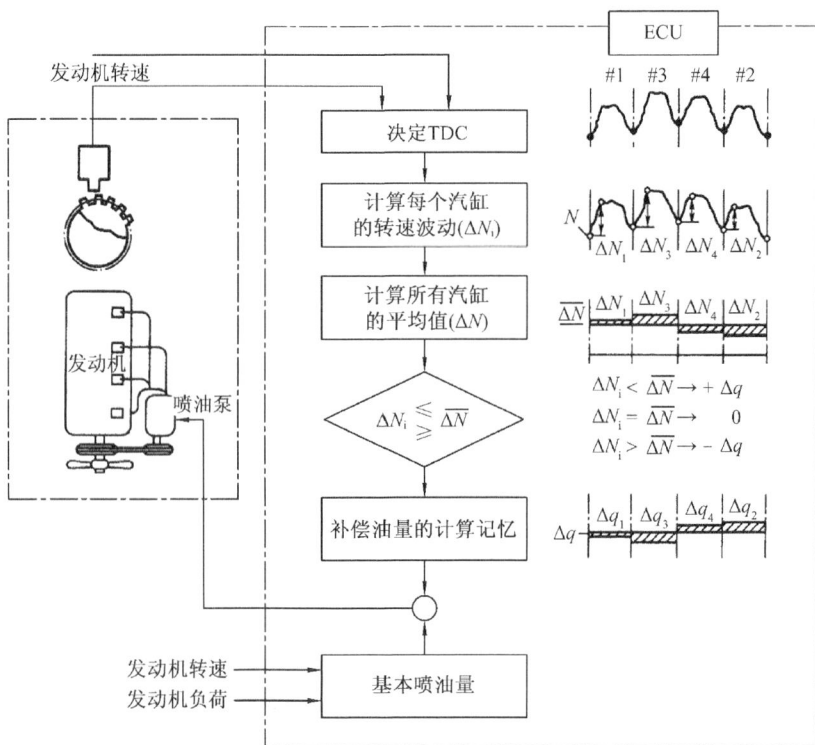

图 8-24　各缸喷油量不均匀性的补偿控制框图

5. 恒定车速控制

车辆在高速公路上长距离行驶时,驾驶员为了维持车速,始终要操纵加速踏板而极易疲劳。因此,无须驾驶员操纵加速踏板而维持定速行驶的控制过程就是恒定车速控制。恒定车速控制的原理框图如图 8-25 所示。

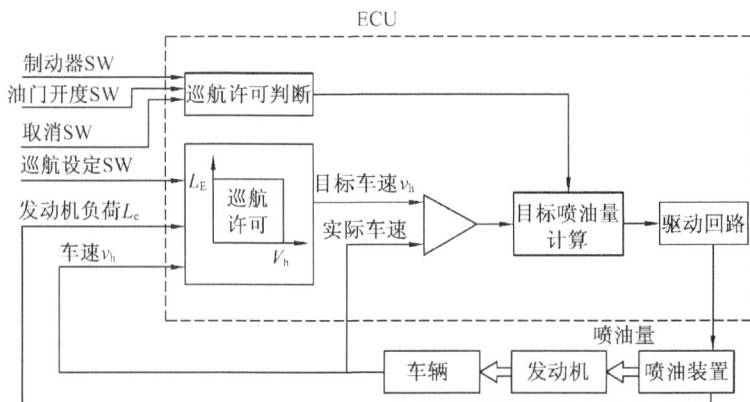

图 8-25　恒定车速控制的原理框图

二、喷油时间控制

电控燃油喷射系统中喷油时间的控制方法如图 8-26 所示。

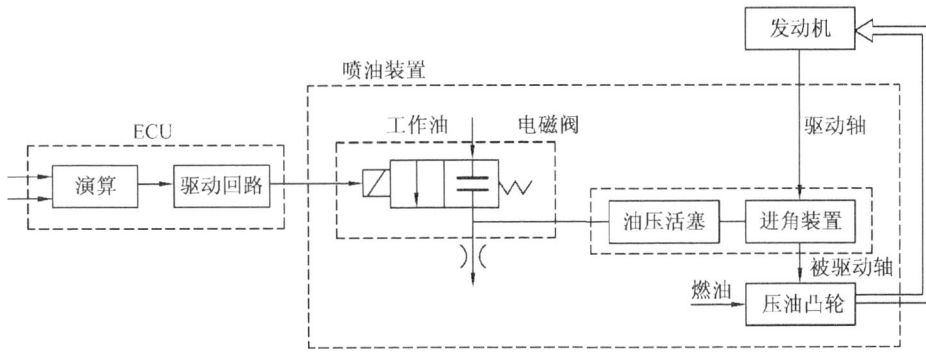

(a) 第一代喷油时间控制

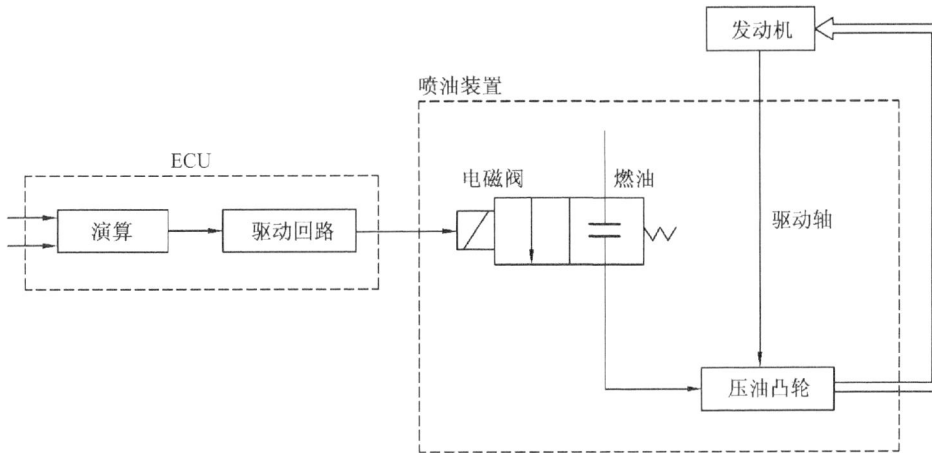

(b) 第二代喷油时间控制

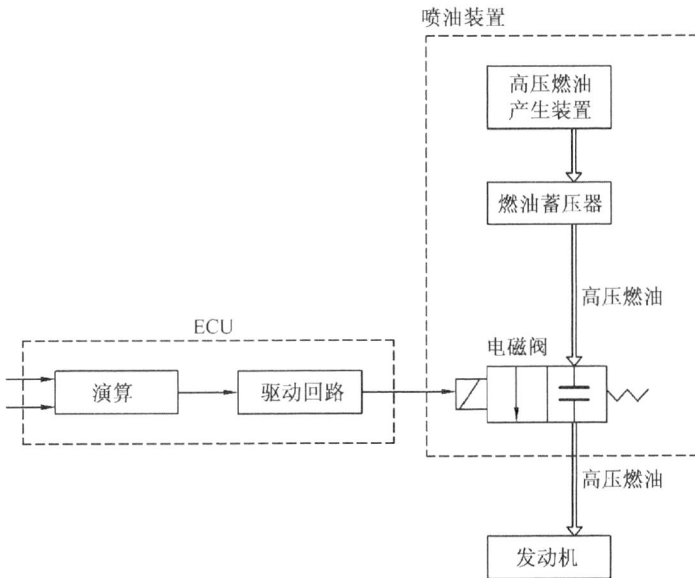

(c) 第三代喷油时间控制

图 8-26 电控燃油喷射系统的喷油时间控制框图

根据各个传感器的信息,在 ECU 的演算单元中计算出目标喷油时间;喷油装置中的电磁阀从 ECU 接收驱动信号,控制流入或流出提前器的工作油。工作油对提前机构的作用改变了燃油压送凸轮的相位角,或提前,或延迟,从而控制喷油时间,如图 8-27 所示。同样地,如果将 ECU 中目标喷油时间值用数据表示成三维图形(MAP 图),则可得到良好的喷油时间特性。

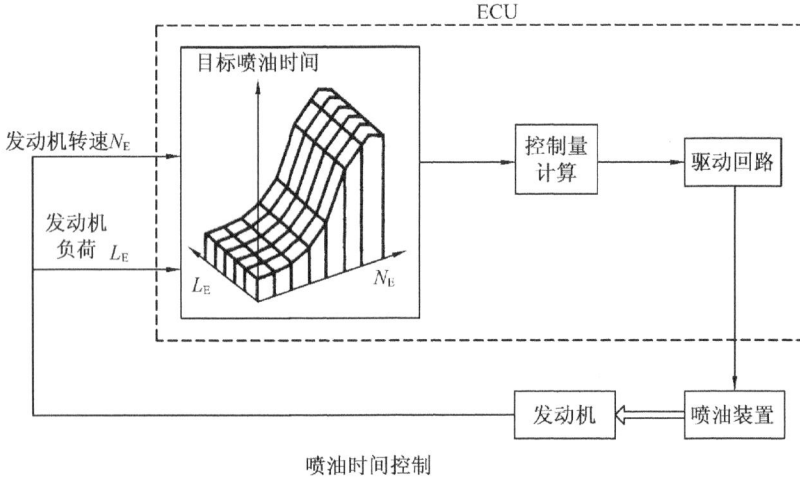

图 8-27　目标喷油时间计算框图

目标喷油时间采用图 8-26(c)中所示的方法进行计算。

为了实现发动机中的最佳燃烧,必须根据运行工况和环境条件不断地调节喷油时间,该项功能就是最佳喷油时间控制功能,控制框图如图 8-28 所示。它根据发动机的转速决定基本喷油时间,同时还要根据发动机的负荷、冷却液温度、进气压力等对基本进气时间进行修正,以决定目标喷油时间。

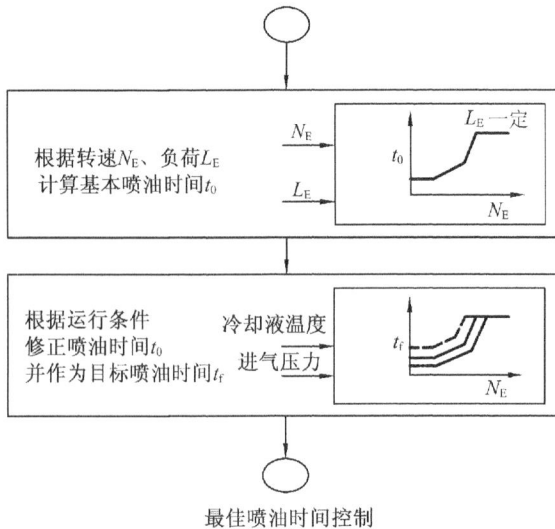

图 8-28　最佳喷油时间控制框图

三、喷油压力控制

共轨式喷油系统中喷油压力的控制方法如图 8-29 所示。根据各个传感器的信息，ECU 演算单元经过演算后定出目标喷油压力，根据装在共轨上的压力传感器的信号，ECU 计算出实际喷油压力，并将其值和目标压力值比较，然后发出命令控制供油泵，升高或降低压力。将 ECU 中的目标喷油压力特性用具体数据表示成三维图形，即所谓 MAP 图，可以得到最佳喷射压力特性。

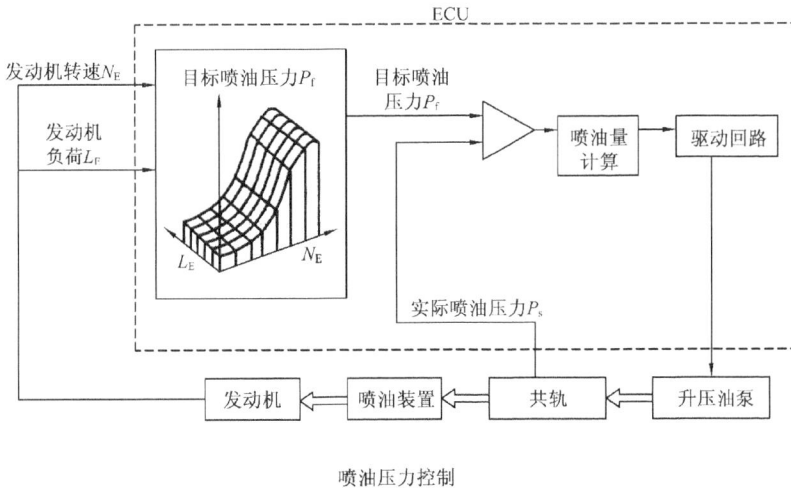

喷油压力控制

图 8-29　喷油压力控制框图

四、喷油率控制

最新电控喷油系统中喷油率的控制，特别是预喷射的控制原理如图 8-30 所示。在

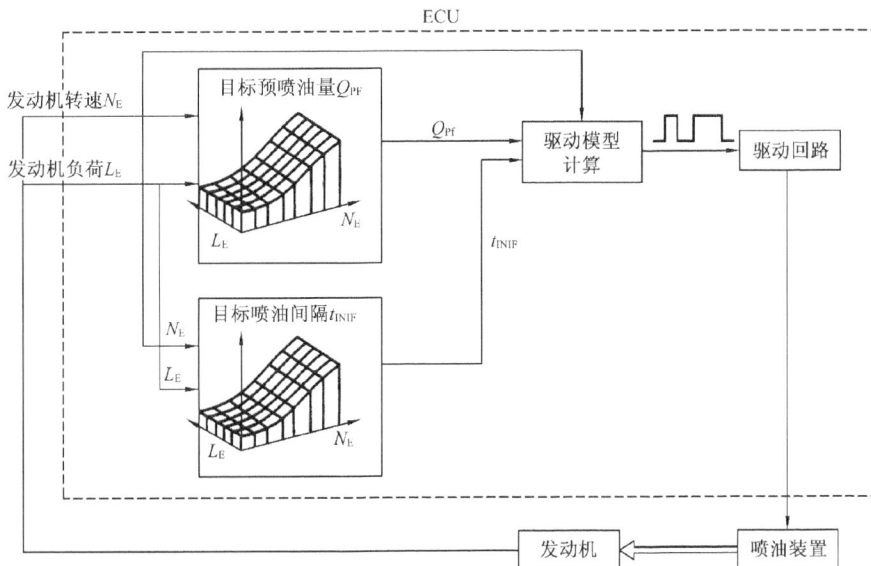

图 8-30　喷油率控制框图

发动机压缩行程中,需要若干次驱动喷油装置的电磁阀才能完成。根据传感器的信息,演算单元计算出喷射参数。喷射参数中最重要的是预喷射油量和两喷射时间间隔。这些参数值根据发动机的运行情况具有其相应的最佳值。将这些最佳值作为目标最佳预喷油量和目标最佳预喷油时间,具体数据表示在三维图形中,即可以实现喷油率最佳控制。

任务三 电控喷油系统的结构和原理

一、电控喷油系统的组成和特征

1. 电控喷油系统的组成

电控系统由三部分组成:传感器、控制器(ECU)和执行器。

① 传感器:实时检测柴油机、车辆运行状态及使用者的操作意志、操作量等信息,并送给控制器。基本传感器有发动机转速传感器、齿杆位移传感器、喷油提前角传感器及加速踏板位置传感器等。

② 控制器:其核心部分是计算机,它负责处理所有信息,执行程序,并将运行结果作为控制指令输出到执行器。此外,还有通信功能,可与其他控制系统(如传动装置控制器)进行数据传输和交换,考虑到其他系统的实时情况,还可适当修正喷油系统的执行指令、喷油量、喷油提前角等。与此同时,可以向其他控制系统送出必要的信息。

③ 执行器:根据控制器送来的执行指令驱动调节喷油量及喷油正时的相应机构,从而调节柴油机的运行状态。在直列泵系统中,有调速器执行器(调节喷油泵的齿杆位移)和提前器执行器(调节发动机驱动轴和喷油泵凸轮轴的相位差),从而实现喷油时间调节,另外在分配泵系统中还有一些独特的执行器。

2. 电控喷油系统的特征

电控直列式喷油泵系统和传统的机械喷油系统相比具有如下特点:

① 相对于机械控制喷油泵系统,其控制自由度较大。机械式喷油系统中基本控制信息是发动机转速和加速踏板位置,而且这两个基本参数要转换成飞块的离心力和弹簧的作用力,通过力的平衡关系控制齿条的位置。作为补偿的控制信息有冷却液温度和进气压力。这些基本参量也必须以适当的方式转换成作用力,并通过杠杆机构调节弹簧补偿控制齿杆位置。因此,必须在弹簧特性的范围内设定控制方式。所以,自由度很小。此外,信息量过多,则杆系复杂,装置庞大。在电控喷油系统中,发动机的状态和环境条件都可以用各种传感器检出,控制器则可计算判断出最适合于发动机状态的控制条件,并输出到执行器。信息检测过程中,不需要机械杆件,所以信息量的多少不受制约,可以从最合适的位置检出最适当的信息。

② 可以直接检测控制对象,并可进行反馈控制。因机械磨损而引起的时间效应可以给予补偿,控制精度高。

③ 为了提高服务性和安全性,可以追加故障诊断和故障应急等功能。

④ 通过数据信息传输功能,可以提高全系统的功能,而且可使机构简单。

⑤ 只要改变 ECU 中的程序,就可以改变工作过程。

二、电控直列泵结构和原理

电控直列泵喷油系统中,由调速器执行机构控制调节齿杆的位置,从而控制供油量;由提前器执行机构控制发动机驱动轴和喷油泵凸轮轴间的相位差,从而控制喷油时间。调速器执行机构和提前器执行机构是电控直列泵系统中的两个特殊机构。

图 8-31 所示为日本电装公司曾经生产过的电控直列泵系统——ECD-P 系统的简图。ECD-P 具有电控供油时间的功能,它由液压执行器、ECU、传感器及显示仪表等组成。执行器由发动机润滑油通过电磁阀来驱动,无须另外的油源。该系统从 1982 年起投产。之后,日本电装公司在 ECD-P 的基础上又发展了 ECD-P2 和 ECD-P3 等产品。ECD-P3 系统具有电控供油时间和电控供油量的双重功能,新系统曾用于日本三菱公司的 6D22T 型柴油机和美国约翰迪尔公司及美国康明斯公司生产的柴油机上。

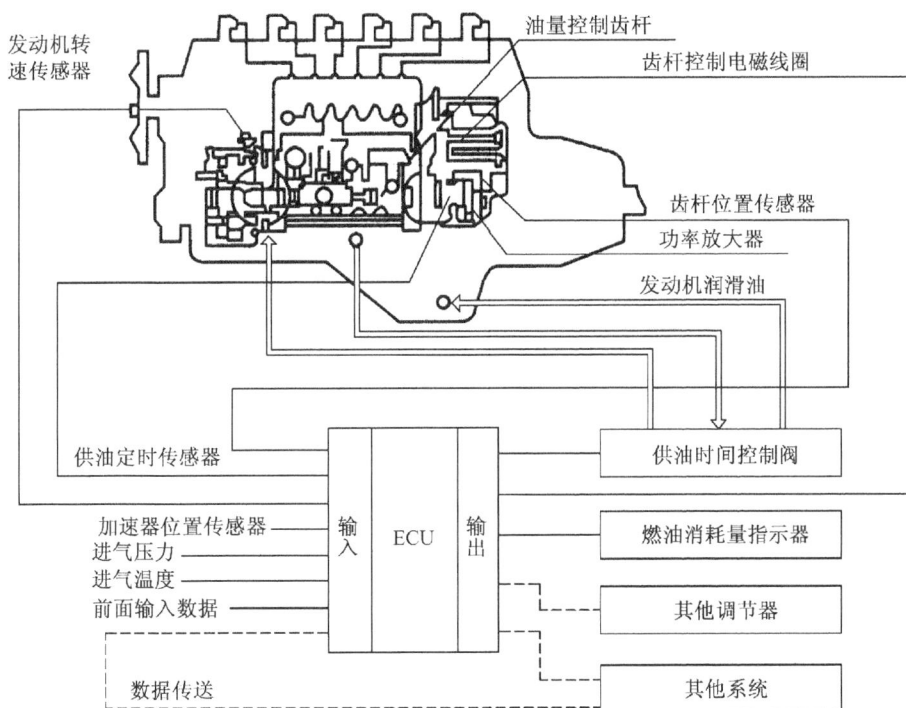

图 8-31　电控直列泵系统的基本组成

1. 电子调速器

电控直列泵系统中,调速器执行机构的作用相当于飞块,用电磁作用力或电磁液压力代替离心力控制齿杆位移。表 8-3 中列出了具有代表性的电子调速器的执行机构。

表 8-3　典型的电子调速器的执行机构

调速器执行机构	电磁执行器	线性螺线管
		线性直流电动机
		旋转螺线管
		步进电动机
	电磁油压执行器	电磁铁＋油压马达
		电磁铁＋油压膜片

如图 8-32 所示,在电子调速器控制喷油量的过程中,流经线性螺线圈中的电流增加时,滑动铁芯在箭头所示方向被吸引,并和复位弹簧力平衡在某个位置。调节齿杆和滑动铁芯连接在一起,和滑动铁芯一起运动,从而改变喷油量。

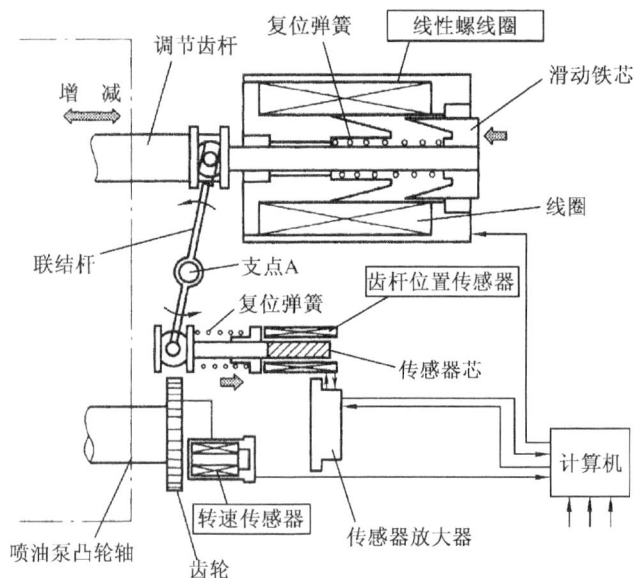

图 8-32　电子调速器控制喷油量

在调速器执行机构的箱体内,还装有齿杆位移传感器、传感器放大器和转速传感器等。

电子调速器通过计算机计算出最佳喷油量,用线性螺线管、线性直流电动机等代替传统的杠杆机构,从而控制调节齿杆的位移。因此,可以根据发动机的运行状态将喷油量控制到最佳。

下面以图 8-33 所示的线性螺线管为例,详细说明其结构和工作原理。

（1）系统的构成

电子调速器的内部主要由下述四部分构成:

① 线性螺线管:控制线圈中的电流,使喷油泵的调节齿杆移动。

② 齿杆位置传感器:由线圈和铁芯构成,检测出调节齿杆的位置。

③ 转速传感器:检测出发动机的转速。

④ 传感器放大器：将检测到的齿杆位置传感器的输出信号放大后送到计算机中。

除此之外,还有将加速踏板的角度转换成电信号的油门传感器、冷却液温度传感器和起动信号等。

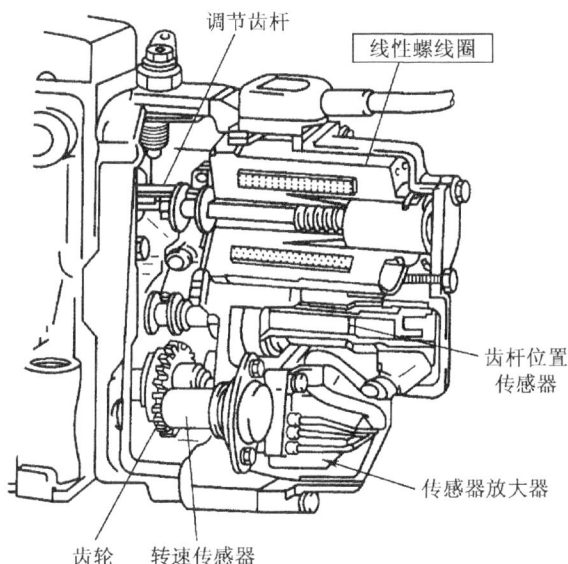

图 8-33　调速器的执行机构

（2）喷油量控制

喷油量通常是由油门开度和发动机转速决定的。如图 8-32 所示,当电流流过线性螺线圈时,滑动铁芯被拉向图示箭头的方向,在复位弹簧作用力的作用下,滑动铁芯在某一个平衡位置停住。调节齿杆和滑动铁芯是连在一起的,和铁芯一起联动,向增加喷油量的方向移动。若铁芯向箭头相反的方向移动,则调节齿杆向喷油量减少的方向移动。假设调节齿杆向增加喷油量的方向移动,和调节齿杆联动的联结杆则以支点 A 为中心向逆时针方向转动,联结杆的下端和齿杆位置传感器的传感器铁芯联动。所以,传感器的铁芯向右方(箭头方向)移动,齿杆位置传感器的输出发生了变化。齿杆位置传感器送来的信号经过传感器放大器进行整流、放大,输入到计算机中;然后,计算机将该信号和齿杆位置的目标值进行比较,根据两者的差值向线性螺线圈发出驱动信号,从而改变喷油量。

2. 电子提前器

（1）提前器的执行机构

提前器执行机构位于发动机驱动轴和凸轮轴之间,用于调节两轴之间的相位,并由它传递喷油泵的驱动转矩。因此,相位调节需要很大的作用力,大多采用液压进行调节。角度提前机构的典型例子是偏心凸轮方式和螺线形花键轴。

偏心凸轮方式的实例如图 8-34 所示。电磁阀由 ECU 驱动,控制作用在油压活塞上的油压。油压活塞左、右移动使转换机构上、下运动,从而改变发动机驱动轴和凸轮轴之间的相位。

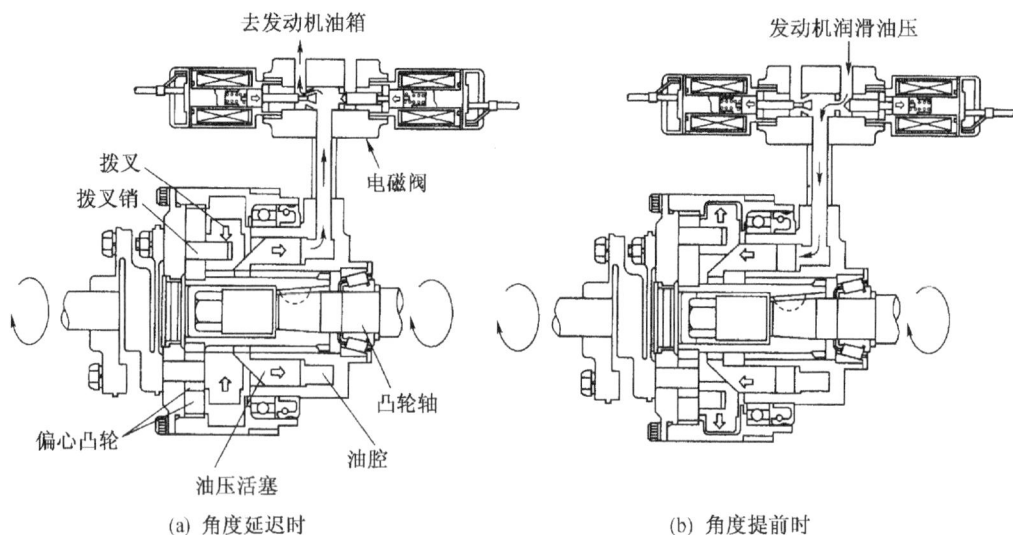

去发动机油箱

发动机润滑油压

拨叉

拨叉销

电磁阀

凸轮轴

偏心凸轮

油腔

油压活塞

(a) 角度延迟时

(b) 角度提前时

图 8-34 提前器的执行机构

相位差的检出方法如图 8-35 所示。发动机驱动轴和凸轮轴上分别装有转速脉冲发生器和喷油时间传感器(进角脉冲发生器)(如图 8-36 所示),对应两个脉冲发生器分别安装了传感器。从这两个传感器的信号可检出两者的相位差。

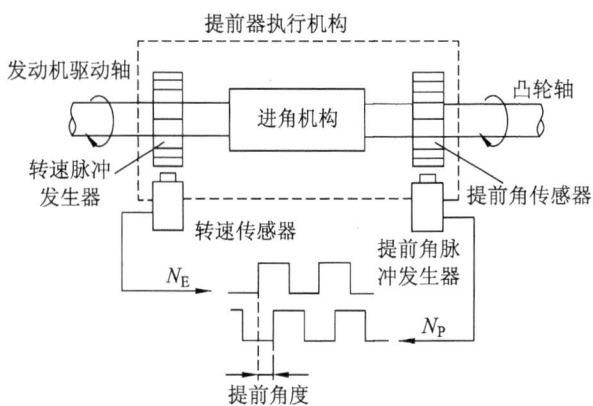

提前器执行机构

发动机驱动轴

凸轮轴

进角机构

转速脉冲发生器

提前角传感器

转速传感器

提前角脉冲发生器

N_E

N_P

提前角度

图 8-35 相位差的检出方法

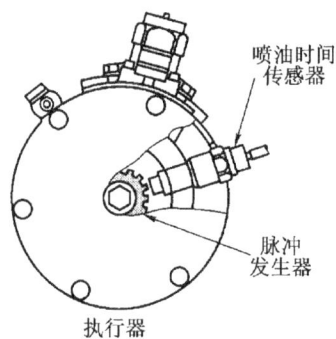

喷油时间传感器

脉冲发生器

执行器

图 8-36 喷油时间传感器

(2)电子提前器的系统构成和工作原理

除了发动机的转速外,电子提前器对于发动机的负荷也可以通过适当改变喷油时间而加以控制。

① 齿杆位置传感器:安装在喷油泵齿杆罩上,将调节齿杆的位置转换成电信号,并送入计算机内。

② 传感器:和执行器外周的脉冲发生器组合,检测出喷油泵驱动轴的转速,并将该信号作为提前角基准信号使用。

③ 时间传感器:和执行器轮毂的脉冲发生器组合,检测喷油泵凸轮轴的转速。通过转速传感器和喷油时间传感器的输出信号的相位差就可以检测出提前角度值。

④ 温度传感器：由节温器将冷却液温度转换成电信号输出。

⑤ 电磁阀和执行器：电磁阀根据计算机的信号控制作用于油压活塞上的油压。因此,由发动机润滑油的流入端(通电时开启)和流出端(通电时关闭)两部分构成。执行器的工作原理是:通过油压使活塞运动,在驱动轴和喷油泵凸轮轴之间产生相位差,因而喷油时间随之改变。随着电磁阀开启或关闭,油压活塞左、右移动,拨叉上、下移动。拨叉的移动通过拨叉销传递到偏心凸轮。偏心凸轮机构可以使驱动轴和喷油泵凸轮轴之间的相位发生改变。两轴之间的相位差(提前角度)通过和前述的转速传感器及喷油时间传感器的信号进行比较后而检测出来。

3．控制器——ECU

ECU 的功能构成框图如图 8-37 所示。图中示出了 ECU 的基本功能及信号流程。

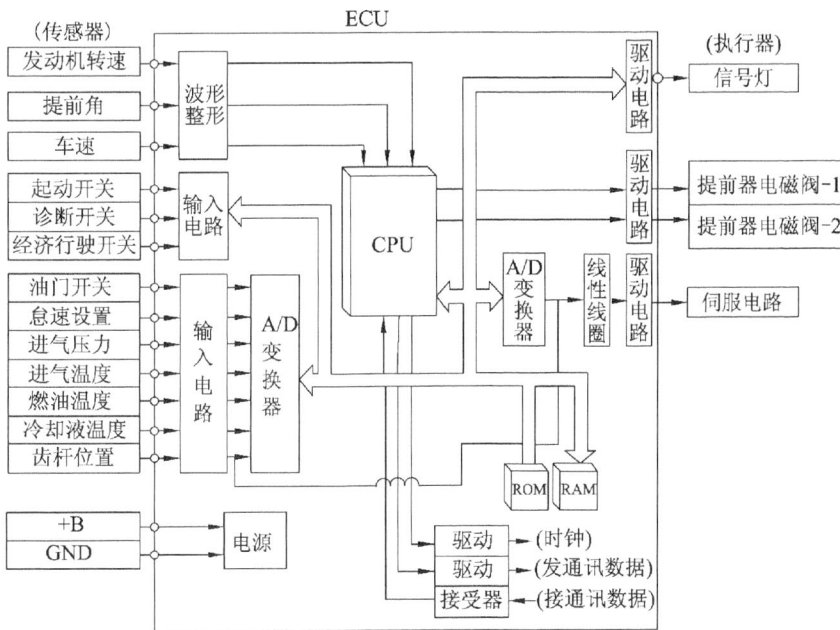

图 8-37　控制单元(ECU)的功能框图

4．传感器

电控直列泵燃油系统中常用的传感器种类很多,例如电感式、电流式、半导体式、热敏电阻式等。

5．提前角和喷油率可控式直列泵

第二代电控直列泵系统的代表产品是杰克赛尔公司的提前角和喷油率可控系统(TICS,Timing and Injection rate Control System)。该泵曾经红极一时,被认为是 21 世纪的典型产品。杰克塞尔公司正因为对这个产品判断错误,导致公司破产。而与之相对的则是电装公司,因为选对了产品研发方向,坚持研发共轨系统,终于取得突破,获得成功。

TICS 是以传统的直列泵为基础,在柱塞上附加一个可移动的定时滑套,以此来改变预行程,对发动机的转速,以及负荷对喷油时间和喷油率进行控制。

TICS 的外形如图 8-38 所示。定时滑套由旋转螺线圈驱动,通过定时杆的转动而运动。TICS 的工作原理可由图 8-39 进行说明:凸轮转动,柱塞上升,柱塞上的油孔 a 被定时滑套的下端面遮断,压油开始;柱塞进一步上升,当柱塞上的螺旋槽和滑套上的回油孔接通时,压油结束。

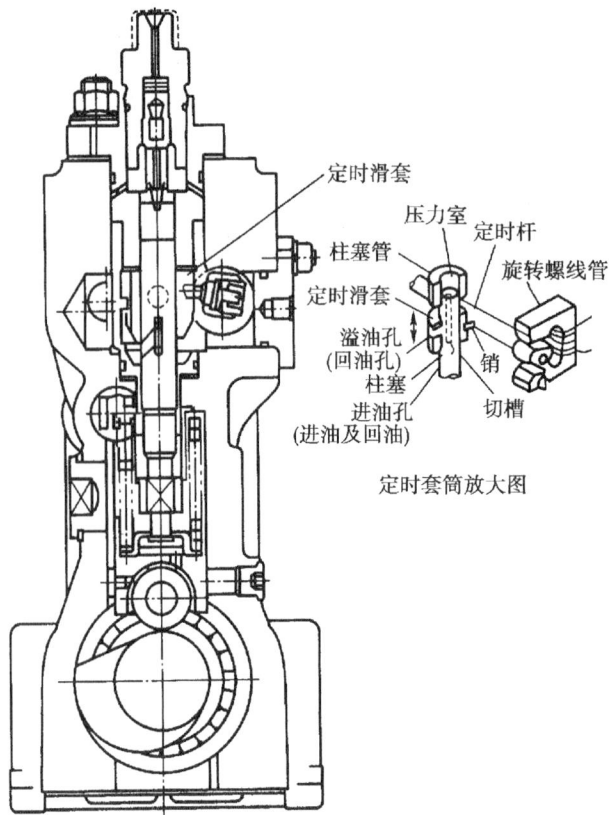

图 8-38　TICS 的剖面图

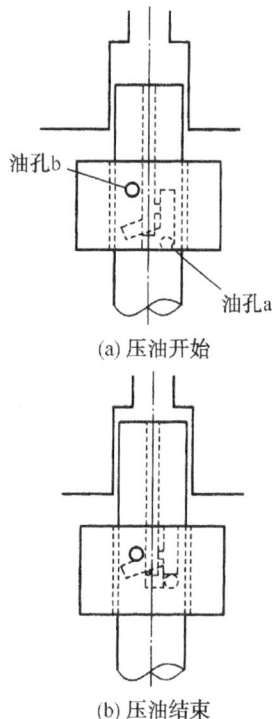

图 8-39　TICS 的工作原理

三、电控分配泵结构和原理

电控分配泵燃油喷射系统是根据各种传感器的信息检测出发动机的实际运行状态,由计算机完成喷油量、喷油时间和怠速转速的控制。此外,其还有两项附加控制功能:故障诊断功能、故障应急功能。

电控分配泵系统按喷油量、喷油时间的控制方法不同,可分为位置控制式和时间控制式两类。

1. 电控分配泵系统的典型构成

具有代表性的电控分配泵系统如图 8-40 所示。和其他电控燃油系统一样,该系统可分为三大部分:传感器、计算机(ECU)和执行器。

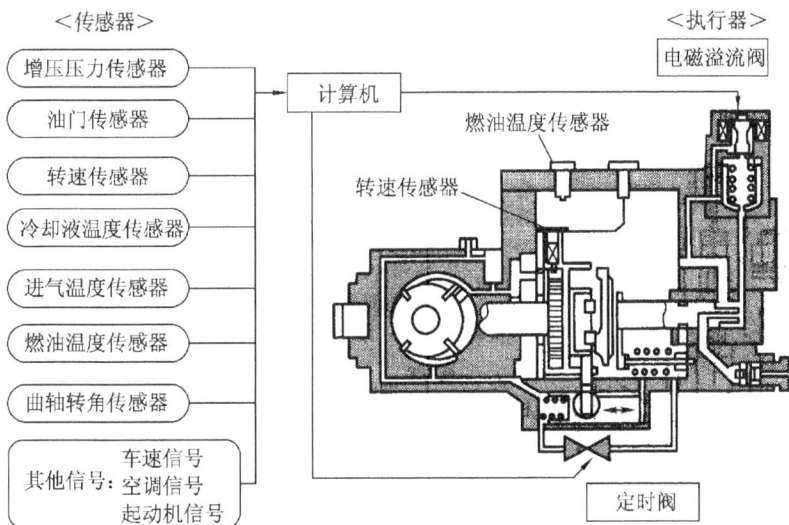

图 8-40　典型电控分配泵的系统图

① 传感器：检测出发动机或喷油泵本身的运行状态。

② 计算机（ECU）：根据各个传感器的信息，计算出适合于发动机运行状态的最佳喷油量、最佳喷油时间。

③ 执行器：根据计算机的指令，准确控制喷油量和喷油时间。

2. 位置控制式电控分配泵系统

位置控制式电控分配泵系统就是将 VE 型分配泵中的机械调速器换成电子控制的执行机构，博世公司和杰克赛尔公司都曾大量生产。位置控制式电控分配泵系统的结构如图 8-41 所示，它采用旋转螺线圈式执行机构，由转子的旋转改变轴下端的偏心球的位置来控制溢油环的位置，工作原理如图 8-42 所示。

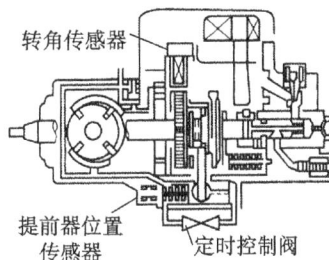

图 8-41　位置控制式电控分配泵结构

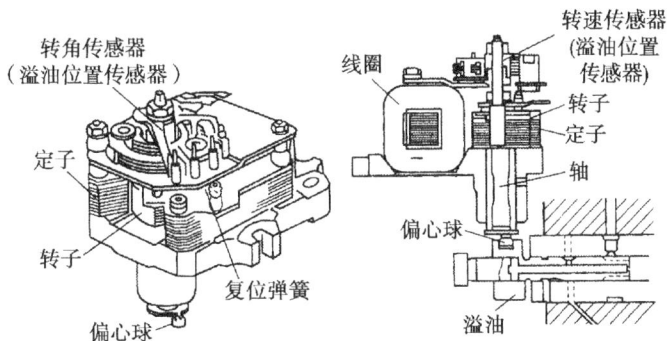

图 8-42　旋转螺线圈式执行机构

（1）喷油量控制

喷油量的控制方式如图 8-43 所示。ECU 根据发动机的状态计算出目标喷油量，并将其结果输出到驱动回路;驱动回路根据 ECU 的指令一边反馈控制执行机构的位置,一边控制输出。这样,就将 VE 型分配泵的溢油环控制在目标位置,从而控制喷油量。

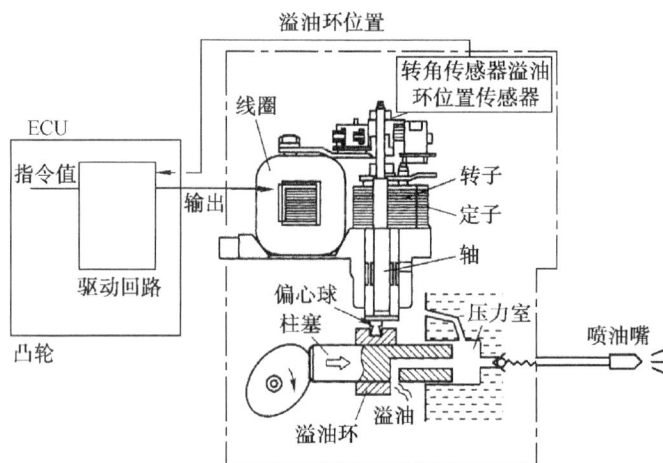

图 8-43 喷油量控制概念图

（2）喷油时间控制

喷油时间的控制方法如图 8-44 所示。VE 型分配泵的提前器活塞内设有连通高压腔和低压腔的通道,按占空比控制定时调节阀,使定时活塞两侧的压力差变化,从而控制喷油时间。由传感器检测出定时活塞的位置,从而进行反馈控制。

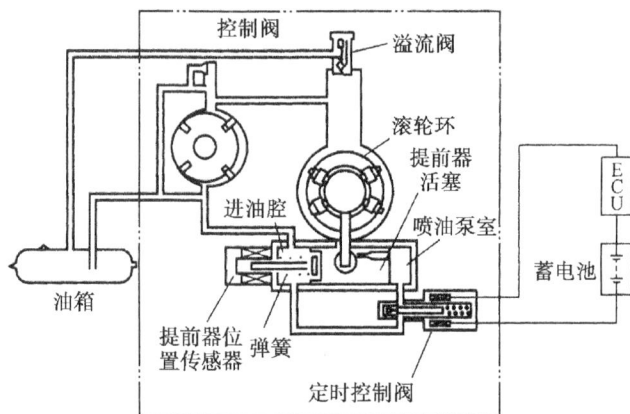

图 8-44 喷油时间的控制方法示意图

3. 时间控制式电控分配泵系统

微型计算机内设有时钟,通过利用时钟,控制喷油终了时间,从而控制喷油量,如图 8-45 所示。控制喷油终了的执行机构是电磁阀,对每一次喷油都可以进行控制,因此,可以取消其他的喷油量控制机构。另外,在时间控制方式中,电子回路比较简单。

典型的时间控制式分配泵产品有日本电装公司的 ECD-V3 型分配泵、德国博世公司的 VP44 型分配泵等。

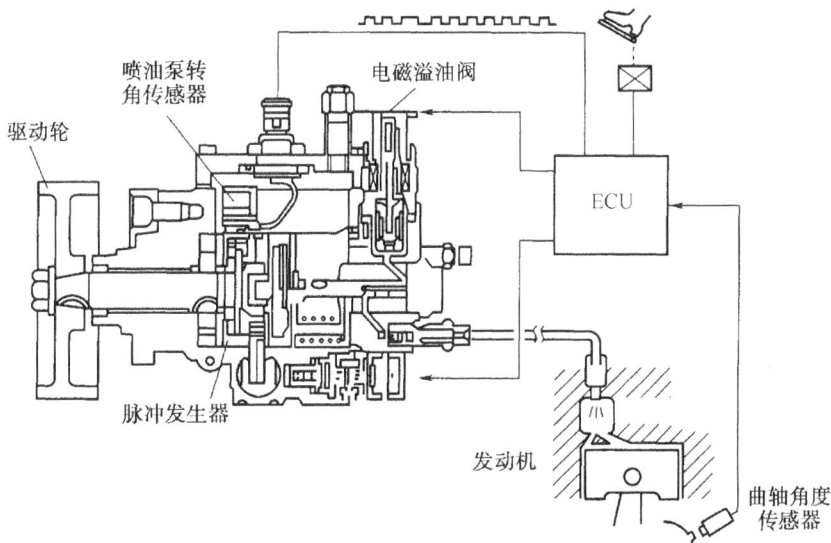

图 8-45　电控分配泵系统——时间控制方式

四、电控泵喷嘴

所谓泵喷嘴,就是将喷油泵的压油机构紧缩到喷油嘴处,即高压油管长度为零的喷油系统。因为没有高压油管,所以高压系统的容积可以最大限度地减小。关于喷油量的控制,则是由电磁阀控制喷油的开始和终了,使喷油泵腔和低压系统接通或切断(ON/OFF)。

博世公司生产的电子控制泵喷嘴直接安装在发动机燃烧室附近。作为压油机构的喷油泵部分则是由喷油泵单元、喷油泵腔、挺柱体构成。挺柱体部件是由发动机另外备置的凸轮机构驱动,通过它压缩燃油。喷油泵腔的一端通向普通的喷油嘴,另一端通过控制阀和燃油的低压系统接通,进行吸油或回油。在凸轮压油期间的某特定的时刻,控制阀通电,则控制阀将通路闭合,喷油泵腔内的燃油被压缩,并开始从喷油嘴内喷出。在喷出了必须的燃油量之后,停止向电磁阀通电,控制阀再一次开启,高压燃油快速溢流,喷油终止。在凸轮的吸油期间(柱塞下行),通过电磁阀,燃油被吸入喷油泵腔内。

电子控制泵喷嘴在沃尔沃、卡特彼勒等大型货车柴油机中广泛采用,最大喷油压力可达 150~180 MPa。

五、电控高压共轨喷油系统的结构和原理

1. 典型的高压电控共轨喷油系统

20 世纪末,最具有代表性的高压电控共轨系统有日本电装公司的 ECD-U2 系统(如图 8-46 所示)和德国博世公司的 UNIJET 系统(如图 8-47 所示)等。

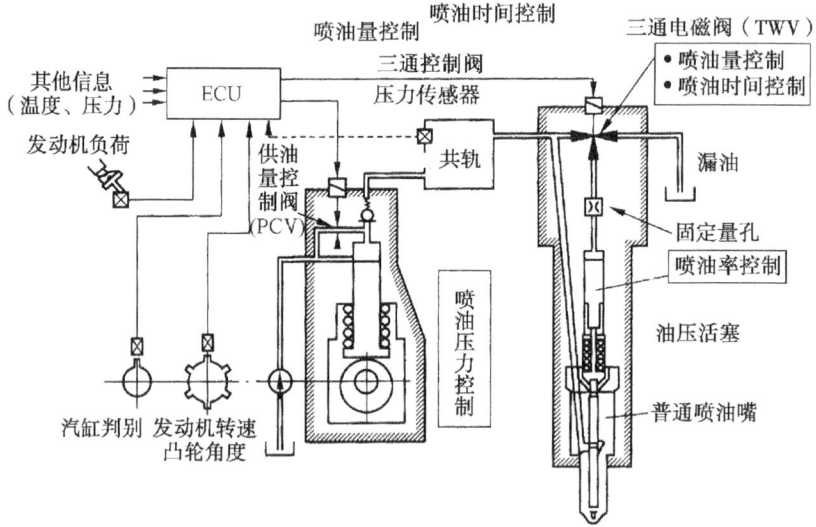

图 8-46 ECD-U2 共轨系统

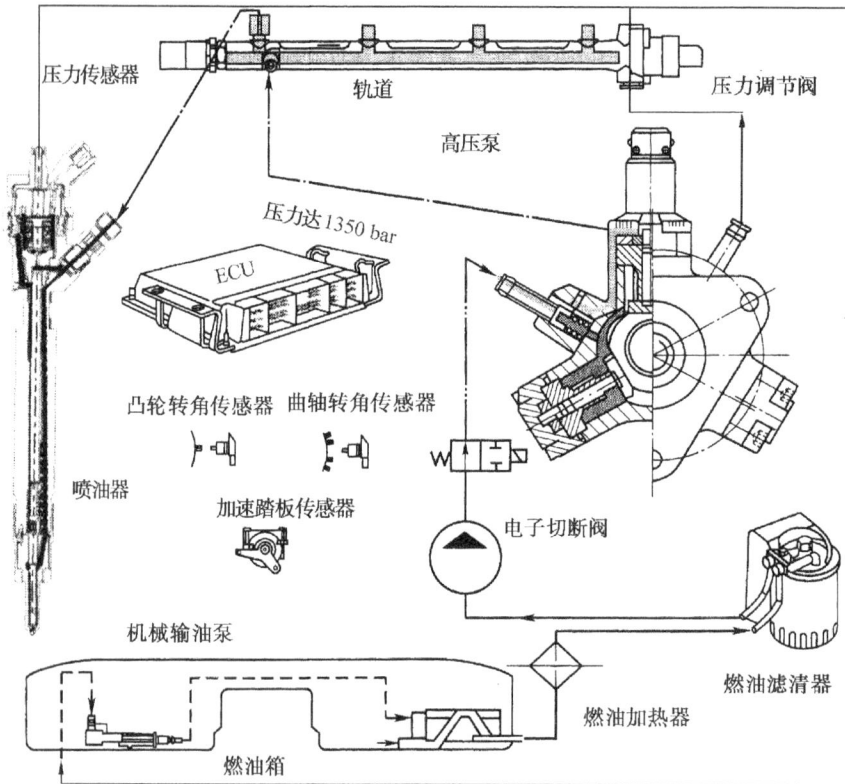

图 8-47 UNIJET 型电控共轨系统

日本电装公司的 ECD-U2 系统是世界上最早定型的电控共轨喷油系统。而 UNIJET 系统是博世公司电控共轨系统的前身，也可以说 UNIJET 系统是欧洲最早基本定型的电控共轨系统。

戴姆勒-奔驰公司对燃油系统进行了长期试验、对比和选择之后，决定在新一代发动机上采用电控共轨系统。为进一步对电控共轨系统进行分析,戴姆勒-奔驰公司进行了模拟计算。计算表明:通过适当的调整可实现喷油量足够小的预喷射。由于戴姆勒-奔驰公司认识到自己并不适宜生产喷油系统,所以邀请博世公司作为合作伙伴,并从1994年年初正式开始合作,到1997年中期形成批量生产。

2. 电控共轨系统工作原理

图 8-48 是戴姆勒-奔驰公司当时计划中要完成的电控共轨系统。燃油由发动机凸轮轴驱动的齿轮泵经滤清器从油箱中抽出,通过一个电磁紧急关闭阀流入供油泵,此时的压力约为 0.2 MPa。然后,油流分为两路:一路经安全阀上的小孔作为冷却油,通过供油泵的凸轮轴室流入压力控制阀流回油箱;另一路充入三缸供油泵。在供油泵内,燃油压力上升到 135 MPa ,供入共轨。共轨上有一个压力传感器和一个通过切断油路来控制流量的压力控制阀,用这种方法来调节控制单元设定的共轨压力。高压燃油从共轨流入喷油器后又分为两路:一路直接喷入燃烧室;另一路在喷油期间,与针阀导向部分和控制柱塞处泄漏出的燃油一起流回油箱。

电装公司的 ECD-U2(P)型电控共轨系统的工作原理框图如图 8-48 所示。燃油在油箱中,供油泵将燃油加压后供入共轨中。这时,供油泵控制阀(PCV)根据 ECU 发出的控制指令严格控制供入共轨中的燃油量,从而控制共轨中的燃油压力,也就是电控共轨系统的喷油压力。图中,电磁阀 I 具有三项基本功能:控制喷油量(代替调速器)、控制喷油时间(代替提前器)、控制喷油率;电磁阀 II 也具有三项基本功能:控制喷油压力、降低噪声、降低驱动转矩。

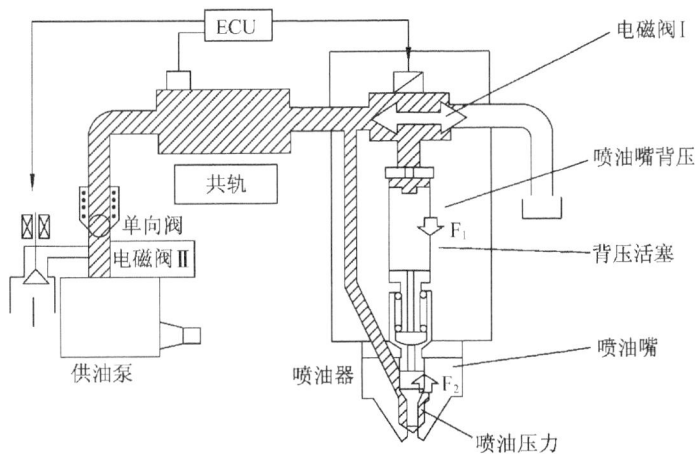

图 8-48　共轨系统的工作原理图

由于欧洲大量使用柴油机乘用车,德国博世公司的电控共轨系统在小排量乘用车柴油机上得到大量应用;日本电装公司也在匈牙利开设工厂生产小型电控共轨系统——ECD-U2(P),供给欧洲的乘用车柴油机市场。日本国内的乘用车柴油机很少,所以,日本电装公司的电控共轨系统大量应用于大排量的货车柴油机。

第一代高压电控共轨系统基本上是采用高速电磁阀作为执行器,承受的最高喷油压力及系统的效率都因此而受到限制。为解决这一难题,世界上许多公司正致力于开发采用压电晶体技术的电控共轨喷油系统,其中德国 FEV 公司及西门子公司率先展示了他们的产品。机械式喷油系统持续发展了近一个世纪,电控共轨式燃油系统还将持续发展。20 世纪的最后 30 年左右正是柴油机燃油系统从传统的机械式系统向电子控制式系统转化的历史时期。

第一代蓄压式电控共轨系统出现在 20 世纪末,第二代高压电控共轨系统紧接着在 21 世纪初出现。随着排放法规的日益苛刻,柴油机高压电控共轨系统的技术必将以惊人的速度向前发展。

直喷式柴油机在内燃机中效率最高。新研制成功的低油耗的高速直喷汽油机已经能够与直喷柴油机竞争。但是,不管高速直喷汽油机如何改进性能,直喷柴油机在油耗方面还是占有优势。乘用车在短时间内面临排放法规的限制和客户越来越严格的要求。现代车用高速直喷柴油机多数采用四气门、涡轮增压、废气再循环(EGR)及中冷技术,要求配套灵活的燃油喷射系统。西门子公司研制的高性能、适应性好、采用压电晶体作为执行器的电控共轨喷油系统能够满足将来燃油喷射系统的要求。

直喷柴油机多年来已经作为货车的主要配套动力。直喷柴油机在乘用车中份额的增加与燃油喷射技术的发展关系非常紧密,电控共轨系统的加入使其发生了根本的变化。

3. 电控高压共轨式喷油系统的组成

电控高压共轨式喷油系统的基本组成是供油泵、ECU、共轨和油箱。从功能方面分析,电控共轨系统可以分成两大部分:控制系统和燃料供给系统。

(1) 控制系统

电控共轨系统可以分成三大部分:传感器、计算机和执行器。

计算机是电控共轨喷油系统的核心部分。根据各个传感器的信息,计算机进行计算并完成各种处理后,求出最佳喷油时间和最合适的喷油量,并且计算出在什么时刻、在多长的时间范围内向喷油器发出开启或关闭电磁阀的指令等,从而精确控制发动机的工作过程。

电控系统的核心是 ECU。ECU 就是一个微型计算机。ECU 的输入设备是安装在车辆和发动机上的各种传感器和开关;ECU 的输出是送往各个执行机构的电子信息。

电控系统的框图如图 8-49 所示。

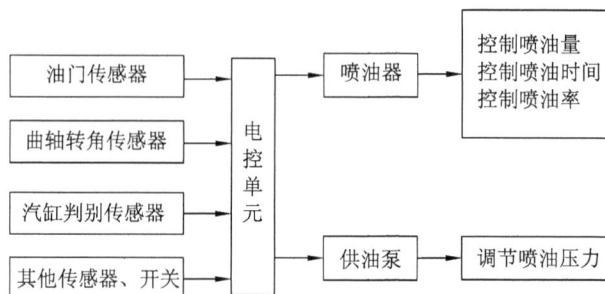

图 8-49 共轨系统的控制框图

（2）燃料供给系统

燃料供给系统的主要组成部分如图 8-50 所示。

由图可见，燃油供给系统的主要构成是供油泵、共轨和喷油器。燃油供给系统的基本工作原理是：供油泵将燃油加压成高压，供入共轨内；共轨实际上是一种燃油分配管。储存在共轨内的燃油在适当的时刻通过喷油器喷入发动机汽缸内。电控共轨系统中的喷油器是一种由电磁阀控制的喷油阀，电磁阀的开启和关闭由计算机控制。

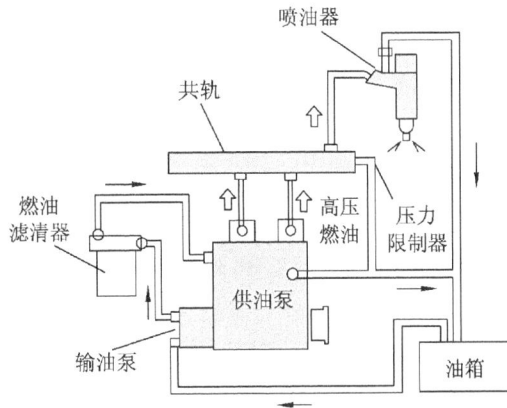

图 8-50　电控高压共轨系统的燃油供给系统

4. 电控共轨系统的特点

（1）自由调节喷油压力（共轨压力控制）

通过控制共轨压力而控制喷油压力。利用共轨压力传感器测量燃油压力，从而调整供油泵的供油量和共轨压力。此外，还可以根据发动机转速、喷油量的大小与设定了的最佳值（指令值）始终一致地进行反馈控制。

（2）自由调节喷油量

以发动机的转速及油门开度信号为基础，由计算机计算出最佳喷油量，并控制喷油器的通断电时间。

（3）自由调节喷油率

根据发动机用途的需要，设置并控制喷油率，如预喷油、后喷油、多次喷油等。

（4）自由调节喷油时间

根据发动机的转速和喷油量等参数，计算出最佳喷油时间，并控制电控喷油器在适当的时刻开启、关闭等，从而准确控制喷油时间。

在电控共轨系统中，由各种传感器（发动机转速传感器、油门开度传感器、各种温度传感器等）实时检测出发动机的实际运行状态，由微型计算机根据预先设计的计算程序进行计算后，定出适合于该运行状态的喷油量、喷油时间、喷油率模型等参数，使发动机始终都能在最佳状态下工作。计算机具有自我诊断功能，可对系统的主要零部件进行技术诊断，如果某个零件产生了故障，诊断系统会向驾驶员发出警报，并根据故障情况自动作出处理，或使发动机停止运行（即所谓故障应急功能），或切换控制方法，使车辆继续行驶到安全的地方。

传统的泵管嘴燃油系统中，喷油压力与发动机的转速、负荷有关，不是一个独立变量；在高压电控共轨系统中，喷油压力（共轨压力）与发动机的转速负荷无关，是可以独立控制的。由共轨压力传感器测出燃油压力，并与设定的目标燃油压力进行比较后进行反馈控制。

任务四 电控共轨柴油机实例

一、概述

五十铃 FORWARD 型中型系列货车从 1994 年全面改型以后,一直受到市场的好评。其中的 6HK1-TC 型发动机(如图 8-51 所示)采用日本电装公司的 ECD-U2 型电控共轨喷油系统,是比较具有代表性的电控共轨柴油货车之一。以此为例,本节简要介绍中型柴油机货车从机械式燃油系统转换到采用电控高压共轨式喷油系统的全部过程。

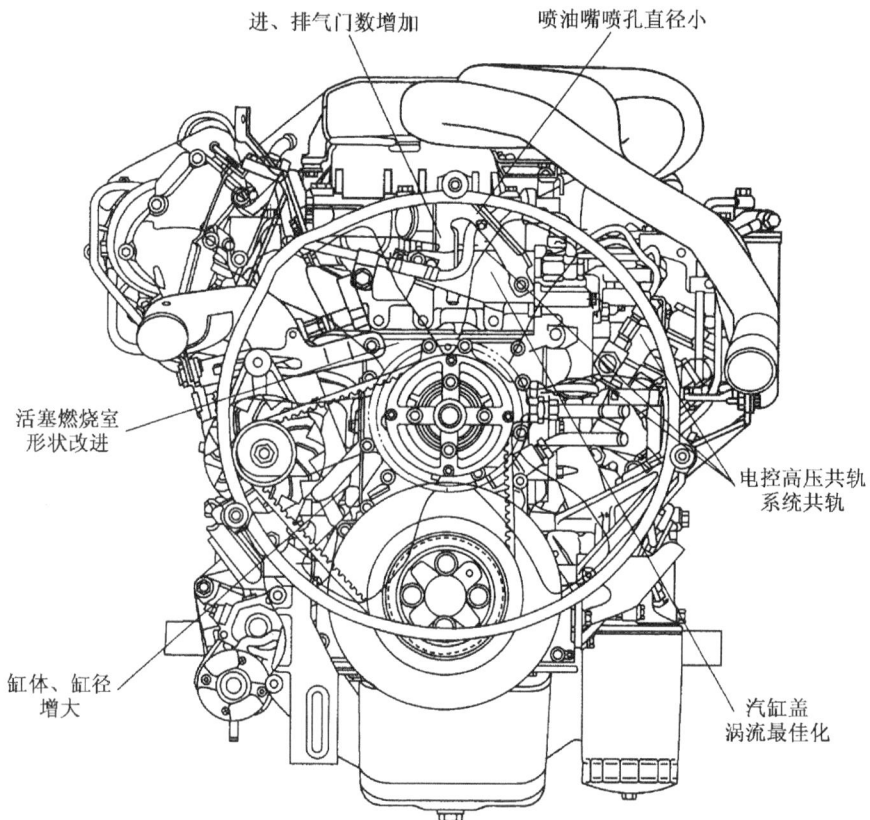

图 8-51 6HK1-TC 型发动机的结构变更

二、结构和参数

6HK1-TC 型发动机采用的 ECD-U2 电控共轨喷油系统的主要参数见附录二,重要特性曲线如图 8-52 所示。

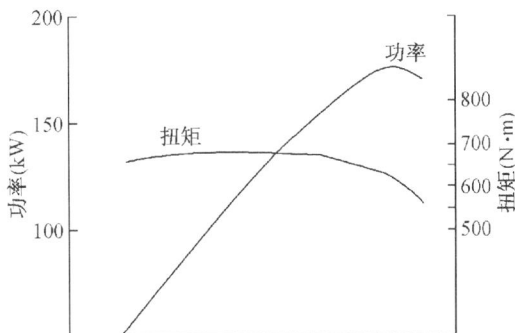

图 8-52　6HK1-TC 型发动机功率与扭矩特性曲线

三、电控共轨柴油机的特点及相关参数的控制方法

1. 与采用普通机械式燃油系统的柴油机相比，电控共轨柴油机有如下重要的特点：

（1）用供油泵代替了原来的喷油泵。利用发动机的转动，通过供油泵将燃油加压，并送入共轨中。在供油泵上配置了供油泵控制阀（PCV，Pump Control Valve），在 ECU 的控制下，调节供入共轨中的燃油量。此外，供油泵带有输油泵。输油泵的作用是从油箱中抽油，并将燃油供入供油泵。

（2）取消了调速器和提前器。由于采用共轨式电控燃油系统，原安装喷油泵的托架有所变更。

（3）机械式喷油器变更为电控式喷油器，可以获得最佳的控制喷油量、喷油时间和喷油率。

（4）变更了高压配管（即高压油管）的形状（如图 8-53 所示）。高压配管外径由 $\phi 6.35$ mm 变更为 $\phi 8$ mm，内径由 $\phi 2.0$ mm 变更为 $\phi 4.0$ mm。

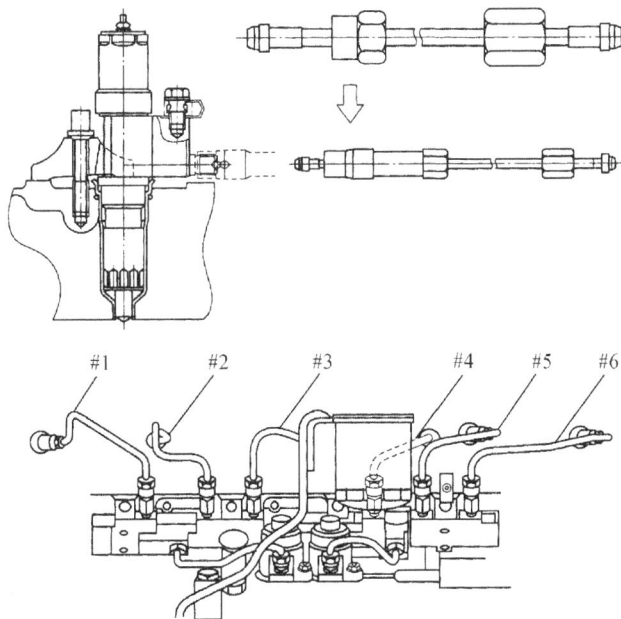

图 8-53　6HK1－TC 型发动机高压配管

（5）自由控制喷油压力、喷油泵、喷油时间和喷油率。

日本五十铃公司 6HK1-TC 型发动机的燃油喷射系统的示意图如图 8-54 所示。在图中，燃油从油箱经输油泵供入供油泵中，在供油泵中提升压力之后，送入共轨。共轨内的燃油压力始终保持在 25～120 MPa。由 ECU 发出的指令，通过 PCV（供油泵控制阀）控制送入共轨中的燃油量。共轨内的高压燃油供给各个汽缸所对应的喷油器，设置在电控喷油器上的电磁阀严格按照 ECU 发来的指令动作，控制各个汽缸的喷油时间和喷油量，向各个汽缸内喷射最适量的燃油。将发动机转速、发动机负荷等各种传感器信息和各种开关的信号送入电控单元 ECU。ECU 根据这些信息，经过预先编制好的计算处理程序计算处理以后向供油泵、喷油器等执行器发出控制指令，从而实现对燃油喷射过程进行最佳控制。

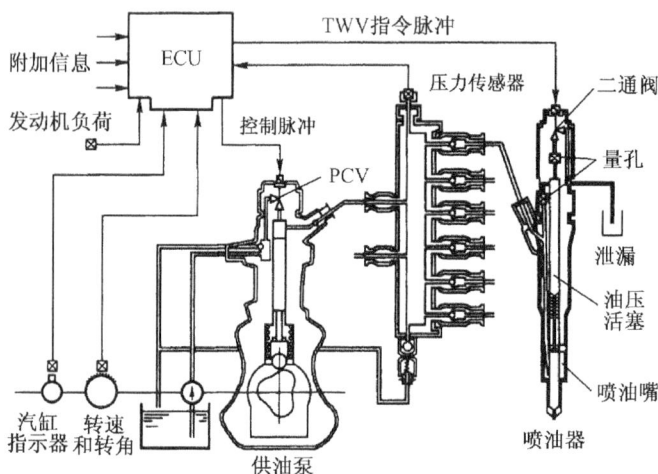

图 8-54　6HK1-TC 型发动机电控共轨喷油系统示意图

2. 喷油压力等的自控方法

① 喷油量控制方法

为了控制最佳喷油量，主要以发动机转速、油门开度等信息为基础，控制二通阀（2WV）的开启与关闭，从而控制最佳喷油量。

② 喷油压力控制方法

通过控制共轨内的燃油压力控制喷油压力。共轨内的燃油压力是根据发动机的转速和喷油量等参数计算出来的，通过控制供油泵，使之供出适量的燃油，并压送到共轨内。

③ 喷油时间控制方法

电控共轨系统的部分功能取代了机械式燃油系统中的提前器。共轨系统根据发动机转速和喷油量等参数，计算出适当的喷油时间，通过控制喷油器实现最佳喷油时间的控制。

④ 喷油率控制方法

为了提高发动机汽缸内的燃烧质量，在喷油初始阶段以很少量的燃油进行"引导（Pilot）喷油"、着火；在着火完成时，再进行第二次喷油——主喷油，为了控制主喷油段的喷射时间和喷油量,ECU 通过 2WV 直接控制喷油器进行喷油。

四、燃油系统组件、传感器及各类开关

本节以采用高压共轨喷油系统的 6HK1-TC 型柴油机为例,将与共轨系统有关的主要组成部分、各种传感器和开关等一并列出。

1. 供油泵

6HK1-TC 型发动机采用两缸柱塞式供油泵,供油泵的参数如下:

供油泵型号:SP1204MD;最大供油量:380 mm^3/cyc;溢流阀开启压力:255 kPa;供油泵转向:从驱动端看,左旋。

2. 喷油器

机械式喷油器变更为电控式喷油器。相对于传统的机械式喷油器,新增加了油压活塞、2WV 等零件。2WV 接受 ECU 的指令,实时调节指令活塞上部的燃油压力,控制针阀开启或关闭,最佳控制喷油量、喷油时间和喷油率。喷油器的结构如图 8-55 所示。

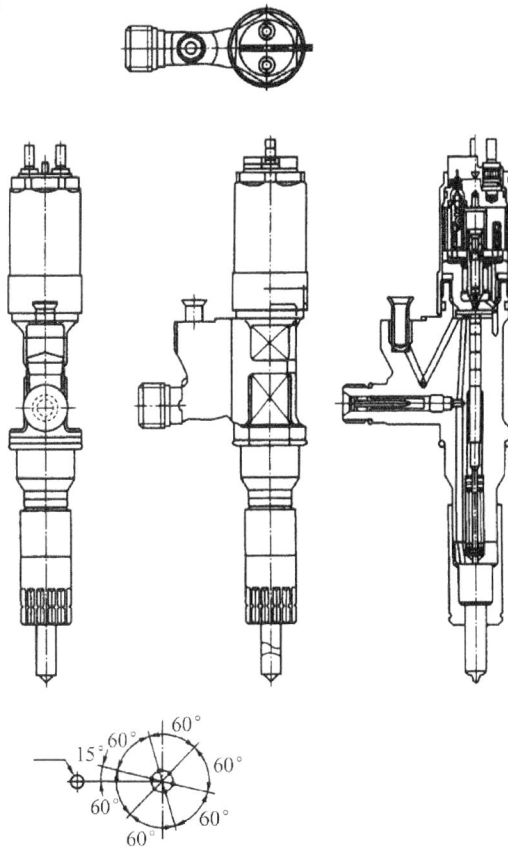

图 8-55 喷油器的结构

6HK1-TC 型发动机的电控喷油器的脉冲谱如图 8-56 所示。每循环喷油过程分成两次进行——预喷油和主喷油。

喷油器的剖面图如图 8-57 所示。

6HK1-TC 型发动机中采用的喷油器的主要参数如下：

喷油嘴型号：DLLA149P703；喷油孔直径：ϕ 0.21 mm；喷油孔数：6；线圈阻抗：0.5～0.7 Ω。

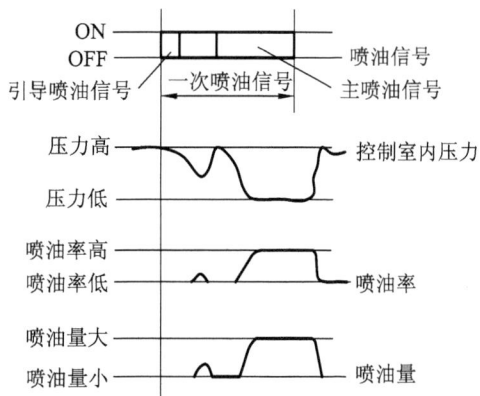

图 8-56　脉冲谱

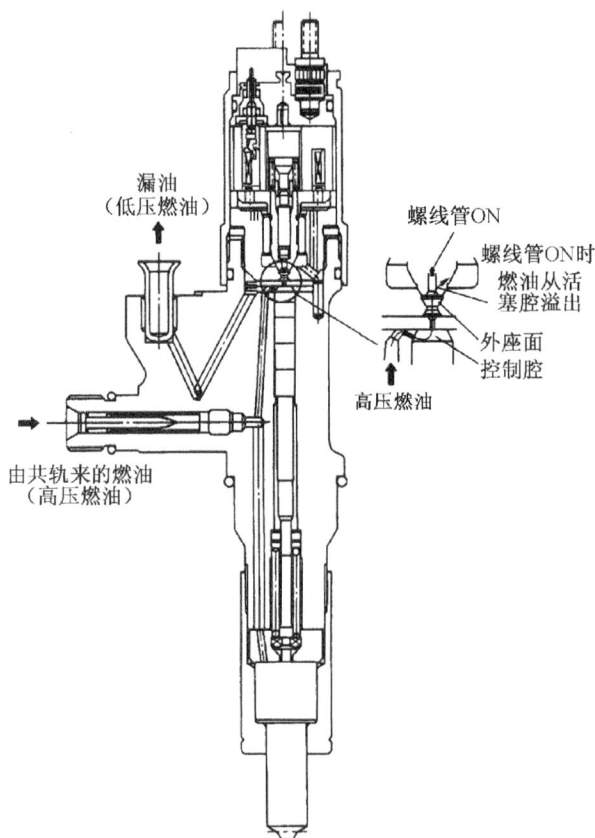

图 8-57　喷油器剖面图

3. 共轨组件

共轨组件（如图 8-58 所示）的作用是接受从供油泵来的高压燃油，并按照 ECU 的指令向各个汽缸分配燃油。共轨组件中还有压力限制器、流动缓冲器和压力传感器等。

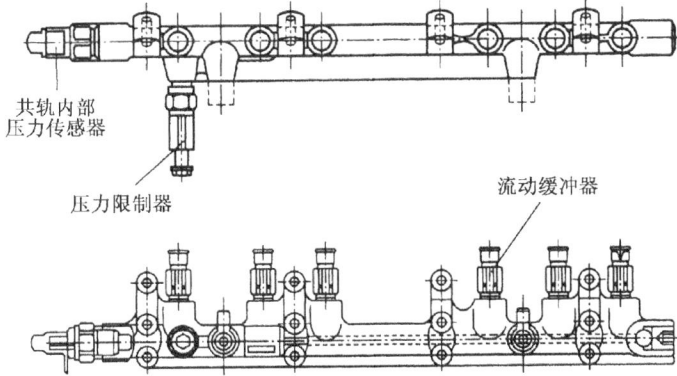

图 8-58 共轨组件

4．发动机转速传感器和供油泵转速传感器

发动机转速传感器如图 8-59 所示安装在飞轮壳上,以脉冲形式检测发动机转速;供油泵传感器布置在供油泵上,具有传感器功能,对汽缸进行判别。

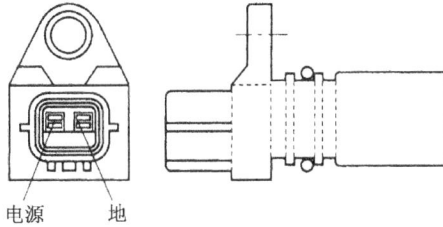

电源　　　地

图 8-59 发动机转速传感器

5．油门传感器

油门传感器安装(如图 8-60 所示)在加速踏板上,可以检测出脚踩加速踏板的力量(加速踏板转过的角度)。输出电路有两套,以确保可靠性。

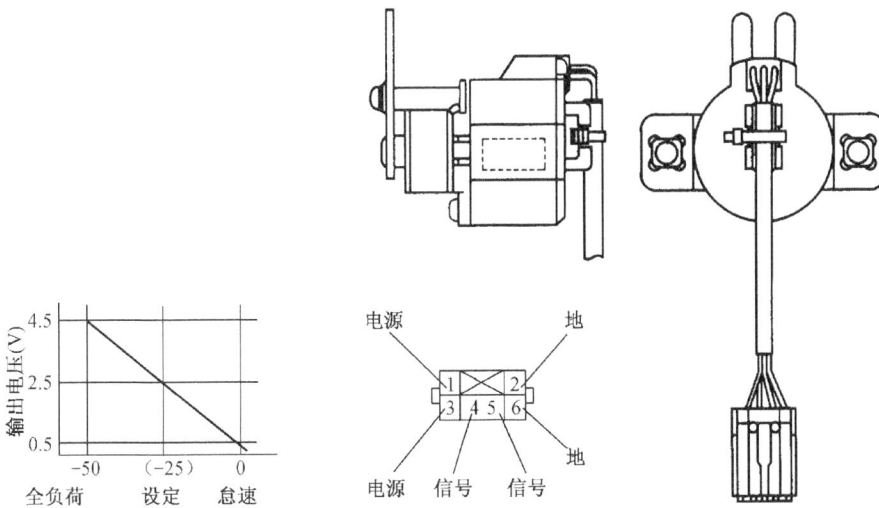

图 8-60 油门传感器

6. 增压压力传感器

增压压力传感器(如图 8-61 所示)安装在进气管上,为了对燃油喷射进行最佳化控制,需随时监视增压器提供的进气压力的变化。

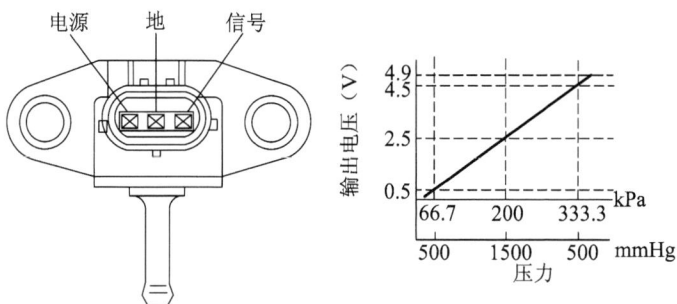

图 8-61 增压压力传感器

7. 冷却液温度传感器

冷却液温度传感器安装在汽缸体左前方的上部,为了确保燃油喷射最佳化,随时监视冷却液温度的变化。该发动机中实际使用的冷却液温度传感器的形状和特性曲线如图 8-62 所示。

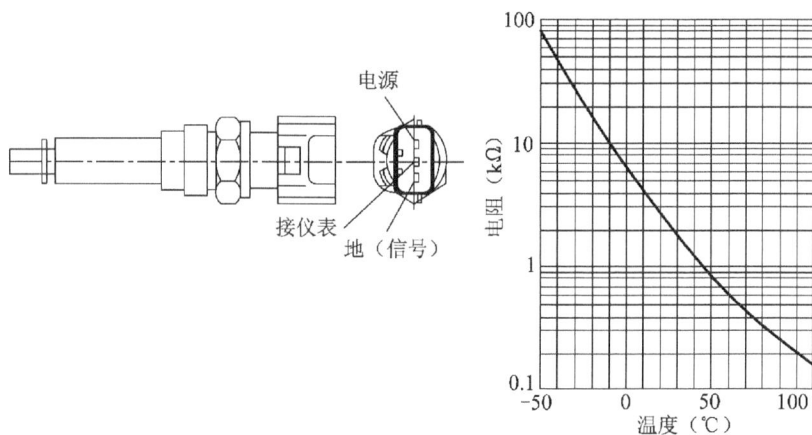

图 8-62 冷却液温度传感器

8. 燃油温度传感器

燃油温度传感器安装在汽缸上,靠近燃油滤清器的位置。为了确保燃油喷射最佳化,随时都在监视着燃油温度的变化。该发动机中实际使用的燃油温度传感器的形状和特性如图 8-63 所示。

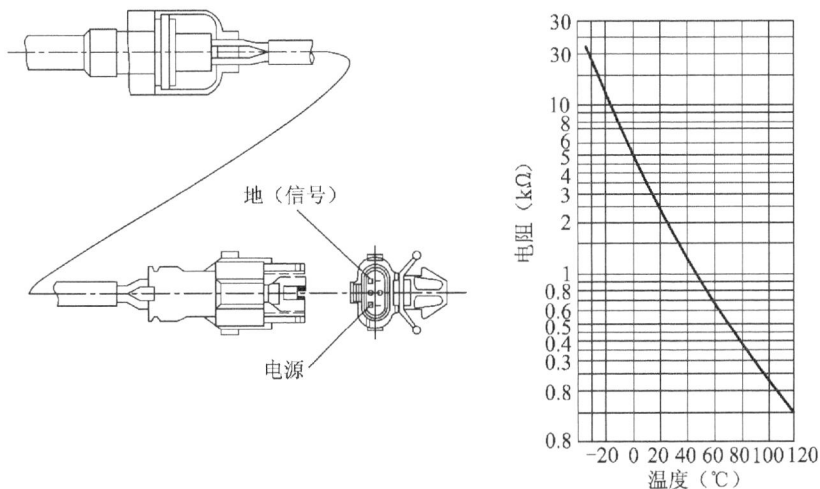

图 8-63　燃油温度传感器

9. 大气温度传感器

大气温度传感器安装在前部，为了确保燃油喷射最佳化，随时都监视大气温度的变化。该发动机中实际使用的大气温度传感器如图 8-64 所示。

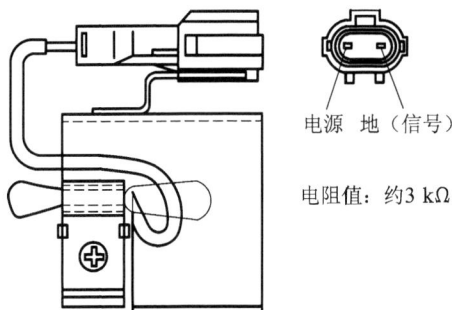

电源　地（信号）

电阻值：约3 kΩ

图 8-64　大气温度传感器

10. 全速油门传感器

全速油门传感器作为 PTO(Pulse Train output,脉冲串输出)而使用,用来控制发动机的转速。该发动机中实际使用的全速油门传感器的形状和特性曲线如图 8-65 所示。

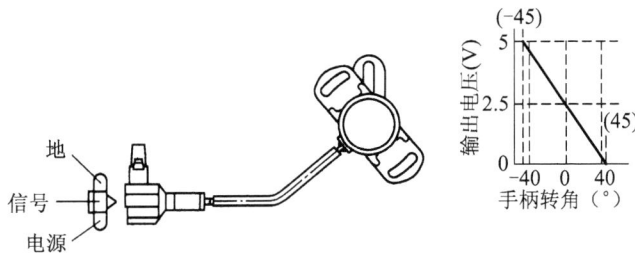

图 8-65　全速油门传感器

11. 速度传感器

速度传感器安装在变速器上,监视车速的变化,从脉冲整合器中得到相应的信息。该发动机中实际使用的车速传感器如图 8-66 所示。

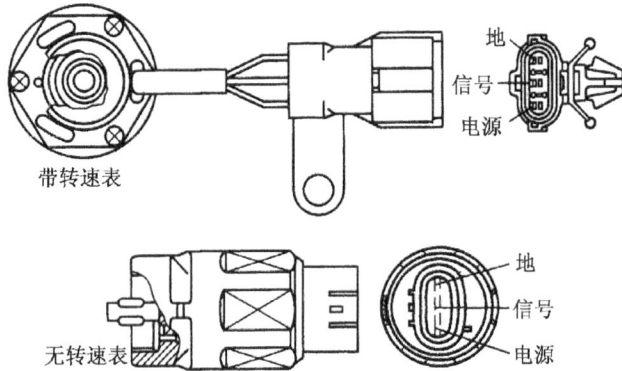

图 8-66　速度传感器

12. 油门开关

油门开关(如图 8-67 所示)安装在加速踏板上,随时监视加速踏板的怠速位置。

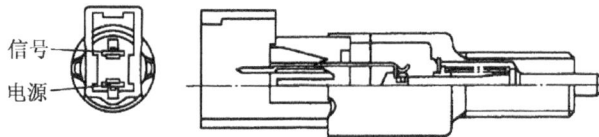

图 8-67　油门开关

13. 大气压力传感器

大气压力传感器布置在 ECU 内部,为了确保燃油喷射最佳化,随时监视大气压力的变化。

14. 诊断开关

诊断开关(插座颜色:白色)布置在检查盒内,在进行故障诊断时使用(故障指示灯闪烁)。

15. 内存清除开关

内存清除开关(插座颜色:蓝色)布置在检查盒内,在消除故障代码时使用。

16. 其他开关类

排气制动开关、延迟开关、制动开关、离合器开关、中间开关、PTO 开关等所提供的信息,都可用于各种辅助控制操作 PTO 时控制发动机。

17. 指示面板

当系统中产生故障时,指示面板(如图 8-68 所示)上的故障指示灯点亮,通知驾驶员。故障的种类通过灯光的闪烁形式说明。没有任何故障时,灯光不亮。控制开关 ON/OFF 可以对系统进行检查,指示灯点亮 5 s。

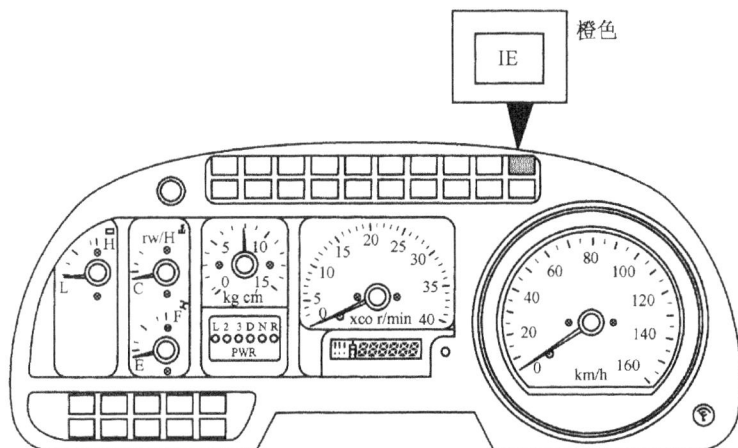

图 8-68　诊断指示灯面板

18. 怠速控制开关/怠速控制切换开关

此开关是用来切换怠速转速的开关。怠速开关置于手动位置时,怠速开关上升/下降(UP/DOWN)可以调节怠速的转速;当怠速开关置于自动位置时,如果冷却液温度低,则自动提高怠速转速,进行暖机运转,如果冷却液温度高(暖机结束),则回到标准怠速转速。

思考题

1. 根据电控喷油系统的原理,可将柴油机电子控制喷射系统分为哪几类?
2. 柴油机电控喷油系统经历了哪三代变化?
3. 柴油机燃油电子控制系统的主要功能有哪些?
4. 柴油机电控喷油系统由哪三部分组成? 它们的作用分别是什么?
5. 电控直列泵系统与传统的机械喷油系统相比具有哪些特点?
6. 简述柴油机电控共轨系统的工作原理。
7. 柴油机电控高压共轨式喷油系统的基本组成包括哪几部分?
8. 柴油机电控高压共轨系统的特点有哪些?
9. 电控共轨柴油机与采用普通机械式燃油系统的柴油机有哪些不同之处?

模块九 筑路机械电气总线路

模块任务

1. 掌握电气线路连接的特点及电路图的种类;
2. 会分析压路机、挖掘机等常用工程机械的电气总线路图;
3. 能手工绘制主要电气系统线路图;
4. 掌握典型筑路机械电气设备的分布及线路连接。

任务一 筑路机械电气系统基本组成及其分析方法

一、筑路机械电气系统基本组成

(1)电源系统:主要由蓄电池、发电机、调节器等组成。

(2)起动系统:主要由起动开关、起动继电器、起动机等组成。

(3)点火系统:主要由点火开关、点火线圈、分电器、火花塞等组成。

(4)照明与信号系统:主要由照明系统、信号系统、声响报警系统、仪表等组成。

(5)空调系统:主要由压缩机、冷凝器、膨胀阀、蒸发器、储液干燥器等组成。

(6)辅助电器:主要由雨刮系统、电动座椅、中控门锁、电动后视镜、电动天窗、除雾器、防盗等组成。

二、电气总线路分析方法

1. 电气线路图的特点

各种公路工程机械电器在电路图绘制、符号标注等方面有所不同,但其线路连接有以下共同特点:

(1)低压直流供电。为了简化结构和保证安全,筑路机械电器设备采用低压直流供电,柴油车大多采用低压 24 V 供电,汽油车大多采用 12 V 电压供电。

(2)单线制。工程建设机械(包括汽车)上所有电器设备的正极用导线连接,负极不用导线而是与机身(金属)相连接(即搭铁——用机身作为连接负极的线路),既节约导线又减少线路连接的复杂性。

（3）安装了保险装置。为了防止电路或元器件因搭铁或短路而烧坏电线束和用电设备,各种类型的工程机械(汽车)上均安装有保险装置,这些保险装置有的串接在元器件(或零部件)回路中,有的串接在支路中。

（4）大电流开关通常加接中间继电器。工程机械电器中的起动机、电喇叭等,在工作时电流很大,如果直接用开关控制它们的工作状态,往往会使控制开关早期损坏。因此,控制大电流用电设备的开关常采用加中间继电器的方法,利用流过继电器线圈的小电流来控制流过用电设备的大电流。

（5）具有充放电指示。工程建设机械上蓄电池的充放电情况一般由电流表指示,也有用充电指示灯来指示的。由于起动机和电喇叭的用电量大,故它们的工作电流不经过电流表。

（6）有颜色和编号特征。为了便于识别和检修繁杂的用电设备和连接导线,通常用不同的颜色来表示低压线,并在线路图上用有颜色的字母代号标注。

2. 电路图的种类

筑路机械电路图根据用途不同,主要分为以下几种:

（1）线路图。指将所有筑路机械电器按机上实际位置,用相应地外形简图或原理图简化,并用线条一一连接。

（2）原理图。指按规定的图形符号,把仪器及各种电器设备按电路原理,由上到下合理连接起来,然后进行横向排列形成的电路图。它既可以是子系统的电路原理图,也可以是整车电路原理图。

（3）线束图。指能反映走向和有关导线颜色、接线柱编号等内容的线路图。这种图呈树枝样,上面着重标明各导线的序号、连接的电气设备及接线柱的名称、各插接器插头和插座的序号。

（4）系统电路图。指将单个电控系统按功能特点,只画出与该电气系统有关联的电气元件间连接关系的电路图。

系统电路包括基本系统电路和具有特殊功能的电控系统两大部分。基本系统电路包括充电系统(蓄电池、发电机、电流表)、起动系统、照明及仪表系统、辅助装置等。汽油机还会增加一套点火系统等电路。

3. 电气线路图的分析步骤

要分析研究整机电路,首先应识读筑路机械的电路原理图,它是以掌握各电气设备的结构、工作原理和图形符号为基础的。通常电气总线路识读分析的步骤如下:

（1）了解各电气设备的结构与工作原理。

（2）识别电气设备的图形符号(见附录三)

（3）把整机电路划分成单元电路,在电气线路图上找到相关电气设备。

（4）沿着与电气设备相连的实线(导线)找出走向及与其相连的开关、保险、电源等,逐一认识局部电路图,为电气设备导线的布线和故障诊断做好准备。

任务二　ZL50C 型装载机电气线路分析

一、电气系统分析

ZL50C 型装载机电气设备总线路包括充电系统、起动系统、照明及信号系统、仪表系统和辅助电器装置等。整机电气线路（图 9-1 所示）为并联单线制、负极搭铁，电气系统工作电压均为 24 V。

1. 充电系统

（1）用两个 6-Q-195 型 12 V 蓄电池串联可得 24 V 电源。由电源总开关 37（蓄电池继电器）控制蓄电池的充、放电路的通断，而电源总开关又受电源控制开关 43 的控制，停车时可防止蓄电池漏电。

（2）发电机 36 采用带中性点的六管硅整流发电机，调节器 38 为带磁场继电器的 FT221 型组合调节器。停车后，若电源电路忘记切断，调节器也能及时切断蓄电池与发电机励磁绕组间的电路，以免蓄电池过量放电，烧坏励磁绕组。

（3）仪表盘上的小时计 14 由发电机内的转速传感器控制而工作，用来记录发动机的工作时间。

（4）电流表 44 与蓄电池串联，显示蓄电池充、放电电流的大小；电源电路中的 30 A 熔断器为快速熔断片。

2. 起动系统

ZL50C 型装载机起动系统电路由电锁 17 和起动按钮 18 直接控制，无起动继电器。起动电机 39 采用 QD 274 型电磁操纵强制啮合直流串励式电动机。

3. 照明及信号系统

（1）各灯具并联连接。

（2）前大灯 2 为两灯制双丝灯泡，远、近光靠变光开关 50 来变换。前小灯 1、后尾灯 31 及前大灯 2 都由前小灯、前大灯专用开关 41 的不同挡位控制。

（3）两个工作灯 54 和两个后大灯 29 都由仪表开关、工作灯、后大灯开关 42 的不同挡位控制。

（4）闪光器 48 串联在转向灯电路中。

（5）制动指示灯 9 由制动灯开关 3 控制，低压警报由低压警报开关 15 控制。

（6）顶灯 26 和仪表灯 13 由其开关 22 单独控制。

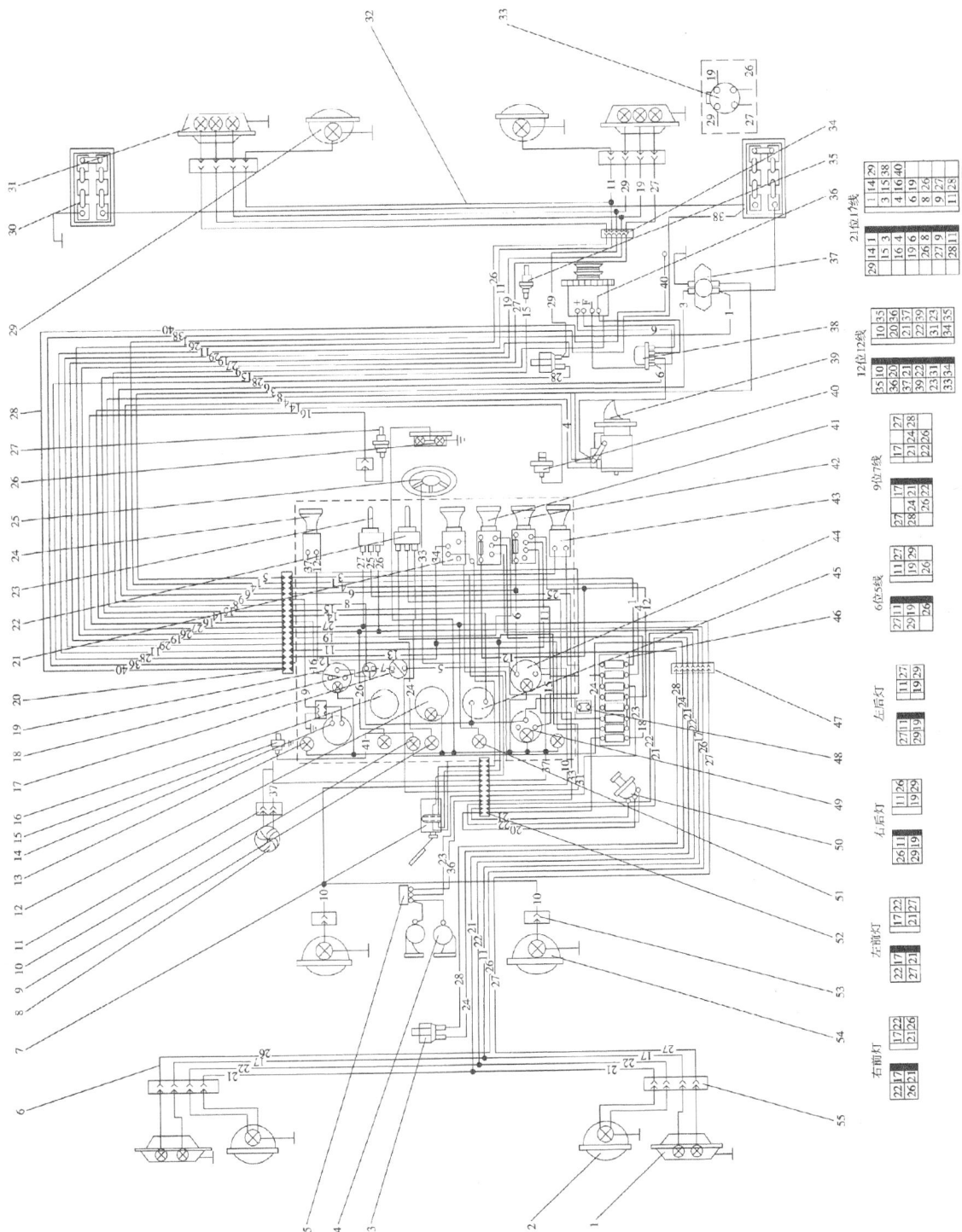

图 9-1 ZL50C 型装载机电气设备总电路

1—前小灯；2—前大灯；3—制动灯开关；4—双音电喇叭；5—喇叭继电器；6—前灯线束电路总成；7—电动刮水器总成；8—电风扇；9—制动指示灯；10—低压警报指示灯；11—双线插接器；12—前后制动气压表；13—仪表灯；14—小时计；15—低压警报开关；16—变速器油压表；17—电锁；18—起动按钮；19—变矩器油温表；20—二十一线插接器；21—刮水器开关；22—顶灯、仪表灯开关；23—转向开关；24—电风扇开关；25—喇叭按钮；26—顶灯；27—变矩器油温传感器；28—主线束电路总成；29—后大灯；30—蓄电池；31—后尾灯；32—后灯线束电路总成；33—挂车插座总成；34—六线插接器；35—发动机水温传感器；36—发电机；37—电源总开关；38—调节器；39—起动电机；40—机油压力感应塞；41—前小灯、前大灯开关；42—仪表开关；43—电源控制开关；44—电流表；45—发动机油压表；46—八挡熔断丝盒；47—九线插接器；48—闪光器；49—发动机水温表；50—变光开关；51—转向指示灯(左、右)；52—十二线插接器；53—单线插接器；54—工作灯；55—四线插接器

4. 仪表系统

ZL50C 型装载机仪表系的仪表有电流表 44、发动机水温表 49、变速器油压表 16、变矩器油温表 19、发动机油压表 45、双针式前后制动气压表 12 和小时计 14 等。其传感器串联在对应仪表的搭铁电路中,各表的正常指示值见表 9-1。

表 9-1 ZL50C 型装载机各仪表正常指示值

仪表	正常指示值	量程	仪表	正常指示值	量程
电流表(A)		±50	发动机油压表(Mpa)	0.2～1.6	0～0.6
发动机水温表(℃)	67～90	50～135	变矩器油压表(Mpa)	1.4～1.6	0～3.2
变矩器油温表(℃)	50～120	50～135	双针式气压表(Mpa)	0.6～0.8	0～1.0

5. 辅助电器

ZL50C 型装载机辅助电器包括单刮水片电动刮水器总成 7、电风扇 8、双音电喇叭 4 和保险装置等。

(1)电动刮水器总成 7 由电动刮水器开关 21 控制,有慢、快两个挡位,具有自动复位功能。

(2)电风扇 8 由电风扇开关 24 单独控制。

(3)双音电喇叭 4 由喇叭继电器 5 和喇叭按钮 25 控制。

(4)总线路的熔断器集中布置在熔丝盒 46 内,便于检修和更换。

二、常见故障的诊断和排除

ZL50C 型装载机电气系统常见故障的诊断和排除方法见表 9-2。

表 9-2 ZL50C 型装载机主要电气系统常见故障的诊断和排除方法

系统	故障现象	原因及排除方法
充电系统	不充电	先检查熔断器是否烧断,充电电路连接是否良好;再检查电源总开关 37 和电源控制开关 43 是否工作良好;最后检查发电机 36 和组合调节器 38 工作是否正常
	充电电流过大	充电电流过大主要是由于调节器调压值过高或失效造成的,应检修调节器
	充电电流过小	先检查调节器的调压值是否过低,触点烧蚀是否严重;再检查各连接导线是否接触良好、电源总开关触点是否严重烧蚀;最后检查发电机内部是否出现接触不良、局部短路/断路、个别二极管断路等故障
	充电电流不稳	先检查各连接导线是否松动;再检查调节器工作是否稳定;最后检查发电机内部是否出现局部断路故障
起动系统	起动机不转	先检查蓄电池是否严重亏电,电缆接头是否接触不良;再检查直流电机是否能转动,电磁开关是否正常工作;最后检查电锁和起动按钮是否工作正常
	起动机运转无力	先检查蓄电池是否亏电,电缆接头是否接触不良;再检查直流电机内部是否存在局部断路、短路,换向器脏污,烧蚀等故障;最后检查电磁开关接触盘是否过度烧蚀
	起动机空转	先检查单向离合器是否打滑,拨叉是否脱出;再检查驱动齿轮与飞轮齿圈是否过度磨损;最后检查主电路接通是否过早

续表

系统	故障现象	原因及排除方法
照明系统	所有灯都不亮	先检查相关保险是否烧断;再检查相应开关工作是否正常
	个别灯不亮	先检查灯泡是否烧坏;再检查相应连接导线是否断开
仪表系统	整个仪表均不正常	先检查保险是否烧断;再检查公共火线是否断开
	个别仪表不正常	先检查该仪表与传感器的连接导线是否接触良好;再检查该仪表配备的传感器是否失效;最后检查该仪表表头内部是否出现故障

任务三　YZC12型振动压路机总线路分析

一、电气系统分析

振动压路机的一个重要组成部分就是电气系统,它在保证压路机作业速度、压实质量及监控报警方面具有至关重要的作用。三一公司生产的 YZC12 型振动压路机电气系统的工作原理如图 9-2 所示。该系统由基本车辆电气系统、行驶驱动控制电路、振动控制电路、辅助电气设备控制电路等组成。

1. 基本车辆电气系统

基本车辆电气系统包括发动机起动与充电系统、发动机工作监控系统、喇叭、仪表、工作灯、制动和紧急停车等。系统电源为 24 V。起动系统与充电系统由蓄电池 G1、起动开关 S2、起动机 M1、起动预热控制装置 P1、预热指示灯 E、预热电阻 R1、预热熔断器 F3(50 A)、整体式硅整流发电机 G2 等组成。

发动机工作监控系统由工作累计计 P2(指示灯 E1 和继电器 K1)、燃油量指示表 P4、转速表 P5、机油压力表 P6、机油压力开关 RT3、机油压力指示灯 E2、机油压力报警喇叭 B2(机油压力过低时灯亮与报警通过 D1 同时实现)、冷却液指示与报警 E3 和 B2(通过 D2 同时实现)、水温表 P1 及指示灯 E4、报警 B2、油路阻塞压力开关 LX3 及指示灯 E6、零位自动闭锁系统(开关 K1、继电器 K2 及开关 K2,延时继电器 KT 及开关 KT,零位起动指示 E5)组成。

工作灯系统由驾驶室工作顶灯 H5,工作示警喇叭 B1,前、后工作灯 H1 和 H2,H3 和 H4 及指示灯开关 S10,S11,以及停车和转向示警灯 H6,H7,H8,H9,左右选择开关 S14,频闭控制 K8 组成。

制动系统由制动指示灯 E7 和继电器 K3 组成,在一般制动进行时,灯 E7 亮,同时继电器 K3 停电,开关 K3 打开,Y4 断电。在一般制动情况下,行驶泵斜盘角控制电磁阀 Y4 使变量泵斜盘角为零,实施液压系统闭锁制动。紧急制动由电磁阀 Y4 和 Y5,紧急停车开关 S4,指示灯 E7,延时继电器 KT,延时继电器常开触点开关 KT 组成。紧急制动发生时,电磁阀 Y4 和 Y5 均断电,此时液压系统闭锁,同时前、后轮制动油缸释放压力油,制动系统在弹簧作用下产生制动,指示灯亮,延时几秒钟后,振动系统电磁阀 Y8 或 Y9 自动断电,停止工作。

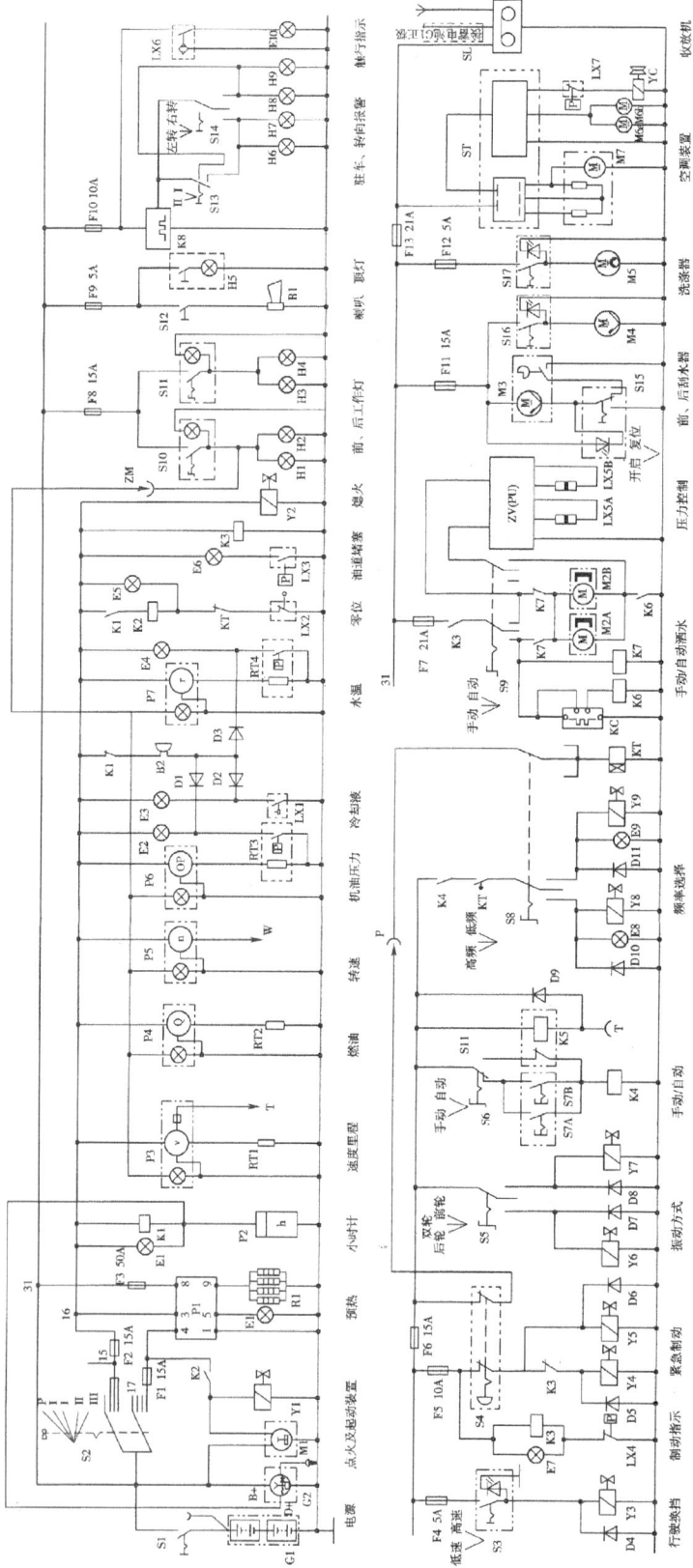

图 9-2　振动压路机电气设备总电路

2. 行驶驱动控制电路

行驶高、低速控制由开关 K3 和电磁阀 Y3 组成。电磁阀 Y3 是两个双位置变量马达的位置控制开关，Y3 断电时，行驶驱动变量马达在低速（大排量）大转矩工况下工作，此时手控变量泵调节压路机的行驶速度为 0～7 km/h；Y3 通电时，行驶马达在高速（小排量）小转矩工况下工作，此时手控变量泵调节压路机的行驶速度为 0～13.5 km/h。该控制电路保证了压路机在不同工况下以最佳的速度进行压实作业，以较快的速度行驶。

3. 振动时的控制电路

振动方式可以选择前轮振动、后轮振动和前、后轮同时振动的方式。由选择开关 S5 实现，Y6 和 Y7 为对应的前、后振动轮驱动马达控制电磁阀。振动频率的选择可以是自动的，也可以是手动的。高频、低频的控制由选择开关 S8，电磁阀 Y8 和 Y9，指示灯 E8 和 E9 组成。电磁阀 Y8 控制振动泵在大排量位置，即高频小振幅工况下工作；电磁阀 Y9 控制振动泵在小排量位置，即低频大振幅工况下工作，这样可以有效地压实不同种类及厚度的铺料层。

4. 辅助设备控制电路

（1）手动/自动洒水控制

手动/自动洒水控制器由选择开关 S9，继电器 K6 和 K7，常开触点 K6 和 K7，常闭触点 K7，驱动水泵电机 M2A 和 M2B，以及洒水智能控制器 ZV 等组成。洒水系统还包括水泵，三级过虑器，前后水箱、水管、接头等。前、后车架各有一个水箱。

驾驶员在驾驶室内能方便地进行洒水操作。洒水系统有压力喷水和重力洒水两套装置，以保证在任何情况下都能够为钢轮洒水。智能控制器是一个由微处理器（CPU）控制并编有专用控制程序的高科技电子产品，能够实现自动压力喷水。

（2）刮水器与洗涤器、收放机

前、后刮水器由微型直流驱动电机 M3 和 M4，开关 S15 和 S16 组成。洗涤器由洗涤喷水电机 M5 和控制开关 S17 组成。收放机电源由蓄电池直接供给，电压为 24 V。

（3）蟹行指示、空调装置

蟹行指示 E11 用作手动控制压路机进行蟹行作业时的指示。

空调系统包括制冷和采暖两部分。其中制冷系统中，M6a 和 M6b 为蒸发器风机，采用的是轴流式双轮直流（24 V）风机，其作用是强制循环驾驶室里的空气。M7 为冷凝式风机，其作用是增强冷凝器的散热能力，保证冷凝器的工作质量。YC 为压缩机，它是空调系统的心脏部分，保证制冷剂正常的工作循环。LX7 为压力开关（P），当系统出现冰堵或杂物堵塞，使压缩机高压出口的压力高于 3.1 MPa，或当系统出现泄漏导致系统压力低于 0.23 MPa 时，切断压缩机电路，使压缩机无法工作，从而起到保护作用。

二、常见故障的诊断和排除

振动压路机主要电气系统常见故障的诊断和排除方法见表 9-3。

表9-3　振动压路机主要电气系统常见故障的诊断和排除方法

系统	故障现象	原因及排除方法
行驶电气系统	行驶系统只有低速挡	先检查熔断器 F4 是否烧断,再检查开关 S3 是否能闭合,如正常,进一步检查电磁阀 Y3 是否有电;有电时,进一步检查电磁阀是否有短路、断路、搭铁等故障,如果一切正常,应检查相关的液压系统
振动电气系统	前、后轮均无振动	先检查熔断器 F16 是否烧断,再在手动方式下检查继电器 K4,KT 是否能闭合,如果正常,继续检查 Y8,Y9
	只有高频或低频振动	先检查高、低频选择开关是否正常,再检查 Y8,Y9 电磁阀是否短路、断路或搭铁。如正常,应检查相关的液压系统
	只有前轮或后轮振动	检查开关 S5 及相应的电磁阀 Y6,Y7 是否有电,或出现短路、断路、搭铁故障;如正常,应检查相关的液压系统
空调系统	制冷系统异响	应检查传动皮带是否过松;风机风扇是否加有杂物;电机是否过分磨损;电磁离合器是否打滑;压缩机内部润滑不良等
	系统不制冷	先检查熔断器 F13 是否烧断;再检查风机是否运转,电磁离合器是否工作正常,制冷机的量是否过多或过少;最后检查控制开关、压力开关、怠速控制器是否有故障
	系统制冷不足	如果风量不足,应检查风机及其控制电路;如果风量正常,应先检查制冷剂的量,再检查离合器是否打滑,皮带是否过松,压缩机内部是否串气而使压缩机效率低下等

任务四　EX200-5 型挖掘机总线路分析

一、电气系统分析

挖掘机是土方机械中最典型的一种,日本日立(HITACHI)建机公司生产的 EX200-5 型和 EX220-5 型履带式单斗液压挖掘机,其斗容量分别为 $0.8 \, m^3$ 和 $1.0 \, m^3$。此类挖掘机具有更大的工作范围和更强的挖掘力,回转与行驶速度与一般的挖掘机相比均有所提高,工作噪音有所降低,因而具有更高的生产和技术经济指标,在我国应用较广泛。下面以 EX200-5 型为例,介绍挖掘机电气系统的分析方法(重点介绍主电路系统)。

电气控制系统由主电路系统、控制统和监测系统组成。EX200-5 型电气控制系统线路图见书后插页。

1. 主电路系统

主电路的功能是使发动机及其附属设备正常工作。

(1)电源电路

电源电路的功能是向挖掘机的所有电气系统供电,由钥匙开关、蓄电池、保险丝盒、熔线和蓄电池继电器组成。

当蓄电池的负端子接在车体上,钥匙开关在"OFF"位置时,来自正端子的电流流向如下:

$$\text{蓄电池}\to\text{保险丝}\to\begin{cases}\text{热线点火塞继电器（电源）}\\\text{负载速断继电器}\\\text{钥匙开关 B}\\\text{保险丝}\begin{cases}\text{端子 NO.1}\to\text{备用}\\\text{端子 NO.2}\to\text{MC（电源）}\\\text{端子 NO.3}\to\text{MC（EC 电机）}\\\text{端子 NO.9}\to\text{选购}\\\text{端子 NO.14}\to\text{空调器}\end{cases}\end{cases}$$

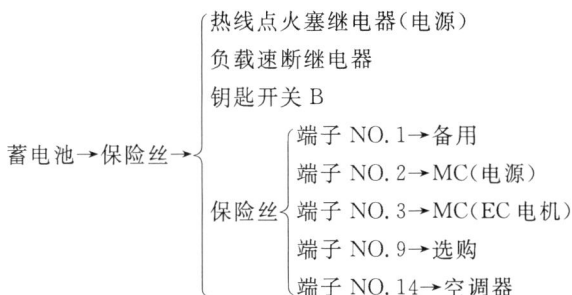

（2）灯泡检查电路

该电路的功能是检查指示器的灯泡是否已烧坏，由钥匙开关、蓄电池继电器、保险丝盒、监测器等组成。

当钥匙开关转到"ON"位置时，钥匙开关的端子 B 使端子 M 与端子 ACC 相通，来自端子 M 的电流激励蓄电池继电器。于是，蓄电池的电能通过蓄电池继电器和保险丝盒端子 6 到达监测器端子 30，使指示器处于"ON"状态（用于灯泡检查）。同时，蓄电池的电能通过保险丝盒的端子 11，12，13 和对应端子 4，8，9 分别供给工作灯、刮水器、加热器、MC（电磁阀电源）和选购电路。

（3）预热电路

该电路的作用是帮助发动机在寒冷天气下起动，由钥匙开关、热线点火塞继电器、热线点火塞组成。

当钥匙开关转到"预热位置"时，钥匙开关的端子 B 就同该开关中的端子 G1 接通。来自端子 G1 的电源电流在流过保险丝盒端子 20 后，流向热线点火塞继电器端子 3，激励热线点火塞继电器；同时来自端子 20 的电流还流向监测器中端子 31，从而操作监测器，并点亮预热指示器。蓄电池的电流通过保险丝和热线点火塞继电器端子 1，2 流到热线点火塞，预热约 20 s 后，监测计时器就把预热指示器转到"OFF"状态，提示发动机已经预热。

（4）起动电路

该电路主要的作用是起动发动机，由钥匙开关、起动器（起动电机）、起动继电器组成。

当钥匙开关转到"ON"位置时，它上面的端子 B 就同端子 G2，M 和 ST 接通。来自端子 M 的电流流向蓄电池继电器端子 M4，并激励蓄电池继电器，使蓄电池的电流通过蓄电池继电器端子 MB 流向起动器上的端子 B 和起动继电器。

钥匙开关的端子 ST 同起动继电器上的端子 S 接通，使蓄电池的电流流过起动继电器内的线圈而将电路关闭。于是，蓄电池电流就能流到起动器上的端子 C，把内部的起动继电器关闭，起动器就开始转动，带动发动机起动。

钥匙开关的端子 G2 是用导线与端子 G1 连接的。当钥匙开关在起动位置时，蓄电池电流就流到预热电路和热线点火塞。

来自端子 M 的电流流到主控制器（MC），说明钥匙开关是位于"ON"或起动位置，当这个电流信号到达 MC 后，MC 就发出相应的驱动信号给 EC 电机，EC 电机开始移动调节器杆。

（5）充电电路

该电路对蓄电池充电,补充消耗的电能,主要元件为交流发电机(带稳压带)。

发动机起动之后,钥匙开关返回到"ON"位置。它上面的端子 B 与端子 M 和 ACC 相通,此时交流发电机开始对蓄电池充电。来自交流发电机端子 B 的电流,通过蓄电池继电器流到蓄电池,对其进行充电;另外,此电流通过保险丝盒的端子 4 流向主控制器(MC)端子 A1,成为电磁线圈(电磁阀)的电源;电流通过端子 11 流向工作灯,通过端子 6 流向监测器端子 29,进入小时表,还通过保险丝盒的端子 13 流向加热器。来自发电机端子 L 的电流流到监测器端子 42,使交流发电机指示灯熄灭。

（6）冲击电压预防电路

当发动机突然停止时,冲击电压预防电路能防止控制器内的电气元件和部件受到交流发电机产生的冲击电流的损害。其主要元件为负载速断继电器。

当蓄电池进行充电时,来自交流发电机端子 L 的电流被引导到监测器端子 42 上,使监测器端子 18 的晶体管转到"ON"状态。蓄电池电流供给负载速断继电器的励磁电路,使负载速断继电器关闭。因此,即使发动机运转且钥匙开关转到"OFF"位置,蓄电池电流也能通过负载电器流向激励蓄电池继电器,使蓄电池继电器保持"ON"状态,直到交流发电机停止发电。

（7）附属设备电路

当钥匙开关放置在 ACC 位置时,附属设备电路便开始工作,其主要由钥匙开关、蓄电池、保险丝盒等组成。

当钥匙开关转到附属位置时,端子 ACC 同端子 B 接通,于是蓄电池电流通过保险丝端子 B、端子 ACC 进入保险丝盒,从保险丝盒端子 15,16,17,18 分别进入喇叭继电器、收音机、点烟器、顶灯;同时,通过端子 19 流进附属电路,使之工作。

（8）发动机停止电路

该电路利用调速(EC)电机使发动机停止工作,其主要由主控制器(MC)、调速(EC)电机组成。

当钥匙开关从"ON"位置转到"OFF"位置时,主控制器(MC)就得到信息——钥匙开关的"ON"状态已切断,于是 MC 发出控制信号使调速电机移到停止位置,使发动机熄火。

2. 控制电路

控制电路用于控制发动机、液压泵和阀门的工作。阀门包括各种执行机构,如电磁阀、主控制器(MC)、开关盒、传感器和压力开关等。

3. 监测电路

监测电路的功能是使包括各种监测器、传感器和开关在内的监测装置工作。

二、常见故障的诊断和排除

挖掘机出现的电气故障有时可能是由多种原因引起的,一般可参照表 9-4 进行判断和排除。

表 9-4　挖掘机常见电气故障的诊断与排除

故障现象	故障原因	排除方法
不能正常起动	蓄电池亏电	充电或更换电瓶
	端子接触不良	清理或更换
	起动开关损坏	更换
	起动继电器损坏	更换
	起动控制器失灵	更换
	导线损坏	修理或更换
	蓄电池继电器失灵	更换
	熔断丝烧断	更换
蓄电池不充电	接头松动或腐蚀	拧紧或变换
	电力不足	更换
	发电机皮带松动或损坏	调整
	发电机失灵	修理或更换
蓄电池输出电压低	蓄电池内部短路	更换
	导线短路	修理
发动机速度不受控制	速度控制旋钮故障	更换
	节流控制器故障	更换
	速度控制马达故障	更换
	熔断丝熔断	更换
	导线损坏	修理
	连接故障	修理
动力模式选择不工作	熔断丝熔断	更换
	动力模式开关失灵	修理
	连接失灵	修理
	导线损坏	修理
	EPOS-V 控制器故障	修理
工作模式选择不工作	熔断丝烧断	更换
	工作模式选择开关故障	更换
	连接失灵	更换或修理
	导线损坏	修理
	EPOS-V 控制故障	修理或更换

思考题

1. 筑路机械电气设备线路连接有哪些特点？通常分为哪几大部分？

2. 筑路机械电气总线路一般包括车辆电气系统和具有特殊功能的电控系统两大部分。其电路图的表达形式有哪几种？

3. 筑路机械全车线路进行故障诊断过程中（包括充电系统、起动系统等在内），为什么随便"搭接"或"短接"会产生新的故障？（举例说明）

附　录

附录一　国产车用交流发电机的型号、规格

国产车用交流发电机的型号、规格

类型	型号	同类型号或旧型号	额定输出			空载转速不大于（r/min）	额定工作转速（r/min）	配用调节器
			电压(V)	电流(A)	功率(W)			
交流发电机	JF1311	JF11,JF13D,JF131,JF132	14	25	350	1 000	3 500	FT111
	JF131Z	JF13E,JF131,JF132,JF132E,JF132D,JF132C,JF137E,JF14X	14	25	350	1 000	35 000	FT111
	FJ13A	FJ137A,JF132A,FJW131,JF131B	14	25	350	1 000	3 500	FT61
	FJ1314-1	JF13C,JF13D,JF113,JFW131,JF132C,JF132E,JF137CS	14	25	350	1 000	3 500	FT111,FT61
	JF1314B	JFW131,JF132,F132D,JF133,JF137S,JF1321	14	25	350	1 000	3 500	FT111
	JF1514A		14	36	500	1 300	4 800	FT111
	JF1512E	JF152,JFW132	14	36	500	1 000	3 500	FT121
	JF1512ZF	JF152,JF152B,JF15C,JF15Z,JF155S,JF15	14	36	500	1 100	3 500	FT121,FT61
	JF1518	JF1512ED,JF1522D,JF155	14	36	500	1 100	3 500	JFT145、FT121
	JF1326	JF131D,JF134	14	36	500	1 250	4 800	
	JF173	JF181	14	54		1 000	3 500	JFT106
	JF2311	JF23	28	12.5	350	1 000	3 500	FT212
	JF2511Z	JF25,JF25A,FJ251,JF255	28	18	500	1 000	3 500	FT211

类型	型号	同类型号或旧型号	额定输出			空载转速不大于（r/min）	额定工作转速（r/min）	配用调节器
			电压(V)	电流(A)	功率(W)			
交流发电机	JF2511ZB	JF25,JF252	28	18	500	1 000	3 500	FT211
	JF2512		28	18	500	1 000	3 500	FT221
	JF2514Y		28	18	500	1 100	4 800	
	JF2712B	JF272	28	25	700	1 100	3 500	FT221
整体式交流发电机	JFZ1514Y		14	36	500	1 300	4 800	JFT1403
	JFZ1714		14	45	700	1 100	6 000	JFT1403
	JFZ1815Z	JFZ1523,JFZ157,FZ182	14	55	770	1 100	4 800	JFT1403
	JFZ1813Z	JFZ1913E,JFZ182A	14	90	1 260	1 050	6 000	9RC2044 JFT153A
	JFZ1512		14	55	770	1 050	6 000	JFT143
	JFZ2518	JFZ2711ZB	28	27	700	1 150	5 000	JFT243
	JFZ2811		28	36	1 000	1 200	6 000	
	JFZ2814		28	35	1 000	1 150	5 000	JFT242,JFT246
无刷交流发电机	JFW14X	FJW15X	14	36	500	1 000	3 500	
	JFWZ18		14	60	840	1 000	3 500	
	JFW28X		28	18	500	1 000	3 500	
带泵交流发电机	JFB1312		14	25	350	1 000	3 500	
	JFB151	ZWJF16	14	36	500	1 000	3 500	
	JFB2312	JFB2525	28	12.5	350	1 000	3 500	FT221
	JFB2514		28	18	500	1 100	4 800	FT221
	JFB2812Z	JFB282	28	36	1 000	1 000	3 500	FJT207A

附录二　6HK1-TC 型发动机的主要参数

表 3-10　6HK1-TC 型发动机的主要参数

项目	6HK1-TC	项目	6HK1-TC
发动机形式	水冷、6 缸、直列、四冲程、直喷	喷油顺序	1-5-3-6-2-4
缸径-行程	φ110 * 125	供油泵	SP120-6MD
总排量(L)	7.127	调速器	无
压缩比	16.8	提前器	无
最大功率(kW)/转速(r/min)	191.2/2 700	喷油嘴	DLLA149P703
最大转矩(N·m)/转速(r/min)	74.5/1 400	机油泵形式	齿轮式
喷油始点(BTDC)	0°(曲轴)	冷却方式	水冷预压强制循环
空气滤清器	旋风滤纸型	怠速转速(r/min)	500～550
EGR	无	气门数	4
燃油喷射系统	ECD-U2		

附录三　常用电气设备图形符号

序号	名称	图形符号	序号	名称	图形符号
一、常用基本符号					
1	直流	—	6	中性点	N
2	交流	∼	7	磁场	F
3	交直流	≂	8	搭铁	⊥
4	正极	+	9	交流发电机输出接柱	B
5	负极	—	10	磁场二极管输出端	D₊
二、导线端子和导线连接					
11	接点	●	17	插头的一个极	
12	端子	○	18	插头和插座	
13	导线的连接	─○─○─	19	多极插头和插座（示出的为三极）	
14	导线的分支连接		20	接通的连接片	
15	导线的交叉连接		21	断开的连接片	
16	插座的一个极		22	屏蔽导线	

序号	名称	图形符号	序号	名称	图形符号
三、触点开关					
23	动合（常开）触点		35	一般机械操作	
24	动断（常闭）触点		36	钥匙操作	
25	先断后合的触点		37	热执行器操作	
26	中间断开的双向触点		38	温度控制	
27	双动合触点		39	压力控制	
28	双动断触点		40	制动压力控制	
29	单动断双动合触点		41	液位控制	
30	双动断单动合触点		42	凸轮控制	
31	一般情况下手动控制		43	联动开关	
32	拉拨操作		44	手动开关的一般符号	
33	旋转操作		45	定位开关（非自动复位）	
34	推动操作		46	按钮开关	

序号	名称	图形符号	序号	名称	图形符号
47	能定位的 按钮开关		54	热敏自动开关的 动断触点	
48	拉拨开关		55	热继电器触点	
49	旋转、旋钮 开关		56	旋转多挡 开关位置	
50	液位控制开关		57	推拉多挡 开关位置	
51	机油滤清器 报警开关		58	钥匙开关 （全部定位）	
52	热敏开关 动合触点		59	多挡开关、点火、 起动开关，瞬时 位置为2能自动 返回到1（即2 挡不能定位）	
53	热敏开关 动断触点		60	节流阀开关	
四、电器元件					
61	电阻器		65	滑线式变阻器	
62	可变电阻器		66	分路器	
63	压敏电阻器		67	滑动触点电位器	
64	热敏电阻器		68	仪表照明 调光电阻器	

序号	名称	图形符号	序号	名称	图形符号
69	光敏电阻		80	光电二极管	
70	加热元件、电热塞		81	PNP 型三极管	
71	电容器		82	集电极接管壳三极管（NPN）	
72	可变电容器		83	具有两个电极的压电晶体	
73	极性电容器		84	电感器、线圈、绕组、扼流圈	
74	穿心电容器		85	带铁芯的电感器	
75	半导体二极管一般符号		86	熔断器	
76	稳压二极管		87	易熔线	
77	发光二极管		88	电路断电器	
78	双向二极管（变阻二极管）		89	永久磁铁	
79	三极晶体闸流管		90	操作器件一般符号	

序号	名称	图形符号	序号	名称	图形符号
91	一个绕组电磁铁		93	不同方向绕组电磁铁	
92	两个绕组电磁铁		94	触点常开的继电器	
			95	触点常闭的继电器	
五、仪表					
96	指示仪表		103	转速表	
97	电压表		104	温度表	
98	电流表		105	燃油表	
99	电压、电流表		106	车速里程表	
100	欧姆表		107	电钟	
101	瓦特表		108	数字式电钟	
102	油压表				

序号	名称	图形符号	序号	名称	图形符号
六、传感器					
109	传感器的一般符号		116	空气流量传感器	AF
110	温度表传感器	t°	117	氧传感器	λ
111	空气温度传感器	t°n	118	爆震传感器	K
112	水温传感器	t°w	119	转速传感器	n
113	燃油表传感器	Q	120	速度传感器	V
114	油压表传感器	OP	121	空气压力传感器	AP
115	空气质量传感器	m	122	制动压力传感器	BP
七、电气设备					
123	照明灯、信号灯、仪表灯、指示灯	⊗	126	组合灯	
124	双丝灯		127	预热指示器	
125	荧光灯		128	电喇叭	

序号	名称	图形符号	序号	名称	图形符号
129	扬声器		140	常闭电磁阀	
130	蜂鸣器		141	电磁离合器	
131	报警器、电警笛		142	用电动机操纵的怠速调整装置	
132	信号发生器		143	过电压保护装置	
133	脉冲发生器		144	过电流保护装置	
134	闪光器		145	加热器(出霜器)	
135	霍尔信号发生器		146	振荡器	
136	磁感应信号发生器		147	变换器、转换器	
137	温度补偿器		148	光电发生器	
138	电磁阀一般符号		149	空气调节器	
139	常开电磁阀		150	滤波器	

序号	名称	图形符号	序号	名称	图形符号
151	稳压器		162	收放机	
152	点烟器		163	点火线圈	
153	热继电器		164	分电器	
154	间歇刮水继电器		165	火花塞	
155	防盗报警系统		166	电压调节器	
156	天线一般符号		167	转速调节器	
157	发射机		168	温度调节器	
158	收放机		169	串激绕组	
159	内部通信联络及音乐系统		170	并激或他激绕组	
160	收放机		171	集电环或换向器上的电刷	
161	天线电话		172	直流电动机	

序号	名称	图形符号	序号	名称	图形符号
173	串激直流电动机		184	直流伺服电动机	
174	并激直流电动机		185	直流发电机	
175	永磁直流电动机		186	星形连接的三相绕组	
176	起动机（带电磁开头）		187	三角形连接的三相绕组	
177	燃油泵电动机、洗涤电动机		188	定子绕组为星形连接的交流发电机	
178	晶体管电动汽油泵		189	定子绕组为三角形连接的交流发电机	
179	加热定时器		190	外接电压调节器与交流发电机	
180	点火电子组件		191	整体式交流发电机	
181	风扇电动机		192	蓄电池	
182	刮水电动机		193	蓄电池组	
183	电动天线				

注：

1. 基本符号不能单独使用，不表示独立的电器元件，只说明电路的某些特征。如："—"表示直流，"～"表示交流，"＋"表示电源的正极，"－"表示电源的负极，"N"表示中性线。

2. 一般符号用以表示一类产品和此类产品特征的一种简单符号。如：⊙表示指示仪表的一般符号，□表示传感器的一般符号。一般符号广义上代表各类元器件，另外，也可以表示没有附加信息或功能的具体元件，如一般电阻、电容等。

3. 明细符号表示某一种具体的电器元件。它是由基本符号、一般符号、物理量符号、文字符号等组合派生出来的。如：⊙是指示仪表的一般符号，当要表示电流、电压的种类和特点时，将"＊"处换成"A""V"，就成为明细符号。Ⓐ表示电流表，Ⓥ表示电压表。

4. 另外，对标准中没有规定的符号，可以选取标准中给定的基本符号、一般符号和明细符号，按规定的组合原则进行派生，以构成完整的元件或设备的图形符号，但在图样的空白处必须加以说明，如：将天线的一般符号和直流电动机的一般符号进行组合，就构成电动天线的图形符号：

天线的一般符号 ＋ 直流电动机的一般符号 ⟶ 电动机天线的派生符号。